丛书主编 杨向东

21世纪学习的愿景

21ST CENTURY SKILLS:
Rethinking How Students Learn

大夏书系·『核心素养与21世纪技能』译丛

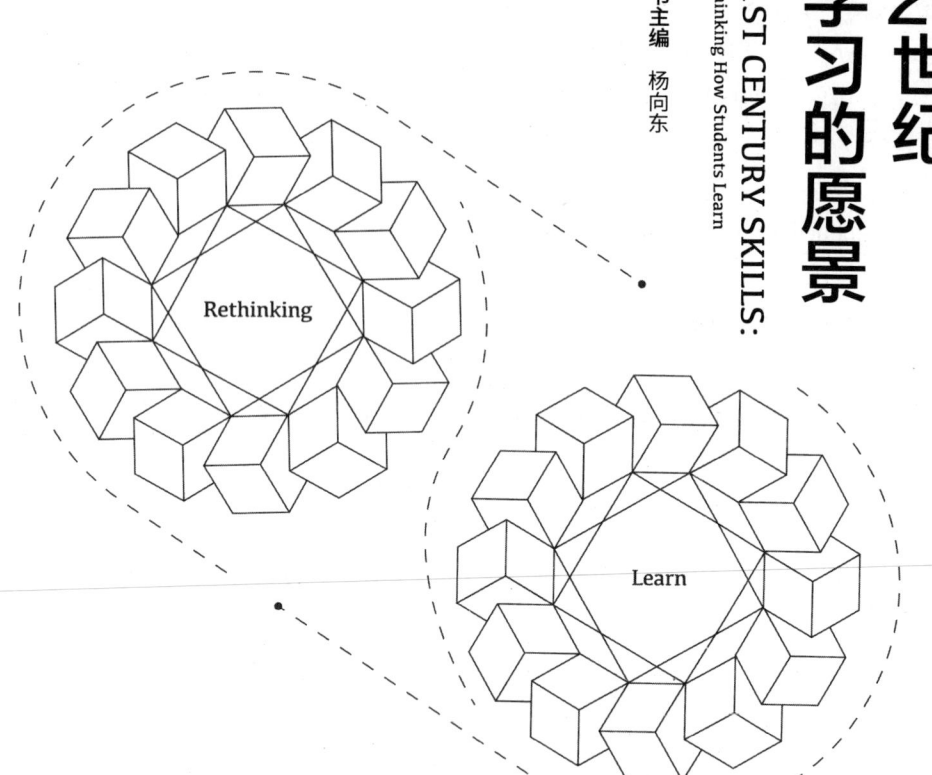

[美]
詹姆斯·贝兰卡
James Bellanca

罗恩·勃兰特
Ron Brandt
主编

安桂清
主译

华东师范大学出版社
ECNUP 全国百佳图书出版单位
·上海·

21st Century Skills: Rethinking How Students Learn

edited by James Bellanca, Ron Brandt.

Copyright © 2010 by Solution Tree Press

All rights reserved, including the right of reproduction of this book in whole or in part in any form.

Simplified Chinese Translation Copyright © 2020 by East China Normal University Press Ltd.

All Rights Reserved

上海市版权局著作权合同登记　图字：09-2017-463 号

华东师范大学"幸福之花"基金先导项目(人文社会科学)"复杂学习情境下核心素养测评范式及其培养机制研究"(2019ECNUXFZH015)的成果。

"核心素养与21世纪技能"译丛编委会

主　编：杨向东

副主编：安桂清

编辑委员会（按姓氏拼音排序）：

　　　　安桂清　窦卫霖　高振宇　杨向东
　　　　张晓蕾　张紫屏

目录

21世纪学习的愿景

"核心素养与21世纪技能"译丛译者序 　001
编者简介 　005
序　言 　007
前　言 　009
绪　论 　025

第1章　未来社会的五种心智　001
学科心智 　002
整合心智 　004
创造心智 　006
尊重心智 　008
伦理心智 　010
心智间的张力 　012
心智与多元智能 　013
评价与五种心智 　013
还有其他心智吗 　014
五种心智的整体培养 　016

第2章　21世纪需求下的新政　019

21世纪学习的愿景

第3章　21世纪技能框架比较	031
形成21世纪技能框架的基本原理	031
当前21世纪技能的主要框架	034
目前数字化素养的概念框架	038
21世纪技能框架的比较	042
21世纪技能评估研究进展	042
21世纪的概念重建	045

第4章　专业学习共同体在培养	
21世纪技能中发挥的作用	050
行为改变	052
未来专业学习共同体的工作	055
专业学习共同体能成为教育中的	
共同规范吗	058
从实践中学	061

第5章　新加坡愿景：少教多学	063
愿景一：国家愿景	063
愿景二：教育愿景	064
愿景三：实施愿景	064
愿景四：合作愿景	065
"少教多学"	065
小学示例	073
中学示例	073

21 世纪学习的愿景

变革的挑战　　　　　　　　　　074
通向 21 世纪的桥梁　　　　　　075

第 6 章　设计新的学习环境以支持 21 世纪技能　078
　数字原住民的不安　　　　　　079
　21 世纪新技能与教学法　　　　079
　从教学创新到学校设施创新　　082
　21 世纪学习是什么样的　　　　083
　"教室不复存在！"：学校设计的语言　085
　21 世纪学校中的技术　　　　　086
　新的学习环境　　　　　　　　087
　为学生提供新的学习环境　　　100
　将教学法和空间相联系　　　　100

第 7 章　支持 21 世纪技能的实施框架　105
　学校教育的使命　　　　　　　106
　学习的原则　　　　　　　　　107
　课程和评价系统　　　　　　　108
　教学计划与实践　　　　　　　116
　系统支持　　　　　　　　　　119
　21 世纪学习框架　　　　　　　120

第 8 章　问题式学习：培养 21 世纪技能的基础　124
　但是 21 世纪与众不同的地方在哪儿　125

PBL 是什么		126
PBL 的关键要素是什么		127
PBL 课堂是什么样子		128
为什么要从问题情境开始		132
为什么探究在 PBL 中是重要的		134
我们如何开发 PBL 课程		137
如何利用 21 世纪技术加强 PBL 教学		139
我们对 PBL 的有效性了解多少		140
最后的思考		141

第 9 章　合作学习和冲突解决：21 世纪必备技能　145

　　应对 21 世纪四个重大挑战的方式　145

　　21 世纪的四个重大挑战　148

　　网络互动对现实关系的影响　155

第 10 章　培养学生的 21 世纪技能　160

　　21 世纪的形式与功能　162

　　教师如何回应　163

　　一个邀请　173

第 11 章　经由技术的革新　176

　　创新：点燃知识经济　178

　　21 世纪学习与学生参与　178

　　第一类创新：可视化　180

　　第二类创新：知识民主化　189

21世纪学习的愿景

第三类创新：参与式学习　192
三类创新的启示　195
由此岸到彼岸　195

第12章　技术之丰满，信息之贫乏　203
从静态技术到数字技术　204
大胆的假设　205
一种学习文化　208

第13章　引导社交网络作为学习工具　210
虚拟全球课堂的兴起　211
无限制学习的挑战　213
网络素养的转变　218
一个新的学习蓝图　222

第14章　21世纪技能评估框架　226
21世纪的评估有什么不同　227
更好的方法——21世纪技能评估新框架　230

后　记　243
译者后记　262

"核心素养与 21 世纪技能"译丛译者序

  1997 年,世界经济合作与发展组织(OECD)启动了"素养的界定和选择"(Definition and Selection of Competencies,DeSeCo)项目(OECD,2005)。该项目旨在研究面向 21 世纪的个体应该具备的核心素养,提供界定和选择这些核心素养的理论依据,以回应日益复杂的时代变化和加速度的科技革新给个人生活与社会发展所提出的种种挑战。

  eSeCo 项目发起之后,核心素养迅速成为世界各个国家、地区和国际组织界定和思考 21 世纪学校教育与学生学习质量的基本概念。培养学生具有适应 21 世纪社会需求、促进终身学习和发展的核心素养,成为基础教育改革和发展的国际最新趋势。根据全球化和信息化时代生存和发展的要求,许多发达国家和国际组织纷纷提出了各自的核心素养框架,其中比较有影响力的包括欧盟提出的终身学习核心素养共同框架(European Commission,2006,2012),美国 21 世纪技能联盟提出的 21 世纪学生学习结果及其支持系统(US partnership for 21st century skills,2014),以及思科(Cisco)、英特尔(Intel)和微软(Microsoft)三大信息技术公司发起的 21 世纪技能教学和测评项目(Griffin et al,2012)。

  这些框架无一例外都关注创新、批判性思维、沟通交流和团队合作能力,强调个体的核心素养需要在数字化和信息化环境下展开,重视在全球化条件下和多元异质社会中培养主动参与和积极贡献的意识、能力和责任感。这种相似性并非偶然,集中反映了全球化和数字化时代对公民素养的共同要求。自上世纪 60 年代以来,数字化技术的迅猛发展导致全球经济模式、产业结构和社会生活持续发生根本性的变化。新的世纪进入人工智能时代,经济模式以创新为主要驱动力。越来越多的工作类型要求参与者适应充斥着高新技术的工作环境,能够对复杂陌生的问题做出灵活反应,能够有效沟通和使用各种资源、技术和工具,能够在团队中创新,持续生成新信息、知识或产品。现代社会变化加速,工作和生活流动性增加,需要人们能够学会学习和终身学习,尽快适应新的环境和不断变化的生活节奏及性质。

显然，滥觞于本世纪初的这场运动从一开始就带有浓浓的社会适应的味道，虽然这种适应不可避免地带有促进个体发展的意蕴。所谓的核心素养，就是个体适应日益复杂多变的 21 世纪社会需求所需要的关键性和根本性的品质。在这个意义上，核心素养与 21 世纪技能在内涵上是互通的，指向新世纪个体的可持续发展与社会的良好运作。按照 OECD 的说法，21 世纪的核心素养需要满足三个条件：（1）要产生对社会和个体有价值的结果；（2）帮助个体在多样化情境中满足重要需要；（3）不仅对具体领域的专家而言是重要的，对所有人都是重要的（OECD，2005）。在内涵上，核心素养超越了对具体（学科）领域知识或技能的理解与掌握，更强调整合性、现实性和可迁移性。按照 OECD 的说法，素养"不仅仅是知识与技能。它包括在特定情境中个体调动和利用种种心理社会资源，以满足复杂需要的能力"。所调动和利用的心理社会资源"包含各种知识、技能、态度和价值观（OECD，2005，P4）"。它是个体整合上述资源，应对或解决各种复杂陌生的现实问题的综合性品质。

这对既有的教育理念和方式提出了巨大的挑战，也产生了深远的影响。以 21 世纪的核心素养为育人目标，让教育者更加关注如何搭建学校教育、儿童生活与未来社会的桥梁，而不仅仅将视野局限在学科内容、教学要求和考试大纲等方面。利用核心素养模型来阐述教育总体目标，不仅使育人形象更为清晰，也对学校教育提出了超越学科知识和技能的育人要求，强调对高阶、整合和可迁移的综合品质的培养。素养导向的学校教育指向更为广义的课程观，蕴含了一种以人为本的泛在育人环境的构建。以学生的核心素养发展为主轴，通过各种整合性的现实情境和真实性任务，实现各教育阶段的螺旋上升和各学科课程之间的统整。在学习方式上，通过问题式或项目式学习，让学生解决体验复杂的、不确定性的真实性问题，模仿或参与各种真实性社会实践，发展批判性和创造性思维，学会沟通交流和团队协作，在经历对知识和理解的社会性建构过程中实现自我成长与社会适应的统一。毋庸置疑，这样一种教育模式对学校的教学管理、资源配置、考试评估及教师专业发展等方面都提出了诸多挑战和要求。学校需要从素养培养的现实需求出发进行资源配置，按照新型学习方式开展日常教学管理，构建以核心素养为实质内涵的质量话语体系和评价机制，赋予教师更加充分的专业自主权和灵活性。这一过程显然是长期而艰巨的。正如那句英语谚语所说的，"It takes a village to raise a child"（养孩子需要全村协力），没有整个教育系统的转型，素养导向的教育变革难以真正实现。

与国际教育改革和发展的趋势相一致，我国以普通高中课程标准的修订为契机，开启了以核心素养为纲的基础教育课程改革。2018 年 1 月，历时四年修订的普通高中课程标准正式颁布。以核心素养的培养为主线，新修订的课程标准在教育目标、课程育人价值、课程结构、内容组织、学业质量标准、学习和教学方式、考试评价等一系列领域均取得了重要突破，为我国基础教育课程改革的进一步深化提供了理论基础和政策前提。如何在此基础上，系统反思我国原有教育教学观念和体系的弊端与不足，结合我国教育实际，开展系统深入的素养教育理论和实践研究，开发促进学生核心素养发展的课程体系、学习方式和评价机制，实现学校育人模式和管理机制的转型，是摆在我国教育理论工作者和实践人员面前的迫切任务。

出于以上思考，我们选编、翻译和出版了这套"核心素养与21世纪技能"译丛。考虑到国内推进基础教育课程改革的现实需求，本套丛书聚焦于以核心素养或21世纪技能为指向的理论、研究和实践的整合，关注当前基础教育的重大议题。所选书目在主题和内容上包括：（1）基于国情构建核心素养体系的探索；（2）21世纪学习机制和理论框架的研究；（3）核心素养理念指导下课程与教学改革的可行路径；（4）21世纪技能测评的方法与技术；（5）促进学生核心素养发展的学校和社区教育环境的建设等。对相关主题的阐述既有理论的视角，也有便于参考和借鉴的思维框架、研究或实施路径，以及源于教育现实的真实案例或课堂实录。本套书适合致力于推进我国基于核心素养的课程、教学、评价以及学校管理的广大教育研究人员和实践工作者阅读和使用。我们希望通过这套丛书为大家提供有用的资源，改善大家对核心素养的理解，促进课程、教学和评价等领域转型，为推进我国基础教育课程改革提供富有价值的支持。

本套译丛是集体合作的成果。参与译丛翻译工作的大都是从事我国基础教育研究工作的中青年学者，具有良好的教育背景和科研素养。为了统一不同书中的专业术语，保障译丛翻译稿件质量，每本书的译者先对附录中的专业词汇进行了翻译，然后在整套译丛层面上进行了汇总，并在讨论基础上尽可能进行了统一处理。翻译是一项既有很强专业性，又富有艺术性的工作。翻译过程既细致而又漫长。在此向参与译丛翻译的各位译者的辛勤付出表示衷心的感谢。译丛中不同原著已然风格不一，不同译者又有着自己的理解和语言风格，希望读者能够理解并给以谅解。华东师范大学出版社的龚海燕副社长对本套译丛非常关心，在译丛版权方面做了大量富有成效的工作，在此一并表示衷心的感谢。

杨向东

参考文献

European Commission. (2006). Key Competences for Lifelong Lear-ning,OJ L 394,30. 12. 2006[online]. Available Http / / europa. eu / legis-lation_summaries / education _training _youth / lifelong _learning / c11090_en. htm.

European Commission. (2012). Developing Key Competences at School in Europe Challenges and Opportunities for Policy [online]. Available http / / eacea. ec. europa. eu / education / eurydice / documents / thematic_reports / 145EN. pdf.

Griffin,P. ,McGaw,B. ,& Care,E. (2012). Assessment and teaching of 21st century skills. Dordrecht,NE Springer.

Organization for Economic Cooperation and Development(2005). The definition and selection of key competencies,Executive summary. Paris, France OECD.

Partnership for 21st Century Skills(2014). Framework for 21st Century Learning [online]. Available http / / www. p21. org / about-us / p21-frame-work.

编者简介 About the Editors

詹姆斯·贝兰卡 James Bellanca

詹姆斯·贝兰卡，硕士学历，国际重建机构有限公司（International Renewal Institute, Inc.）创始人兼首席执行官，也是面向21世纪技能（21st Century Skills）伊利诺伊州联合会执行会长。贝兰卡于1982年创立了SkyLight专业发展机构。作为SkyLight时任主席，他指导了20多名写作顾问，是在综合职业发展方面倡导策略性教学的开拓者。贝兰卡与人合著了20多本著作，这些著作以"不只是为了考试，而是为了终身学习"为主题，提倡在教学的整个过程中都进行思考和合作。近来，以认知心理学家瑞文·费厄斯坦（Reuven Feuerstein）的理论为基础，针对成绩长期落后的学生的学习需要，贝兰卡开发了更为有效的解决方法。贝兰卡长期以来在著作中所提倡的教学方法与面向21世纪技能所提倡的最佳教学实践相一致。他最近发表的作品包括《设计专业发展以应对变革：提高课堂教学指导手册》（*Designing Professional Development for Change：A Guide for Improving Classroom Instruction*），《丰富的学习项目：面向21世纪技能实用通道》（*Enriched Learning Projects：A Practical Pathway to 21st Century Skills*），《21世纪学校中的合作与协同》（*Collaboration and Cooperation in 21st Century Schools*），《鼓励学生运用多元智能的200+积极学习策略和方案》（*200+Active Learning Strategies and Projects for Engaging Students' Multiple Intelligences*），以及《图像组织指南：帮助学生整理和处理内容以达深度学习》（*A Guide to Graphic Organizers：Helping Students Organize and Process Content for Deeper Learning*）。

罗恩·勃兰特　Ron Brandt

罗恩·勃兰特，教育学博士，曾任弗吉尼亚州亚历山大市美国督导与课程发展协会（ASCD）的出版编辑长达20年，于1997年退休。在任期间，他以担任《教育领导》杂志的执行编辑而闻名。在20世纪80年代，他与罗伯特·马扎诺（Robert Marzano）和由一群教育工作者组成的团队共同创作了一本名为《思考的维度》（*Dimensions of Thinking*）的书。他们还推出了一个与此相关的教师培训项目，鼓励教师在中小学里开展思维教学。同时，他也发表并编辑了多本著作。在加入美国督导和课程开发协会之前，罗恩曾是威斯康星州拉辛市的一名教师、校长，并在明尼苏达州明尼阿波利斯市担任教师发展指导者，且曾任内布拉斯加州林肯市林肯公立中学副校长长达八年。

序言 Preface

培养学生掌握面向21世纪的技能是教育者们再次面临的艰巨挑战。但是对此持反对意见的人认为，对诸如批判性思维、问题解决能力的重视会阻碍如历史和文学等重要科目的教学。他们的担忧也许是合理的，但若认为"在没有掌握一系列学科知识以前，技能是无法有效地被教导或运用"（common Core，2009），这就不合理了。知识和技能是必要的，而且是彼此依存的。倡导者和反对者都会同意这一观点。本书的作者从以往的经历中知晓，有效的教学会引导学生运用技能去获取知识。

任何一代人都无法逃避通过分析成年人要做什么来决定学生应该学习什么的责任。美国成立初期，新英格兰人学习简单的算术、写作，还有阅读《圣经》。到了20世纪，随着农业的日益复杂，农村地区的中学开始教授农学。而随着现代科学技术的飞速发展，各地学校纷纷加强了在科技、数学学科教育上的投入。

有一本70年前出版的小册子对学校教育应该切合社会实际需要这一明显的事实做了有趣的嘲讽。这本书描述了在旧石器时代，学校是如何教授学生去抓鱼、吓跑剑齿虎的（Benjamin，1939）。这本书的目的并不是要贬低学校为了迎合社会需求而做的努力，而是用轻松的幽默故事来警示人们保持这些努力是多么的困难。比如说，当旧石器时代的老师最终决定要开设吓跑老虎这样一门课程后，他们只能找到两只不咬人的、衰老的老虎来给学生练习。

因此，预测学生未来的需求并不是赶时髦，乃是当务之急。当然，这只是一个开始。难的部分是：首先，明确这些新的需求如何与现行的课程相匹配；其次，寻求与内容相匹配的教学方法；最后，管理复杂的实施过程。本书的目的就是在这些重大的问题上提供帮助。就像本杰明在书中描述的那些旧石器时代的人一样，或许我们不会在这些事上取得完全的成功，但我们必须接受挑战。

罗恩·勃兰特

参考文献

Common Core.(2009). *A challenge to the Partnership for 21st Century Skills*. Accessed at www.commoncore.org/p21-challenge.php on November 5, 2009.

Benjamin, H. R. W.(1939). The *saber-tooth curriculum*. New York: McGraw-Hill.

前言 Foreword

面向21世纪技能：为何重要，是哪些技能以及如何实现

作家麦尔坎·葛拉威尔（Malcolm Gladwell，2000）敏锐地描绘了当一个"转折点"到来时，即当一些关键的因素、情形交汇到一起，导致人类走上一条新的不可阻挡之路时，为何以及如何会产生社会变革。科学家、经济学家还有社会学家都用这个词汇来描述当有重大变化并由此引发不同于旧有的新格局的时刻。

我认为在公共教育领域我们正处于一个"转折点"。教育的21世纪新模型已经到来。这样的新模型会更好地帮助学生做好准备，在新的千禧年迎接大众、高校以及职业的需求。

我很荣幸受邀为本书写作前言，采用由21世纪技能伙伴关系开发的21世纪学习框架（2009a），在面向21世纪技能的总指导思想下来介绍这本书。本书集合了全美教育界思考最为缜密的教育学家们的作品，是对面向21世纪学习的可能性的思考集锦。令人欣慰的是，有如此多的人参与设想更为健全地教育

> 21世纪学习愿景提供了一个全局性、系统性的视角：重新建构和振兴公共教育并将所有的元素都集合在一起，形成一个统一的框架——21世纪学生学习成果及21世纪教育支持体系。

年轻人的方法,并参与实证工作,尤其是伙伴关系中有成员自2001年就开始了这个令人兴奋的项目。

由21世纪技能伙伴关系开发的21世纪学习愿景(2009a),总结如图F.1,为本书的其他章节提供了一个有说服力的背景框架。该愿景为我们提供了一个全局性、系

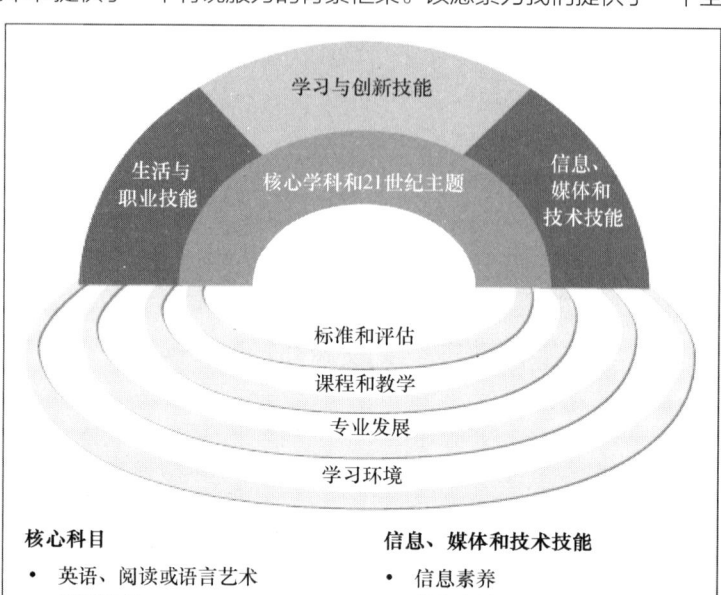

核心科目
- 英语、阅读或语言艺术
- 世界语言
- 艺术
- 数学
- 经济
- 科学
- 地理
- 历史
- 政府与公民

21世纪主题
- 全球意识
- 金融、经济、商业和创业素养
- 公民素养
- 健康素养
- 环境素养

学习与创新技能
- 创新和革新
- 批判性思维和问题解决
- 交流与合作

信息、媒体和技术技能
- 信息素养
- 媒体素养
- 信息与通信技术素养

生活与职业技能
- 灵活性和适应力
- 主动性与自我导向
- 社交和跨文化交流能力
- 生产力与工作胜任力
- 领导力和责任感

21世纪教育支撑系统
- 21世纪标准和评估
- 21世纪课程和教学
- 21世纪专业发展
- 21世纪学习环境

资料来源:21世纪技能伙伴关系,2009a. 已获转载许可。

图F.1 21世纪技能伙伴关系的学习框架

统性的视角：重新建构和振兴公共教育，并将所有的元素都集合在一起，形成一个统一的框架——21世纪学生学习成果及21世纪教育支持体系。对我们来说，这个框架的起点其实也是最终的结果：学生在核心学科知识、面向21世纪的主题和面向21世纪技能方面所取得的成果。这些成果将是每位学生离开学校，成功进入大学、工作岗位和独立生活所该拥有的。只有当我们理解这些成果时，我们才能开始建立支持性的基础设施，将教育系统提升到制高点。这样的支持体系——标准和评估、课程和教学、专业发展及学习环境——应该达成真正对学生们来说至关重要的成果。

在没有清晰、彻底地阐明什么是学生需要的学习成果之前，重建基础设施是不成熟的。这就好比，如果你要建一栋房子，在建筑师还没完成设计之前就订购水暖配件是不合理的。在教育方面，21世纪学生的学习成果就是教育系统其他部分的设计蓝图。

21世纪技能合作伙伴为面向21世纪的教育系统规划了一个全方位的蓝图。但是，我们并不是对所有的问题都持有答案。正如本书所阐明的，还有很多更好的想法将渗透进来，强化21世纪学习愿景，并帮助改变该系统的每个方面。

我们对用来描述面向21世纪技能的词汇也不是很挑剔。比如说，我们说"可适应性"，别人更喜欢用"弹性"。我们用"批判性思维"，别人用"系统性思维"。不管怎样，我们讲的都是同样的概念。另一方面，面向21世纪技能并不是一个模糊、空洞、随意的口号。本框架中的每一个组成部分都是由专家、学者、教育工作者、商人、家长还有社会各界人士参与定义、开发和把关的。

我们邀请个人和组织使用我们的框架，就丰富21世纪心智所需的所有要素展开生动活泼的全国对话。请教育者和商界代表参加这次对话是至关重要的（Wagner, 2008）。国家、地区和学校必须进行这些对话，并就他们所重视的学生成果达成一致，然后建立能够提供支持的系统。

为什么在21世纪我们的教育需要一个新模型

在教育领域发生变化是不可避免的，促成变化的力量已经积累有一段时间了：

• 世界在变化——全球经济，伴随着新兴产业和职业，为每一个有能力利用它

> 在教育领域发生变化是不可避免的，促成变化的力量已经积累了一段时间了：
> ● 世界在变化。
> ● 美国的学校和学生还没有适应这个不断变化的世界。
> ● 美国在确保未来经济竞争力上没有明确的目的和方向。

的人提供了巨大的机遇。在过去的30年里,由于信息和通信技术的推动,全球竞争和合作急剧加速。由信息、知识还有创新带动的服务型经济已取代工业经济,重整了商业和劳动力市场。美国超过三分之四的工作都在服务业。体力劳动和重复性劳动已被互动性、非重复性的劳动取代,这样的现象甚至在许多传统的蓝领工作岗位上都有发生。技术取代了那些进行重复性劳动的工人,却补充了拥有更高技能的工人,并使他们的工作效率更高,更有创造力(Autor, Levy, & Murnane, 2003)。发达经济体、新兴行业、企业以及具有高增长前景的工作越来越青睐拥有沟通能力、问题解决能力和批判性思维,并能自我调整从而应对组织需要,为组织、产品和流程做出贡献的人(21世纪技能伙伴关系,2008)。

在这个瞬息万变的时代,上世纪盛行的社会契约已经不复存在了。在学校表现良好已经不再像前几代美国人那样能保证一辈子有工作。今天,人们可以期望在他们的职业生涯中从事多个领域的工作。根据美国劳工统计局的数据显示,婴儿潮后几年出生的年龄在18~42岁的美国人,平均拥有10.8份工作(美国劳工部劳工统计局,2009)。新的社会契约是不一样的:只有拥有知识和技能,并能适应持续的变化,重塑自我以应对新情况的人才能成功。面向21世纪的技能促使人们不断学习、增强适应变化的能力,帮助人们在经济上获得向上攀登的阶梯。没有面向21世纪的技能,人就会沦落为低收入、低技能的工作者。熟练掌握面向21世纪的技能是这个时代的新的公民权益。

- **美国的学校和学生还没有适应这个不断变化的世界**——我们现有的公共教育系统并未帮助所有的学生获得迎接和满足21世纪各种机遇和需求的能力,包括经济、工作岗位以及公民责任方面。许多在校学生没有得到家庭和社会的援助。除此之外,许多学生对学校里与他们的生活、未来无关的学习不感兴趣,也无动力学习。高中辍学率已经到达了危机程度,只有70%的学生能按时从高中毕业并获得高中文凭(Swanson, 2009),而在少数族裔中,这个比例只达到50%。

值得警醒的是,我们现在面临两个成就差距。一个是在国内,一个是在国际上。在美国国内,黑人、西班牙裔,还有贫困生在全国性评估测试中落后于他们的同龄人(Grigg, Donahue, & Dion, 2007; Lee, Grigg, & Donahue, 2007; National Center for Education Statistics, 2009)。这样一来,未来劳动力的总体水平就会被拖后腿。在美国人口结构正经历着少数族裔人口快速增长、转变的情况下,这一点是非常令人担忧的。

- 在国际上,与世界上其他发达国家的学生相比,美国学生在国际学生评估项目（PISA）中得分低于平均水平。该评估是对世界发达国家在阅读、数学和科学方面的基准评估（Organisation for Economic Co-operation and Development，2009）。该评估结果是有说服力的，因为它测试的是如批判性思维还有问题解决方面的应用能力，就是我们所说的面向21世纪的技能。即使是美国最好的学生在PISA测试中也不能与其他发达经济体中的同龄人相比。

即便所有的学生都获得高中文凭，并掌握传统的学科知识，他们仍然难以在面对新经济形态的要求时做好准备。今天，一套新的技能——面向21世纪的技能——越来越成为国家财富的发动机。支持创新的技能，如创新意识、批判性思维以及问题解决能力，是极为需要的（Casner-Lotto & Barrington，2006；Conference Board，2007；Lichtenberg，Woock，& Wright，2008）。但是这在企业中却是严重缺乏的，甚至在受过本科教育、刚进入职场的人中，拥有这些技能以及其他应用性技能的人才也是寥寥无几的。学业上的优秀并不能保证专业上或者技能上的优秀（van Ark，Barrington，Fosler，Hulten，& Woock，2009）。

• **美国在确保未来经济竞争力上没有明确的目的和方向**——美国仍然是世界上最有竞争力的国家，但是一种"自我满足感"正悄悄地腐蚀我们的主导优势（International Institute for Management Development，2009；Scott，2009）。在过去的几年中，科学、技术、工程和数学（STEM）领域的业界、学界专家都一直发出警告，认为美国在为这些关键领域培养、供应充足人才方面正逐步失利。亚欧有竞争力的国家明白了技术的重要性，并正在迎头赶上。国际上在提高教育质量和面向21世纪技能上的联合努力和显著成果都说明，美国在培养高素质、灵活、有雄心的新经济人才方面不再是不可比拟的。此外，自20世纪80年代末和90年代初以来，信息技术推动的巨大经济增长可能会极大地超出对包括观念、知识和人才在内的无形劳动力资产的投资（van Ark et al.，2009）。

面向21世纪的教育应该是什么样的呢

要想解决我们面对的挑战，就该有一个新的教育模式，因而我们教育系统的每一个方面都得协调起来，帮助美国人民做好迎接这场竞争的准备。

在过去十年中，根据当今年轻人所面临的挑战的需要，21世纪技能伙伴关系花费了相当长的时间开发出一套稳健的面向21世纪的学习框架（见图F.1）。教育界的领航机构、商业团体和政策决定者对此框架持续、热心的支持，还有家长、学前及中小学教师和民间团体的实际把关共同促进了将这个框架塑造成一个全面、富有意义、目的明确的21世纪教育愿景（Trilling & Fadel，2009）。

这个图表之所以强大，是因为它一目了然地传递了核心学术科目、21世纪主题、21世纪技能以及教育支持系统和学生成就指标明显一致的信息。面向21世纪的学习框架为公共教育提供了一个具有说服力的、负责的、可行的方向。下面我们将对其原因进行解释。

本框架关注关键性结果

> 面向21世纪的教育应该与成果相联系，即对在学校、工作场所和社会上受到高度重视的核心学科知识和21世纪技能的熟练掌握。

面向21世纪的教育应该与成果相联系，即对在学校、工作场所和社会上受到高度重视的核心学科知识和21世纪技能的熟练掌握。大部分美国学生在高中毕业后，缺乏企业和高等教育工作者认为的对于现实世界的表现和高级学习最为关键的核心技能。批判性思维、问题解决能力、创新能力以及其他21世纪技能是人们攀登经济阶梯需要的工具。

有了面向21世纪的技能，学生就能在生活中思考、学习、工作、解决问题、交流、合作、做出有效贡献。有人说这些技能并不是只在21世纪才需要，这点是真的。而我们把它们单独挑出来有以下三个原因：

第一，很少有课程刻意地囊括了对这些技能的培养，也很少对这些技能的掌握做出定期评估。现状是，教育工作者们认为有这些技能"很好"，但"不是必须"，也就是说，对于这些技能的教导是不均衡的。更多的是年轻人在日常生活中或工作经验中偶然学到这些技能。有时候也可能是在学校里，当他们遇到好的导师或是他们自己足够机敏，才能意识到并自主学习这些技能。但是美国若想保住有竞争力的地位，就不能在培养这些最为关键的技能方面继续采用这种危险的方式。

第二，今天，这些技能对所有的学生来说都是极为关键的，而不只是针对少数精英。在过去的经济生活中，美国人活在等级世界中，用的是一种流水线思维方式。高层经理和专家承担了企业或组织中的大部分的谋划、解决问题、决策还有沟通工作。他们发布命令，大部分员工要做的就是服从指挥。但今天不是这样了。具有竞争力的组织将管理结构扁平化，更多地使用科技，创造了更为灵活的工作方式，并将更大的责任交给一线的工人和合作项目小组。这些组织和行为上的变化大大促进了生产力和创新水平的提高（Black & Lynch，2004；Gera & Gu，2004；Pilat，

2004；Zoghi，Mohr，& Meyer，2007）。在这样的现实情况下，没有掌握面向21世纪技能的学生就永远无法实现他们的经济潜能。

在这个扁平化的企业结构里，每一个员工都掌握了更多的信息和工具，并在使用它们时获得更广泛的自主权。作为交换，员工们要自我指导，对自己的工作负责。苹果公司的一位经理这样对我说，任何需要被管理的员工都已不再值得雇佣。个人生活层面也是类似的，责任在向个人发生转移。权威人士来照顾大家，或是告诉人们该怎么做的情况将越来越少。今天，人们不得不管理自己的医疗，用信息来武装自己，为买什么样的保险做决定，为自己的权益做辩护，并要与医生合作来管理自己的健康。同样，参与公民活动也需要人们自己去寻找信息来弄清楚议题。比如说，平面新闻行业的衰落意味着最近发生的地方新闻不一定每天都会送到家门口了。

第三，企业雇佣者和高等教育者所说的成功所需的技能已经汇集到一起。即便刚入职的员工也被要求使用面向21世纪的技能来完成他们的工作（Casner-Lotto & Barrington，2006；Conference Board，2007；Lichtenberg，Woock，& Wright，2008）。美国劳工部的一项统计显示，大部分能够保证生活所需薪酬水平的工作要求至少完成本科教育，在未来十年，271个具有高增长潜力的就业岗位尤其如此（Bureau of Labor Statistics，U. S. Department of Labor，2008）。

大部分学生向往上大学是因为他们明白这一点。确实，在劳动力中拥有本科及以上学历的比例大幅增加（Carnevale & Desrochers，2002）。21世纪技能对于成功过渡到大学和劳动力的培训项目同等重要。比尔和梅琳达·盖茨基金会所定义的准备好去上大学的几个因素中包括了"学术行为"和"情境技能和意识"（Conley，2005，2007），它们反映了21世纪学习框架中所提到的技能。不管学生决定未来走什么样的道路，在为达到将来的成功所需要的技能上，所有学生都应该做好准备。

21世纪学习的框架也纳入了一些可能不太为人所熟悉的、新的21世纪主题。雇主、教师、家长、政府决策者和社会上的各个团体都确认了这些主题和技能是重要的，尽管在通常的公共教育里，它们不被强调。这些主题都出自美国人的日常生活，人们想要学校将这些融合了内容和技能的新主题加以整合，更好地帮助年轻人在这个复杂的世界里茁壮成长。

例如，全球意识在全球经济中是必要的。美国人需要在影响他们作为公民和工人的全球议题上有一个确切的了解。他们需要能够与来自不同文化和生活背景的人一起共事，向他们学习。他们得学会用除英语之外的语言来交流。

同样，财经、商业和创业素养也是新的需要。因为有保障的养老金在今天是很少见的，所以退休计划、储蓄、投资的管理责任都落在了个人的身上。最近在银行业、信贷行业发生的危机，以及严重的经济衰退凸显了理解经济力量如何影响人们生活的重要性。不负责任的财政选择可能会对个人生活质量产生不利影响。在工作中，人们需要知道如何融入一个更大的组织并为之做出贡献，并且也需要将创业的心态带到生活中。通过识别机遇、风险和收益，他们可以提高工作效率，增加职业选择，从容应对变化的环境。

最后，21世纪学习框架清楚地阐明了几项技能：创新和革新、灵活性、适应力、领导力和跨文化交流能力，这几项技能至少在教育界为全体学生开辟了新的天地。这些技能的拥有使人们与众不同。想象力上小小的飞跃可以为个人和团体带来巨大的进步。对变化做出积极反应的意愿让人们打开新的可能性，更能适应生活中不可避免的变化。承担领导者的地位让人们对生活有了更多的掌控，而跨文化技能增强了他们在学校、工作和社区中与他人互动的能力。

这些新技能也将领导阶层与落后的组织和国家区分开来。它们突出了拥有竞争力所应该具备的每一项品质：独创性、灵活性、持续改进性，将大胆的想法转化为创新的产品、服务和解决方案，捍卫并声援有意义的尝试、克服障碍，并跨越因文化差异而导致的阻隔。

综合来看，核心学科、21世纪主题及21世纪技能的整合重新界定了我们时代的严谨性。很多美国人一直以来都在提倡教育要更严格，才能帮助学生做好上大学和进入工作岗位的准备。这也是我们的立场。

传统上的严谨性等同于对内容（核心主题）的孤立掌握，但那是不够的。知识和信息在不断地变化。学生既需要学科知识也需要技能，还需要将他们的知识应用和转化到有价值、有创意的事情上，并且随着内容和情况的变化，不断地学习。

约翰·布朗斯福特（John Bransford），华盛顿大学著名的教育学和心理学教授，同时也是一名作家。他著有《人们是如何学习的：连接研究和实践》（*How People Learn：Bridging Research and Practice*，2000），《学生是如何学习的：课堂里的科学》（*How Students Learn：Science in the Classroom*，2004）。他曾说道："在美国，我们重复告诉学生同样的事情100次。到第101次的时候，我们问他们是否还记得前100次我们跟他们说了什么。"但是在21世纪，教育是否具有严谨性的检验标准就是让学生能够在面对他们从没见过的内容时知道该怎么做。

实际上，将面向21世纪的主题放进核心学科中可以增强严谨性。从教科书中回忆事实或术语,执行简单的过程或程序,对学生的认知要求是很低的。通过计划、使用证据和抽象推理表现出更深刻的理解,这对学生来说更具挑战性。在内容或内容领域内的相关概念之间建立联系,或者设计一种解决复杂问题的方法,需要扩展思维甚至更高的认知需求(Webb,1997)。

国际评估,例如PISA,也将技能和严谨性联系到一起。能将批判性思维和问题解决能力运用到数学和科学内容中的学生,其在PISA中的成绩表现会更好。在21世纪的教育系统中,严谨性必须指向对内容和技能的掌握。

在我看来,有太多的证据证明,熟练掌握面向21世纪的技能才是我们这个时代所需要的结果。为21世纪培养人才需要我们围绕这个目标来构建公共教育系统。

该框架认识到教育支持系统——特别是专业学习经验——至关重要

21世纪的学习愿景建基于这样一个现实:为使学生获得面向21世纪技能所要求的学习成果,需要教育系统的每个方面都朝这个目标努力。

> 21世纪的学习愿景建基于这样一个现实:为使学生获得面向21世纪技能所要求的学习成果,需要教育系统的每个方面都朝这个目标努力。

尽管这可能看上去是个十分宏大的目标,但有证据表明,一些州政府已经做好准备,并且有决心承担这项工作。截止2009年10月,有14个州(亚利桑那州、伊利诺伊州、爱荷华州、堪萨斯州、路易斯安那州、缅因州、马萨诸塞州、内华达州、新泽西州、北卡罗来纳州、俄亥俄州、南达科他州、西弗吉尼亚州以及威斯康星州)已经做出承诺,将调整他们的标准和评估、课程和教学、专业发展及学习环境,从而支持面向21世纪技能的成果。那些取得了真正进展的州和地区采取整体和系统的方法,阐明了他们所重视的技能,并使其系统的每一部分都朝着这个方向前进。

大多数州政府都面临着艰巨的挑战。很多产业在重新整合,亟须裁员。最近的经济衰落更是使这一问题恶化,严重影响了州政府的预算和学校预算。但是,这些州政府仍然仔细地考察并批准21世纪学习框架作为该州建立面向21世纪教育系统的模型。他们都意识到,必须重新建立教育系统来更新他们的劳动力和经济。比如西弗吉尼亚州,他们正在参考21世纪技能伙伴关系的框架,修改他们的标准、评估、教学、专业发展、师资培养、学前教育和技术项目。

专业发展绝对是这个工作中最重要的一部分。史提夫·佩恩(Steve Paine)是西弗吉尼亚州的学校负责人,他告诉我,他80%的努力都致力于提高教师在21世纪教学中的效率。他的观点是正确的。阐明了哪些是重要技能,这只是第一步。州和学区不能假设教师在没有得到持续的专业发展的情况下就可以跳出20世纪的框框。西弗吉尼亚州教育部门对这项任务全力以赴。在暑假里,对全州老师进行了面向21世纪技能方面的深入培训,并在接下来的学年里通过网络进行跟踪指导。该州还制作了一个动态互动的网站,叫21世纪教学(Teach 21),内有大量可供老师在课堂中实践的资源。

在合作伙伴关系中,我们开发了详细的内容地图、网上资源,为21世纪的学习增加了更多具体的细节。这些资源促进了实践性学习、探究式学习并帮助那些最能实施有效教学的教师发展了高级思维能力(Darling-Hammond et al.,2008)。事实上,许多与学校学生密切合作的任课教师和教育工作者正在开拓并实施这种教学。所有的教育资源都可在这个专门的网站上找到:Route 21(www.21stcenturyskills.org/route21/)。

整个教育的配套基础设施必须现代化,以为21世纪的教学、学习和成果创造条件。而且,正如我们在以往的标准制定倡议中所看到的,忽视基础设施给学生带来了不必要的负担。如果没有基础设施的支持,期望学生满足新的、更高的期望是不公平的,也是徒劳的。为了帮助州、学区和学校继续前进,我们开发并更新了MILE指南的实施指导和自我评估工具(Partnership for 21st Century Skills, 2009b)。

教育系统中所有的关键元素都要有助于产生面向21世纪技能的成果,我们不能靠运气。

该框架与决策者、教育工作者、企业界、社区组织和家长产生共鸣

虽然有很多组织开发了改善教育质量的模型,但很少有组织勇于让各行各业成千上万的人测试他们的模型。我们的核心科目、21世纪主题还有面向21世纪技能的模型就经过了这样的测试。

我们与近40个会员组织,包括国家教育协会及其320万名成员共同制定了该框架。我们把我们的框架展示给政策决策者、教育工作者、商界人士、社区组织还有家长,倾听他们的意见,并改进了主题和技能设置。我们采访了商人和家长,他们一致认为21世纪技能对今日的成功至关重要(Casner-Lotto & Barrington,2006;Partnership for 21st Century Skills,2007)。他们大多数人也赞同学校应该教授面向21世纪的技能。他们的想法是扎根于现实的,这是企业的期待、公民的需求,也是他们每一天遇到的挑战。我们收到的来自其他组织的问卷和报告也证实

了这一点。

> 我们的观点是一致的。我们一起花时间评估公共教育中主要利益相关者的兴趣和态度。

这不是一个小问题。21世纪的技能倡导与其他改进运动——如20世纪80年代的教育改进运动——的主要区别在于，这场运动的领导人包括了决策者、教育者和商业团体。我们的观点是一致的。我们一起花时间评估公共教育中主要利益相关者的兴趣和态度。自上而下和自下而上努力为我们的模式建立广泛的支持。大多数州的州长、国家教育机构和州教育委员会的领导、地方学校董事会、商界人士、社区组织、教育工作者、家长和有投票权的公众都被我们的模式所吸引和激励。

要在全国范围内建立对本框架的公共理解，我们还有很多的工作要在每个地区、社区还有家庭中去完成。但是，我们现阶段已得到的支持和在14个州已经获得的示范性成果都给了我们投入到有关21世纪新的学习成果的全国性对话的机会，从而获取更广泛的支持。

州、学区、学校领导及社区将对过去20年中经济所经历的变化展开研究。他们将要思考在未来20年甚至更久之后，学生需要哪些新的技能。一旦他们清楚地知道这些新的技能是什么之后，他们将为调整他们的教育系统做好准备，使他们的愿景成为现实。

未来的学习

这本书作为另一个迹象表明我们已经达到了教育的临界点。这么多知名人士正在认真思考未来的学习，这是一个信号，我们可能正处于要采取大胆行动的风口浪尖。

此时此刻，关系到国家的竞争力以及随之而来的一切：强有力的民主制度，国际领导地位，持久的繁荣和子孙后代更美好的愿景。今天，美国人民是经济增长的引擎，这一点在我们的历史上一如既往。然而，在这个时代，他们需要具备知识和技能，才能在21世纪展开竞争。

> 我们需要从对21世纪学习愿景的共识转向对21世纪学习成果的透彻理解和承诺。

在全国各地的会议室和教室里，我遇到了成千上万愿意接受这一挑战的人。公众对21世纪学习框架的广泛支持表明，建立21世纪教育体系的政治意愿具有强大的潜力。令人兴奋的是，这个框架引起了这样的兴趣，但现在宣布胜利还为时过早。

我们需要从对21世纪学习愿景的共识转向对21世纪学习成果的透彻理解和承诺。实际上，存在这样一个危险，就是"面向21世纪的教育"或者"面向21世纪的技能"会沦为一个空洞的概念。许多人把技术丰富的教室、现代学校或严谨的核心课程等同于21世纪的学习，而不管学生是否掌握了21世纪技能。事实上，使用数字设备的能力绝不意味着学生对全球意识、健康素养、学习和创新技能、生活和职业技能甚至媒体素养有任何的了解。同样，许多教育家声称，他们已经教授了21世纪技能，但是这些技能并没有系统地融入标准和评估、课程和教学，或专业发展和学习环境之中。

接下来最重要的一步是就熟练掌握21世纪技能的成果达成一致。单纯地想要达到这些成果是不够的，还需要围绕这些成果对整个教育系统进行有目的和清晰的筹划。利用21世纪成果的视角来积极地探寻这本书中的想法将是一个良好的开始。

致　谢

特别感谢21世纪技能伙伴关系董事会及战略委员会的前任和现任成员对21世纪技能的大力支持，也要感谢玛莎·沃克雷（Martha Vockley）对于这篇前言的撰写所做出的特殊贡献。

肯·凯

参考文献

Autor, D. H., Levy, F., & Murnane, R. J.（2003, November）. The skill content of recent technological change: An empirical exploration. *Quarterly Journal of Economics*, *118*（4）, 1279-1333.

Black, S. E., & Lynch, L. M.（2004, February）. What's driving the new economy?: The benefits of workplace innovation. *The Economic Journal*, *114*, 97-116.

Bureau of Labor Statistics, U. S. Department of Labor.（2008, June 27）. *Number of jobs held, labor market activity, and earnings growth among the youngest baby* boomers: *Results from a longitudinal survey.* Washington, DC: Author. Accessed at www.bls.gov/news.release/pdf/nlsoy.pdf on December 8, 2009.

Bureau of Labor Statistics, U.S. Department of Labor. (2009). *Occupational projections and training data, 2008-09 edition.* Accessed at www.bls.gov/emp/optd/optdtabi_5.pdf on December 8, 2009.

Carnevale, A. P., & Desrochers, D. M. (2002, Fall). The missing middle: Aligning education and the knowledge economy. *Journal for Vocational and Special Needs Education*, 25(1), 3–23.

Casner-Lotto, J., & Barrington, L. (2006). *Are they really ready to work? Employers' perspectives on the basic knowledge and applied skills of new entrants to the 21st century U.S. workforce.* New York: The Conference Board. Accessed at www.21stcenturyskills.org/documents/FINAL_REPORT_PDF09-29-06.pdf on June 18, 2009.

Conference Board. (2007). *CEO challenge 2007: Top 10 challenges* (Research Report 1406). New York: Author.

Conley, D. T. (2005). *College knowledge?: What it really takes for students to succeed and what we can do to get them ready.* San Francisco: Jossey-Bass.

Conley, D. T. (2007). *Toward a more comprehensive conception of college readiness.* Eugene, OR: Educational Policy Improvement Center. Accessed at www.gatesfoundation.org/learning/Documents/CollegeReadinessPaper.pdf on June 18, 2009.

Darling-Hammond, L., Barron, B., Pearson, P. D., Schoenfeld, A. H., Stage, E. K., & Zimmerman, T. D., et al. (2008). *Powerful learning: What we know about teaching for understanding.* San Francisco: Jossey-Bass.

Donovan, S., Bransford, J., & Pellegrino, J. W. (Eds.). (2000). *How people learn: Bridging research and practice.* Washington, DC: National Academies Press.

Donovan, S., & Bransford, J. (2004). *How students learn: Science in the classroom.* Washington, DC: National Academies Press.

Gera, S., & Gu, W. (2004, Fall). The effect of organizational innovation and information technology on firm performance. *International Productivity Monitor*, 9, 37–51. Accessed at www.csls.ca/ipm/9/gera_gu-e.pdf on June 18, 2009.

Gladwell, M. (2000). *The tipping point: How little things can make a big difference.* Boston: Little, Brown.

Grigg, W., Donahue, P., & Dion, G. (2007). *The nation's report card: 12th-grade reading and mathematics 2005* (NCES 2007–468). U. S. Department of Education, National Center for Education Statistics. Washington, DC: U. S. Government Printing Office. Accessed at http: //nces. ed. gov/nationsreportcard/pdf/main2005/2007468. pdf on December 7, 2009.

International Institute for Management Development. (2009). *IMD world competitiveness yearbook.* Lausanne, Switzerland: Author.

Lee, J., Grigg, W., & Donahue, P. (2007). *The nation's report card: Reading 2007* (NCES 2007–496). Washington, DC: National Center for Education Statistics, Institute of Education Sciences, U. S. Department of Education. Accessed at http: //nces. ed. gov/nationsreportcard/pdf/main2007/2007496. pdf on December 7, 2009.

Lichtenberg, J., Woock, C., & Wright, M. (2008). *Ready to innovate: Key findings.* New York: The Conference Board. Accessed at www. artsusa. org/pdf/information_services/research/policy_roundtable/ready_to_innovate. pdf on June 18, 2009.

National Center for Education Statistics (2009). *The nation's report card: Mathematics 2009* (NCES 2009–451). Washington, DC: Institute of Education Sciences, U. S. Department of Education. Accessed at http: //nces. ed. gov/nationsreportcard/pdf/main2009/2010451. pdf on December 7, 2009.

Organisation for Economic Co-operation and Development (2009). *Top of the class: High performers in science in PISA 2006.* Paris: Author. Accessed at www. pisa. oecd. org/dataoecd/44/17/42645389. pdf on December 7, 2009.

Partnership for 21st Century Skills. (2007). *Beyond the three Rs: Voter atti-tudes toward 21st century skills.* Tucson, AZ: Author. Accessed at www. 21stcenturyskills. org/documents/P21_pollreport_singlepg. pdf on June 18, 2009.

Partnership for 21st Century Skills. (2008). *21st century skills, education & competitiveness: A resource and policy guide.* Tucson, AZ: Author. Accessed at www. 21stcenturyskills. org/documents/21st_century_skills _education_and_ competitiveness_guide. pdf on June 18, 2009.

Partnership for 21st Century Skills. (2009a). *Framework for 21st century learning*. Tucson, AZ: Author. Accessed at www. 21stcenturyskills. org/documents/framework_flyer_updated_april_2009. pdf on November 1, 2009.

Partnership for 21st Century Skills. (2009b). *The MILE guide: Milestones for improving learning & education*. Tucson, AZ: Author. Accessed at www. 21stcenturyskills. org/documents/MILE_Guide_091101. pdf on December 8, 2009.

Pilat, D. (2004, December). *The economic impact of ICT: A European perspective* (IIR Working Paper 05–07). Paper presented to the Conference on IT Innovation, Tokyo. Accessed at www. iir. hit-u. ac. jp/iir-w3/event/WP05-07pilat. pdf on June 18, 2009.

Scott, M. (2009, May 19). Competitiveness: The U. S. and Europe are tops. *Business Week*. Accessed at www. businessweek. com/globalbiz/content/may2009/gb20090519_222765. htm on June 18, 2009.

Swanson, C. B. (2009, April). *Cities in crisis 2009: Closing the graduation gap*. Bethesda, MD: Editorial Projects in Education. Accessed at www. edweek. org/media/cities_in_crisis_2009. pdf on December 7, 2009.

Trilling, B., & Fadel, C. (2009). *21st century skills: Learning for life in our times*. San Francisco: Jossey-Bass.

U. S. Census Bureau. (2008, August 14). *An older and more diverse nation by midcentury*. Washington, DC: Author. Accessed at www. census. gov/Press-Release/www/releases/archives/population/012496. html on December 7, 2009.

van Ark, B., Barrington, L., Fosler, G., Hulten, C., & Woock, C. (2009). *Innovation and U. S. competitiveness: Reevaluating the contributors to growth*. New York: The Conference Board.

Wagner, T. (2008). *The global achievement gap: Why even our best schools don't teach the new survival skills our children need—and what we can do about it*. New York: Basic Books.

Webb, N. L. (1997, April). *Criteria for alignment of expectations and assessments in mathematics and science education* (Research Monograph 6). Madison, WI: National Institute for Science Education. Accessed at http: //hub. mspnet. org/media/

data/WebbCriteria. pdf? media_000000000924. pdf on June 18, 2009.

Zoghi, C., Mohr, R. D., & Meyer, P. B.（2007, May）. *Workplace organization and innovation*（Working Paper No. 405）. Washington, DC: U.S. Bureau of Labor Statistics.

作者简介

肯·凯 Ken Kay

肯·凯，法学博士，在过去的25年里致力于组织教育、商业和政策团体，以提高美国的竞争力。凯是21世纪技能伙伴关系的主席，该组织是全国领先的组织，倡导将21世纪的技能注入教育领域，并为每位儿童在新的全球经济中取得成功做好准备。除此之外，凯还担任教育咨询公司e-Luminate集团的首席执行官和联合创始人。

在整个职业生涯中，凯一直是有关教育和工业的竞争力问题——尤其是支持创新和技术领导的政策和实践——的主要发言人和联盟建设者。作为教育和技术首席执行官论坛的执行主任，他领导了学校技术与准备指南（StaR Chart）的开发，以供全国学校在学前及中小学课堂中更好地应用技术。作为一名律师和全国公认的联盟建设者，凯还促进了大学和技术领导人推动研究和开发政策，以及计算机行业首席执行官推动美国贸易和技术政策的主动性。

在前言中，凯提出了他的小组所提倡的21世纪学习框架。他回答了三个关键问题：（1）未来的学习为什么需要框架中列出的技能？（2）哪些技能最为重要？（3）可以做些什么来帮助学校纳入这些技能以便达成21世纪学习成果？并指出需要重新调整教与学的关系，关注最终成果。

绪论 Introduction

社会重要部门发生重大变革的举措大多来自局外人。由21世纪技能伙伴关系所发起的名为"21世纪技能"的运动也是如此。这个合作组织包括大型企业、国家专业机构以及国家教育部门。这些机构之所以关注教育变革，是因为他们预见到需要培养的人才技能超越了当今学校所强调的部分。在当选的领导人中，包括美国前总统奥巴马和众多州长，都一致认为如果美国学生想要在全球劳动力市场上保有竞争力，这样的改革是必需的。

为达到目标，伙伴关系勾画出了一个面向21世纪学习的框架，希望各州采纳并将其视为改进教学和学习的卓越议程（见前言，图F.1）。参与合作的州将从修改现行教育标准开始，对政策进行重新设计。接着，我们希望看到符合新的教育标准的实践，并看到学生学到了这些必要技能的成果。

实际上，旨在获得这些成果的理想做法正在开始显现。早期采用此框架的教师、校长、学区领导还有校委员会已经将之付诸实践。有个别教师将他们的课堂变革为充分运用技术进行学习的地方。他们的学生做实验、做项目，尝试新事物，并解决有意义的问题。

虽然，全面采用面向21世纪技能观念的学校数目远远少于仍然深陷20世纪的教学形式和内容的学校，但是有一些学校正在做出改变，特别是作为伙伴关系成员的州尤其如此。在有些州，一些特许学校作为先驱者全面地进行改革，他们形成组织来摆脱古老的教学和学习模式。在另一些州，也有一些公立学校，他们正在对教学和学习的联系进行重新定义。

在学区层面，面向21世纪学习的系统性改革更是困难。在亚利桑那州图森市、伊利诺伊州沃伦维尔市，包括校委员会和核心管理层在内的校领导们也向公众介绍了面向21世纪的学习蓝图和地区性的战略计划。这些计划正一步一步地展开，包括新的建筑设计、课程改革、领导和教师的长期专业发展，以及每所学校的技术整合。

在州层面，西弗吉尼亚州作为早期与21世纪技能伙伴关系合作的一个州，正领导着越来越多的政府教育部门加入到推广21世纪技能的活动中来。他们制作了一个叫Teach 21（http：//wvde.state.wv.us/teach21/）的网站，方便用户操作。该网站提供了面向21世纪教学的"操作标准"，包括教学指南、课堂单元计划和跨领域与特定需求领域的项目化学习的样本。西弗吉尼亚州还配备了一批教师骨干，在整个学年中鼓励并帮助老师们采用项目化学习方法。巴克汉努市华盛顿学区小学的教师，就被鼓励利用这一丰富的资源来改进教学和评估的一致性实践，并在每日的课堂实践中运用项目化学习方式。

伊利诺伊州采取的策略不同。当伊利诺伊州教育委员会正式签署成为我们的会员时，一群教育界和商界的领导者们聚集起来形成了一个独立的财团，以帮助学区实践我们的框架。他们的目标包括将多个学区的合作连接起来，为会员学校提供长期的专业发展和系统改革。

该财团的领导层正与伊利诺伊州教育委员会的官员们展开密切合作，他们将一种"由下至上"的创新流程与州委员会的方向设定倡议联系起来。这个"由下至上"的过程，是由新特里尔东部高中（伊利诺伊州温尼特卡）当时的副校长玛丽·艾达·马奎尔（Mary Ida Maguire）命名的，它鼓励由老师、家长、校务管理人员组成的小组为下一个学年由基金支持的教学改进方法出谋划策。每个小组决定出的最好的想法会被传递到上级。小组中随机选出的代表会组成一个委员会来制定标准，选出最好的办法，并推荐给学校董事会的预算委员会。由30个成员组成的财团指导委员会就用这样的"由下至上"的方法选出改革项目，然后再投资来支持项目的实施。

在全国层面，有一些专业组织，比如最出名的有全国英语教师委员会、全国科学老师协会、全国社会研究委员会，以及美国图书馆协会，都和我们合作开发了线上的资源指南，用来将21世纪的技能整合到课堂内容中去。其他组织，如国家教育协会、美国督导与课程开发协会也都采取了措施，提高成员在这方面的意识。

本书各个章节将逐步展开我们所设计的这个蓝图的各个具体细节。本书并不是为该主题做最后的定论，但我们相信跨出了有价值的一步。

在考虑写作这本书的时候，我们首要的任务就是找出能为这方面的对话带来贡献的关键问题。我们接着挑选了一批作者，每个人都有着能解决这些问题所需要的相关经验和远见。我们邀请他们帮助我们回答可以反映21世纪技能主题的三个问题：（1）为什么框架中所列出的技能对于未来的学习是必要的？（2）哪些技能是最重要的？（3）应该如何帮助学校将这些技能纳入他们的能力清单，从而取得21世纪的学习成果？

章节纵览

前言中，肯·凯（Ken Kay），21世纪技能伙伴关系的主席，向我们呈现了他的团队所倡导的面向21世纪学习的框架。他对我们提出的三个问题做出了回应，并建议重新调整教与学的关系，使之着眼在结果上。

在第1章中，霍华德·加德纳（Howard Gardener）指出在未来一代中应该鼓励五种心智的发展，其中三种涉及认知领域，另外两种涉及人文领域。他略述了这五种心智的主要特征、如何塑造它们以及可能被扭曲的方式。最后，他在结论中就如何将这五种心智整合到一个生机勃勃的人身上提出了建议。

在第2章中，琳达·达林·哈蒙德（Linda Darling-Hammond）在访谈中提出指导21世纪的学校发展所应当采取的重大政策转变。她建议在标准、课程、教学和评估方面强化深度一致性，加强师资和学校领导的专业素养，重新设计学校时间，让教师有更多的时间参与到有关自己的职业决定中去，并且在各校之间平等地分配资源。她坚持美国对于学校改革要采取更为平衡的策略，并且如果美国想要恢复其教育水平的领先地位，这些改革是必需的。

在第3章中，克里斯·戴德（Chris Dede）将21世纪技能的几个比较有名的列表进行了对比。他提出这样一个问题："面向21世纪的技能的定义有多么多样化？"，并注意到如果对21世纪技能的本质没有一个清晰的认识，就会导致问题的产生。他对各个框架之间的共同点和各自对这个总概念增加了哪些独特之处做出了清楚的分析。

在第4章中，理查德·杜富尔（Richard DuFour）和丽贝卡·杜富尔（Rebecca DuFour）讨论了21世纪技能的教学所需的学校环境。他们观察到21世纪技能合作伙伴所提倡的生活和职业技能的最佳教学环境是一个专业学习共同体的环境（PLC）。在这个基础上，他们论证了PLC是能够带来改变的重要工具，而这样的改变正是21世纪技能的倡导者所设想的改变。

在第5章中，罗宾·福格蒂（Robin Fogarty）和布莱恩·M·皮特（Brain M.

Pete）将讨论带到了新加坡，他们是该国极力推广的"少教多学"倡议的教育顾问。罗宾·福格蒂和布莱恩·皮特与读者分享了当老师在新旧两种教学方式之间徘徊的想法和感受。旧的方式是专权式、竞争性的；而新的方式是与学生共同来做决定、合作式的学习，鼓励学生自己构造意义而非死记硬背。

在第6章中，鲍勃·皮尔曼（Bob Pearlman）带我们领略了为促进协作性学习而设计的创新型校舍。他提醒我们，当今学校里为人熟悉的大部分盒式建筑设计是适合于过时的工厂式的学习模式。他展现了设计应该为功能服务，即便这些创新型的建筑也是一样。而现在我们需要的功能是参与、问题解决和交流。

在第7章中，杰伊·麦克蒂格（Jay McTighe）和艾略特·赛夫（Elliott Seif）解决了当上世纪遗留下来的课程已经过度拥挤时，该如何将21世纪的成果融入到课程设计中的问题。他们的办法是系统性的，即利用"追求理解的教学设计"原则和实践。采用由"基于设计的教育"延伸出来的概念，作者概述了五个互相关联的组成部分：（1）学校教育的使命，（2）学习的原则，（3）课程和评估体系，（4）教学活动和实践，以及（5）系统支持要素。作者研究了这五个组成部分如何帮助学校自我改造，以实施一种可行的教学方法，让每个学生都能获得21世纪的技能。

在第8章中，约翰·巴雷尔（John Barell）展现了问题式学习是发展21世纪技能的理想途径。他描述了教师如何将基于标准的课程，从学生被动接受老师的授课到作为问题解决者和发起者积极投入地转变。他用具体案例说明了问题式学习探究可以适用于任何年龄、才智以及面临任何挑战的学生。

在第9章中，大卫·W·约翰逊（David W. Johnson）和罗杰·T·约翰逊（Roger T. Johnson）指出了21世纪所面临的四个重大挑战：（1）更强的全球依赖性，（2）全世界更多的民主政权，（3）对创新型企业家的需求，以及（4）能够影响个人身份认同感的人际间交往的重要性。他们探讨了合作学习、建设性争论与问题解决协商是如何在培养学生应对挑战、过上富有成效和充实的生活所需的能力和价值观方面发挥关键作用的。

在第10章中，道格拉斯·费舍尔（Douglas Fisher）和南希·弗雷（Nancy Frey）描述了教师如何面对科技进步导致的极端变化和21世纪学生需求的三种方式：（1）考虑功能性而非工具性，（2）修订技术政策，（3）通过有目的的教学发展学生的思维。

在第11章中，谢丽尔·莱姆克（Cheryl Lemke）介绍了21世纪学习的三大革新：可视化、知识民主化、参与式学习文化，深刻揭示了技术是如何实现可视化手段和传统言语式交流的平衡优化的。

在第12章中,艾伦·诺文贝尔(Alan November)进一步支持了皮尔曼(Pearlman)对于学校重建的观点。他对使用昂贵技术手段维持学校作为学生学习管理者的趋势予以警告。他认为,现在不仅需要重建学校的物理环境,还要重构学校的文化。技术可以减少学生对学校的依赖,同时使学生肩负起更多管理自己学习的责任。

在第13章中,威尔·理查森(Will Richardson)呼吁要注意社交网络技术的发展。他说,这种强大的新局面充满了危险,但同时也蕴含着丰富的学习潜能。理查森描述了虚拟的全球性课堂的兴起,揭示了其不受限制的属性,以及随之带来的挑战。分析了虚拟全球课堂的潜力和缺陷,以及教育工作者该如何加强网络素养,以提高学生的学习体验质量。

在第14章中,道格拉斯·里夫斯(Douglas Reeves)探讨了教育评估方面所面临的挑战。他认为,只有放弃标准化的测验,21世纪技能倡导者所设想的新成果才能得到恰当的衡量。他提供了三个标准来确定教育者如何知道学生正在学习21世纪的内容和技能,并展示这些内容和技能在实践中的应用。

在后记中,安迪·哈格里夫斯(Andy Hargreaves)就21世纪技能运动提出了尖锐的问题,并以此作为总结。他用隐喻的方式阐明了教育领域里历史性的变革是如何发生的,以及将来又会发生怎样的变革。他将对21世纪技能的强调归类为"第三条道路",并列举了过去几条道路各自的优缺点,同时,展望了未来更令人期待的"第四条道路"。

詹姆斯·贝兰卡　罗恩·勃兰特

未来社会的五种心智

霍华德·加德纳

教育机构变革十分缓慢。从某种程度上来说，这种保守的倾向有着积极意义，它不鼓励赶时髦，而是鼓励教育者采用经过检验后可靠的教学方法。当然，这种保守主义可能走得太远了。我想起20多年前在中国的一次发人深省的经历，当我被邀请去观摩一堂大学的心理学课时，失望地发现，全班学生都在逐字逐句地背诵课本。后来，在身边翻译的帮助下，我与这名教师展开了十多分钟的激烈讨论。我强调学生们都了解死记硬背的材料，如果教师能提出激发学生思维的问题，或者让学生结合自己已学的知识，来解释新的现象会使教学更有意义。可是，这位教师并不同意我的观点。我们反复讨论，最后她以"我们一直都是这样做的，我们相信这样做是对的"这句话结束了讨论。

得益于对历史的洞察，我们可以确定教育必须经历根本变革的时代。可能最戏剧性的变化发生在古典时代，书写得到普及，以及在文艺复兴时代，印刷品出现。在美国，关键时期包括19世纪中叶美国公立学校的兴起，以及20世纪中叶，承诺不论人种、性别、社会阶层和种族的所有美国人均有机会接受教育。在这种情况下，我们不能再像以往那样行动，我们必须认真思考，是否有必要进行根本性的变革。

我认为，我们生活的21世纪初，全球化影响了生活的方方面面；科技的力量和对科技的依赖日益增强，由此产生了令人难以置信的连接；唾手可得的大量信息常存在品质问题；随着经济、文化、社会的一体化，不同背景、不同愿望的人沟通交流、相互影响。我们与他人有着密切而不可分割的联系，我们需要彼此交流、共同生活，并在可能的情况下，开辟共同的事业。

在这一章中，我描述了未来社会中我们应该培养的几种心智类型。其中，有三种心智类型主要是认知方面的：学科心智，整合心智与创造心智。两种心智类型属于人文领域：尊重心智与伦理心智。我指出了这些心智的主要特征、塑造方式及可能被曲解的方式，描述了这些心智间存在的张力，并就如何在一个生机勃勃的个体身上整合这些心智给出建议。

这里先澄清一些观点：第一，在构思未来时，我认为未来的发展趋势是这五种心智的存在将受到广泛认可；的确，这五种心智类型并非未来所专属，人们可能50年或500年前就需要它们。然而，有针对性地和整体地培养这些心智在当今时代显得尤为迫切。

> 的确，这五种心智类型并非未来所专属，人们可能50年或500年前就需要它们。

第二，我试着兼顾描述性与规定性。在描述性的意义上，我力图阐释这些心智类型是什么，从规定性的意义上，我相信我们需要去培养这些心智类型。诚然，没有这五种心智倾向的充分运用，个体难以茁壮成长，社会也很难繁荣发展。实际上，尊重与伦理心智的培养直接关系到人类作为物种是否得以延续。

第三，规划的范围。教育将越来越多地发生在各种不同的场合，并贯穿人的一生。所以，此处讨论的心智是50岁的执行官或经理以及青年人的老师或导师同样关心的问题。此外，在整个生命周期中，个体不仅有发展自我心智的责任，也对他们的后代、学生与雇员的心智发展负有责任。

最后，作为多元智能概念的提出者，我必须防止可能出现的混乱。当我作为一名研究个体差异的心理学家写作时，我描述个体具有不同的智能优势和不同的智能特征。因此，威廉擅长语言智能，而帕布洛却擅长空间智能（Gardner, 2006）。但是，作为教育者来说，在刚才所描述的更广泛的意义上，我希望淡化个体间在智能上的差异，让每一个个体在以上五种心智上都得到发展。

学科心智

在英语中，discipline 这个词有两个不同的含义，我们谈的学科心智是指精通一门或者多门学科，如艺术、工艺、专业或学术追求。据不完全统计，一个人要花大约十年的时间才能学好一门学科，被视为专家或者大师。通常情况下，个体想要达到对某门学科的精通则需要通过各种各样的学习：要么是正式的学校指导，要么是非正式的师徒学习或自学。

可能在过去，一个人可以在最初掌握这样的学科知识之后，躺在自己的功劳上休息，然而这种时代不会再有了！随着学科的发展和环境条件的改变，对那些已经掌握了初始技能的人的要求也会发生变化。在接下来的几十年中，个体必须继续教育自我和他人，只有这样，一个人才能真正拥有学科心智——即discipline的第二重含义。也就是说，一个人需要以一种有纪律的方式持之以恒地实践，才能保持其在行业内的领先位置。

一旦掌握了基本的读写知识后，教育系统的主要责任就成了确保我们获得一整套学术学科。在我大学前的教育中，我主要学习四门学科：数学、科学、历史，及至少一门艺术类学科。我明确区分了学科内容和学科。历史的学科内容包括有关过去的详实信息，类似的知识问答电视节目总是受人欢迎，有时甚至获利颇丰。然而，知识的大量占有与专业能力之间存在着质的差别。例如，学习了历史学科的人可以像历史学家那样思考，也就是说，学历史的学生善于利用文本、图表及其他各种历史记载重构并理性解释历史。与科学不同的是，历史事件仅仅发生一次，不可能完全再现或者清晰理解。历史学家必须从历史人物的立场去思考。每一代人都必须重写历史。然而，历史学家一定要尊重历史事实，并努力争取尽可能准确和全面地记录。其他主要学科，从遗传学到经济学，都有类似的规律与限制。

> 一旦掌握了基本的读写知识后，教育系统的主要责任就成了确保我们获得一整套学术学科。

一个人首次在学校习得学科心智，但相对而言，仅有极少数的人最终能成为专家。其余人，从严格意义上讲，并不专业。然而，有些工作——无论是从事专业性工作，如律师或工程师，还是从事人事、市场、销售或管理等事务的人员，都要求人们掌握某种思维方式。这类教育正以显性或隐性的方式发生在正式的课堂或工作中。最终，一个人必须经过多年的持续自我完善，才能掌握一种学科心智。

现如今，跨学科人才非常稀缺。我们充分尊重那些名副其实的跨学科人才。除非他（她）真能说一种以上语言，我们才能承认他（她）真懂双语。跨学科的界定是某人的确能掌握并整合两个及两个以上的学科。对于大多数人来说，能够获悉多个视角是更为合理的目标。

> 现如今，跨学科人才非常稀缺。

任何一种心智类型都有其存在的病态形式。关系到学科心智，第一种是个体过分学科化，其处理每一件事，无论是涉及专业的还是私人的，都贯穿着同一套信念或实践模式；第二种是个体已经掌握了某种学科，但并未持续地精进——展现出专业主义的印迹，但不再持续具备必要的内容、技能和理解；最后，还有一些人虽然是公开宣称的跨学科专家，但却可能是一种无一精通的万事通。

> 认知学者通常认为，掌握一门学科需要花费十年之功。

认知学者通常认为，掌握一门学科需要花费十年之功。这意味着，人们几乎没有时间来掌握多种学科。然而，得力于出色的计算机教学法，现在也许只需花一半的时间，就可以快速地获取专门知识。同样，正是由于有了这些精致的脚手架，我们仍存希望那些尚未获得专门知识的人能够参与学习某些学科，并从中对知识加以整合。

整合心智

诺贝尔物理学奖获得者默里·盖尔曼（Murray Gell-Mann），被公认为多学科专家，他对我们的时代做了一个有趣的预测：21世纪，最有价值的心智将会是整合心智——这种心智能广泛地搜集信息资源；决定哪些信息是重要的和值得关注的，并且能以自己及他人可理解的方式加以整合起来。

盖尔曼的预测中揭示了某些重要内容。信息从未在供给上如此短缺，然而，随着新兴科技与媒体的出现，特别是互联网，使爆炸式的信息正时刻吞噬着个体。对信息进行合理地分类整理成为当务之急。那些能够较好地整合信息的人，将会成为群体中的佼佼者；那些能够通过整合而对他人产生意义的人，将成为极为可贵的教师、交流者和领导者。

奇怪的是，我所在的心理学专业似乎在解释整合心智上仍处于摸索阶段。相较于半个世纪以前，存在大量的有关个体如何阅读、计算以及掌握历史、科学、经济学或哲学的基本概念的知识；但我至今还未能找到有关个体如何进行整合的相关知识。

尽管如此，明确整合心智的基本要素并不难。首先，一个人必须确定他（她）期望进行整合的领域。有时，个体有时间去思考这个问题，而有时对整合的需求却是受外界所迫。

举一个商业领域的例子。假设你是一家企业的高管，你的公司正在考虑收购行业内的一家很重要的新公司,但是你和你的同事对这家公司却了解不多。你的目标是了解足够的信息以便你和董事会可以在随后的两个月内做出明智的决策。

开始的地方就存在最好的整合:获取、研究并评估其资料。如果没有任何资料的存在,你就会求助于有学识的人并希望他们提供整合所必需的材料信息。了解这些初步的材料信息后,你就可以决定哪些资料是必要的,还需要补充哪些重要数据。同时,在一个重要的时刻,决定整合成果的最终呈现形式与格式:书面文本、口头陈述、系列情景、一组图表、一个等式、一张思维导图还是一份利弊清单列表,从而做出最后的决策。

接着,真正的整合工作就开始了。新的信息必须被获取、探究、评估、跟踪或排除。可能的话,需要将新获取的信息纳入到最初的整合中,当前信息无法匹配时,要做出适度的调整。这就需要持续的反思和定期的完善。

在完成最终整合前的某个时间结点,你需要形成一个整合原型,而这个整合原型必须邀请知识渊博的伙伴一起测试,最好是能提出批判性和建设性意见的人。在时间与资源许可的范围内,可以进行多次试验。但最终会有一个真理到来的时刻,此时足以达到最佳整合。

那么,需要什么样的心智来指导整合呢?显然,尽管他(她)应该有一个像"本部"一样的专业领域,但是整合者不可能在每一个相关的学科上达到理想中的知识更新速度。作为补偿,整合者必须对必要的学科有充分的了解才能做出判断:哪些人可以在哪些方面值得信任,哪些人有助于做出最后的决策。整合者也必须了解整合的相关形式与格式,以便在截止日期临近时随时做出决定。整合者需要有大局观,确保对材料信息有充分了解,并以有效的方式统筹安排。有可能某些人有"探照灯式智能"(a searchlight intelligence)——广泛观察,持续监控,以确保不遗漏任何重要信息——他们也可能拥有互补性的"激光式智能"(laser intelligence),即精通某一具体学科或问题领域。我们需要认同并珍惜这种涉猎广泛的思考者。但是至关重要的是,我们要判定如何更广泛地培养这种整合能力。因为在未来社会,这种能力是十分珍贵的。

任何读过一堆教科书或参加过各种周末研讨会的人都知道,不是所有的整合都同样有效。某些整合太杂乱无章,试图涵盖各种材料;某些整合太过聚焦,只对该领域专家有用,不能为大众服务。某些整合太技术化,另一些又太大众化。不同的审美都应得到包容。我比较喜欢文学整合,审慎而明智地利用人物、故事、比喻和类比。其他人可能更喜欢使用图、表、无题漫画等没有语言修饰的整合。一个好的整合者必须知道什么对他以及那些必须使用他的整合成果的人有效。

创造心智

大多数艺术家、科学家和学者都像他们的同行一样，在专业的道路上披荆斩棘。大多数政治家和高级行政人员可以彼此替代。与传统专家形成鲜明对比的是，这些人的创造性思维开拓出新的天地。在当前流行的隐语中，创造者会跳出框框思考。当今社会，我们已经开始重视那些敢于尝试新事物的人，监督他们是否工作，不断寻找新的想法和实践，在明显的失败之后重新振作起来，等等。社会给予极少数人——这些人的创新确实改变了他们同伴的思想与实践——专门的荣誉，在我所在的行业中，我们将这些人称为大C创造者（big C creators）。

> 当今社会，我们已经开始重视那些敢于尝试新事物的人，监督他们是否工作，不断寻找新的想法和实践，在明显的失败之后重新振作起来，等等。

我们的时代有何特别之处？简单来说，几乎所有已经被清晰理解的实践都将成为自动化的。掌握现有的学科知识是必要的，但并不是充分的。不管是在工作场所还是在实验室里，在政治舞台抑或是戏剧舞台上，每个人都面临着超越传统智慧或习惯性做法的压力——通过他们自身或其竞争对手的努力试图改进以往的做法和当下的情形。

当然，单纯的创新远比有效的创新容易得多，我可以采用各种不同的原创方式来写这篇文章——例如，在句与句之间使用无意义的词语。这样的添加很可能是很好的原创行为，但这种计策没有任何有利的目的，也基本不可能对未来的创作者产生影响。但是，假设我设计了一套指向关键点的网络链接，这些网络链接能根据特定读者提出的问题而变化，或者能精确评估不同受众的兴趣的复杂性。这样的行为就是有意义的，我的试验成功地证实了这样的创新具有创造性。

弄清前面介绍的三种心智之间的关系非常重要。显然，如果不掌握整合所涉及的学科，是无法完成整合的——也许已经产生或即将产生一门新的与数学、音乐或管理不同的整合学科。没有掌握一定的学科或者某些整合能力，创新是不可能发生的。因为除非你有一个框框，否则不可能跳出框框去思考。

尽管如此，我们必须牢记，最具想象力与创造力的通常是年轻一代，在科学或数学领域中，大约是年龄在二三十岁的年轻人，在其他领域，可能要再过十年或更晚。学科知识与整合能力的发展贯穿人的一生。事实表明，过多的学科知识或过度的整合，可能都不利于创造力的发挥。面临的挑战是如何在生命早期获得足够的学科知识与充分的整合能力，以便迈出自信的一步——超越已知并延伸到新的和意想不到的方向。

在对比创造心智与整合心智时，我们不应该低估整合的原创性。一个有价值的整合不是简单的算法练习；相反，当它提供了今天许多人寻求的内涵、意义和联系时，它就获得了力量。

换一种表述来说，如果整合仅仅只是遵循规则，那么一台程序良好的机器就能执行。但如果整合需要对人类所关心的事情给予回应的话，涉及的就不仅仅是瞬间，更是从永恒的角度看待事件，那么它就成了一项卓越的人类努力。因此，我最新的一项研究成果表明，强大的整合心智必须建立在人类智能——存在智能（existential intelligence）之上：其被定义为提出和解决最大问题的能力。当这些新问题不断涌现时，整合心智便与创造心智紧密相连。

在研究创造力的过程中，我一直认为，创造首先是一种认知技艺——拥有必要的知识和恰当的认知过程。但现在我相信，对于想要成为创造者的人来说，人格与性情同样重要，甚至更为重要。很多人了解了大量的知识，其中大多数人能够不断地获取知识与技能。那些想要追寻普罗米修斯之火的人必须具备稳健的人格和性情。创造者们必须

> 在研究创造力的过程中，我一直认为，创造首先是一种认知技艺——拥有必要的知识和恰当的认知过程。但现在我相信，对于想要成为创造者的人来说，人格与性情同样重要，甚至更为重要。

竭尽全力地抓住机会，进入未知的领域去探索，即使失败，也能够微笑并振作，再次投身于战斗之中。即使成功了，创造者也不会躺在荣誉簿上休息。他们又会燃起新的动力去探索未知，冒着失败的风险，以即将到来的再次突破的憧憬为支撑，将明显的不足当作一个宝贵的学习机会。

1909年，奥地利精神分析学家西格蒙德·弗洛伊德（Sigmund Freud）和他的得力助手卡尔·荣格（Carl Jung）去了美国。这是弗洛伊德第一次也是最后一次旅行——他不喜欢美国这个"新世界"。荣格在美国停留的时间较长，也受到

众人追捧。抱着极大的热情，荣格回复弗洛伊德："重大新闻：精神分析在美国大获成功。"相传，弗洛伊德立即给荣格回复道："你漏掉了什么？"弗洛伊德没有沉溺于享受赞誉，他更倾向于指出张力，超越任何容易接受的或传统智慧的暗示。

在美国，经常有人问我，该如何培养创造力？我给出了两种既不是人们期望的，也无法立即流行的回答。首先，我要讲的是直面挑战、困难与阻碍。没有接受过挑战、经历过失败，并从中学到世界不会就这样结束的人是不可能有稳健的性格的。当然，这些挫折必须是可以承受的，不能把人打倒！其次，冒着政治错误的风险，我怀疑在美国学校培养创造力是否是重要的。这是因为在美国社会中，强调创造力的现金价值是普遍存在的：在街上、媒体中、市场里等。或许，强调学科心智和整合心智会产生更大的回报。但是在其他死记硬背的教学方法根深蒂固、发明创造却饱受质疑的国家，我乐于看到一门课程和一种教学方法改革指向于培养人的创造心智，发现并探索创造性的观念。

在此之前，我已经回顾了作为一名认知心理学家最为熟悉的几种心智类别。如果十年前我写过这篇文章，我可能就止步不前了。事实上，我可以清晰地总结这三种心智：学科心智涉及深度；整合心智需要广度；而创造心智以延伸为特性。

然而，最近发生的一系列事件促使我开始思考另外两种心智：尊重心智与伦理心智。首先，是我历经15年对"优质工作"——卓越的、富有吸引力的、道德的工作——的合作研究。对这条线的研究让我意识到了之前可能忽略的心智类型。另外，世界上一系列社会和政治趋势促使我进行反思。在缺乏人性层面的情况下，纯粹培养认知能力似乎是件值得怀疑的事情。我同意拉尔夫·瓦尔多·爱默生（Ralph Waldo Emerson）的论断："品格比智力更为重要。"

尊重心智

几乎从一出生，婴儿就会对其他人保持警惕。虽然没有明确的病理学依据，甚至是新生儿都会对任何类似人类面孔或声音的事物表现出浓厚的兴趣。父母（通常是母亲）和孩子之间的依恋关系在生命的最初几个月就会得到发展；这种依恋的性质和强度决定了个体一生中与他人建立关系的能力。

区分个体或群体的能力在婴儿时期就得到了发展。几个月内，婴儿就能分辨母亲和其他年轻女性；一岁左右，婴儿就能意识到并能够调节自身对环境中的一系列个体的反应；大约两岁时，这个蹒跚学步的孩子就能够通过各种举止区别对待不同的群体：男性与女性，年轻的与年老的，熟悉的与不熟悉的，更让人不可思议的是，婴儿能够对不同种族和民族的人进行区分。

人类天生就很容易做出这种区分，人类的生存依赖于区分哪些是对自己有利的，哪些是对自己有害的。然而，个人环境中的特定信息决定个体如何看待特定的个人或群体。个体自身的经历，同伴和长辈喜欢谁，决定了孩子喜欢、钦佩或尊重哪些个人和群体；同样，个体也会对另一些个体回避、害怕，甚至是憎恨。

人类早期，人的一生仅仅只接触几百人，他们的人际关系的性质或者团体间的态度不那么重要。而如今，个人的生活处于几乎每个个体都有可能接触到成千上万人的时代，数十亿人可以选择出国旅行，或者通过视觉、数字媒体接触来自遥远文化的个体。

心怀尊重心智的人乐于与不同的人和组织交往。这样的人乐于认识、了解并开始喜欢遥远地方的人。一个真正的世界公民愿意选择相信他人，率先表现出信任，并试图建立联系，避免做出带有偏见的判断。但可以肯定的是，这样的态度并不是不加批判的，也不是毫无意识的；对另一些人来说，失去别人的尊重，甚至是招致不信任或憎恨都是有可能的。然而，尊重心智源于这样的假设——有差异是好事，如果人们尝试互相尊重，那么世界就会变得更美好。

对尊重产生威胁的是狭隘与偏见。有偏见的人对某些个体或群体有先入为主的成见，并不愿意承认那些成见的存在。例如，如果我是一个失礼的

> 尊重心智源于这样的假设，即有差异是好事，如果人们尝试互相尊重，那么世界就会变得更美好。

白人美国人，而你是德国人、非裔美国人或者是同性恋者，我就会认为你是劣等的，并自觉地与你保持距离，也可能会利用每一个机会在言辞或行为上打击你。一个狭隘的人对陌生人的门槛极低，他们默认的假设是奇怪的就是不好的。不管你长什么样或者你是谁，如果我没有拥抱你的理由，我就会拒绝你。

虚假的尊重也存在。例如，我可能会阿谀奉承或落井下石，换句话说，只要你有权力支配我，或者为我提供帮助，我就对你好！一旦我在一个更重要的位置上，我就不再理会你了。或者我当面会尊重你，而一旦背着你，我就会取笑你或你所属的群体。

尊重那些曾经害怕的、不信任的或者不喜欢的人绝非易事。然而，在相互关联的世界中，这种成长的潜能对于新建立的或重新建立的尊重来说，是至关重要的。在饱受战争蹂躏的土地上，真相与和解委员会发挥了重要的作用。至少在那时候，他们成功地修复了严重受损的关系。当国家间关系紧张时，体育赛事（如中美之间的乒乓外交）或文化活动（如由年轻的以色列人和巴勒斯坦人组成的管弦乐队）有时可以为与他者的"和解"铺平道路。当谈到引起恐怖主义的根源时，这些都不是权宜之计。只有几十年来培养和赢得的真正的尊重，才能减少恐怖主义的产生。

伦理心智

尊重在婴童时期就有了其表达的方式，即一个微笑或一次皱眉。道德立场与尊重立场绝不会是对立的，但道德涉及对个人和群体更为复杂的立场。一个拥有道德的人可以抽象地考量自己，并能够自问："我想成为什么样的劳动者？我想成为怎样的公民？"不仅能提出这样的问题，而且能以普适的态度思考自己："如果我所在行业的全体工作者都采取我这种立场，如果我所在地区的全体公民或全世界的人都像我这样履行职责，世界会怎么样？"这样的思考牵涉到对每个角色的权利与义务的认知。最重要的是，有道德的人会根据心中已有答案行事，即使这些行为与自我利益相冲突。

我对伦理心智的思考主要来自一项历时15年的对"优质工作"的研究——这些工作既是优质的，又是有吸引力的、符合伦理道德的（Gardner, Csikszentmihalyi, & Damon, 2001）。大多数人羡慕拥有优质工作的人，并且希望自己能获得一份优质工作。换句话说，他们希望自己的行为符合伦理道德，也希望他人的行为一样合乎伦理道德。但要实现这个愿望并不容易。判定什么是符合伦理道德的也并非易事，在当今外在环境急剧变化、市场力量强大且往往无法减弱的时代，这样的判定更具挑战性。即使一个人选定了正确的道路，但以符合伦理道德的方式行事也绝非易事。特别是当一个人雄心勃勃，而别人似乎在偷工减料时，当不同利益团体对工人们提出的需求出现矛盾时，道德并不如我们想象得那么清晰。并且当这一过程与个人的切身利益产生矛盾时，以符合伦理道德的方式行事会变得难上加难。

虽然大多数孩子缺乏将伦理道德课程概念化的能力，但构成基本道德生活的基石是清晰的：在家、学校和社会中受人尊敬的长者的言行。创造良好的伦理道德环境有助于培养伦理心智。当成人反思他们的决定并明确表达主要的道德观点时，年轻人即使无法了解细节也能获得主要的伦理道德观念。然而这样的环境并不多见。人们最初工作的环境氛围十分关键：领导怎么做；同伴的信仰和行为怎么样；出现道德分歧时如何处理（当然，道德分歧越少越幸福）；个体或团体以道德典范的方式行事时会怎么样？伦理道德教育并不像尊重教育那样早，但伦理道德教育永无止境。

我认为，道德立场需要抽象的态度，这种态度通常形成于青少年时期。即使是小孩子也会受他们所在的群体——家庭、学校或教会——的理想、态度或行为的影响。事实上，对群体文化的敏感性：特定群体在日常生活中的表现——也是在小学生的观察范围内（非伦理心智的形成也是如此）。因此，社会应该为所有涉及儿童的重要组织注入道德思想，帮助他们向合乎道德职业和公民身份迈出重要一步。

由于伦理心智的高标准，失败的例子比比皆是。我们不难发现严格意义上的非法行为，如盗窃或欺诈，或那些明显不道德的行为——新闻记者故意报导虚假新闻，遗传学家忽视与其假设相悖的资料。我们需要更细微的识别能力去区分折衷性行为，例如记者在报导前无法证实新闻的真伪，或遗传学家为了快速地发表成果而刻意选择某个对照组。折衷和恶劣的行为都会危害组织和社会，前者可能危害得慢一些，但除非趋势发生逆转，否则也会对行业产生同样大的危害。

关于伦理道德的例子来源于我所研究过的专业领域。我们不仅仅是专业人士，同样也是家庭成员、社会公民和世界居民。在每一种情况下，伦理道德心智必须经过头脑中的自我拷问，以确定个体想要成为什么样的人。当一个人的话语、行为与理想的话语、行为背道而驰时，他（她）就必须采取纠正措施。

我要补充的是，随着年龄的增长，仅仅维持个人的道德规范是不够的。每个人都有义务影响自己所属的更广泛的领域。例如，一个记者或遗传学家可能在道德上表现良好，但如果他（她）的同伴做出不道德的行为时，作为资深人士应主动承担维持所在领域声誉的责任。我认为这些个体受托人是：那些获得广泛尊重的、无私的、致力于促进该领域合法性的资深人士。正如法国剧作家莫里哀所说："我们不仅要为我们所做的事负责，而且要为我们没有做的事负责。"

心智间的张力

五种心智中，最易混淆的是尊重心智与伦理心智。在某种程度上，这是因为在日常语境中：我们视尊重与伦理道德为美德，并且认为二者相互依存。此外，它们经常相互关联，即有伦理道德的人也是懂得尊重的人，反之亦然。

然而，正如我所指出的，我认为这些心智是发育过程中独立的成就。一个人可以从小就尊重他人，即使对尊重的原因并没有深刻的理解。相反，伦理道德的观念和行为就会预设有一种抽象的、自觉的态度，能够远离日常生活的细节，将自己视为一名劳动者或一位公民。

例如，年轻时的亚伯拉罕·林肯（Abraham Lincoln）反对奴隶制，他希望奴隶可以当家作主，而不是沦为他人的所属物。作为公民和政治家，林肯认为遵守法律是他的道德义务，然而由于当时美国大多数州都实行保护奴隶制的法律，因此他花了若干年时间成为一名反对奴隶制度的政治家。正如他所论述的，他个人对黑人的尊敬与他的政治角色毫不相关。只有经过深入反省和诸多纷乱的政治事件，林肯才能重新确定他政治领袖的角色，他的尊重心智和伦理心智是紧密相联的。

还有一个关于"告密者"的例子。许多人即使看到他们公司的高层领导行为不检，但也保持沉默。这些人想保住工作，所以要尊重他们的领导。不将自己看作是上司的熟人或者朋友的角色，而将自身看作组织或行业的一员，这既需要勇气又需要魄力。告密者以牺牲与上司的良好关系为代价，承担了一种伦理道德立场。

经济学家阿尔伯特·赫希曼（Albert O. Hirschman，1970）深入地描绘了这样的过程。起初，他主张一个人应忠于他所属的组织，这牵涉到尊重。然而，如果组织的非法情形一直继续存在或扩大，那么组织成员就有义务站出来说话。在这点上，发声意味着尊重。最终，如果发声和改变组织的努力都毫无用处，那么个体理应退出组织，这是唯一道德的行为。因为极权主义社会中发言的机会少，发言后受到的惩罚可能很严厉，如果一个人没有其他工作机会，那么他也很难产生这样的意识。

还有另外一个例子：创造心智常常表现在与他人观点相左的情境中。在东亚，提倡"一日为师，终身为父"，当某人全身心投入创造性的活动中，当你的作品的观点推翻了导师作品的观点，甚至对导师的作品产生了致命性打击，使导师变得无关紧要时，这种立场是很难维持的。基于这个原因，在过去几十年间，许多有抱负的东亚创造者都来到西方国家，以避免出现与导师观点相左、不尊重导师的尴尬局面。同样，过于强调学科心智，过于专注整合心智，也会与取得创造性突破相冲突。一定程度的学科心智和整合心智是必要的，但过犹不及。

心智与多元智能

作为多元智能理论（简称MI理论）的提出者，我经常被问到五种心智发展中所涉及的多元智能。取决于工作领域的不同，学科心智和创造心智能够也确实利用了某种甚至全部智能。因此，无论是学科性的还是创造性的，诗人依靠语言智能，建筑师依靠空间智能，治疗师依靠人际关系智能，等等。尊重与伦理道德显然依靠的是人际智能。伦理道德是思维的抽象形式，同样也要依靠逻辑智能。

整合心智为多元智能带来一个难题，因为整合心智通常涉及一两个甚至多个智能的运作。我猜测有整合天赋的人是以不同的方式来实现他们的目标的。例如，作为一名整合者，我非常依赖语言智能、逻辑智能和自然智能，但其他人可能依靠的是空间智能、艺术智能或人际智能来实现并表达他们的整合。因此，我得出的结论是，强大的整合心智可能基于我最近一直在思考的候选智能——存在智能（existential intelligence）。

评价与五种心智

一旦人们听到五种心智，就必然会问，如何最好地评估这些心智的出现和发展。在美国，关于评估的问题几乎总是接踵而至。对这些心智进行评估并不是一件简单的事情。事实上，我担心是

> 对这些心智进行评估并不是一件简单的事情。

否过于快速地走向了对整合心智或伦理心智的"测试"。尽管如此，一些初步的想法正在有序形成。

最为我们所熟知的是对学科心智的评价。几乎所有学科的专家们都已开发出定量的和更定性的（或更主观的）方法来评估个人在学科上的成就。事实上，如果没有合理、一致的评价方式，教育者们不可能在学校正常地教学，并颁发许可证或文凭。

正如我所说的，只有事实发生后才能对创造力进行评估。惟有当个体的工作或生产的产品改变了其他人在相关领域的思考与行为方式时，才能评价此人的工作或生产的产品是具有创造性的。有时，人们能快速地做出对创造力的评价（例如引人入胜的电影），可有时，这种评价需要耗时几年，甚至数十年。因此，我们可以通过观察个体在哪些方面已经获得了小C创新，从而对其获得中C或者大C创新的潜力进行评估。

为了顺利地进行整合与决策，最好事先明确标准，通过协商讨论，共同判断这些标准是否达成。我在2007年出版的《奔向未来的人：五种心智助你自如应对未来社会》（*Five Minds for the Future*）一书的第三章中提供了有关如何做到这一点的例子。

最后，只剩下尊重心智和伦理心智了。如果我有机会观察一个人、一个群体或一个组织，特别当没有人意识到我的存在时，我可以很容易地判断出是否弥漫着尊敬的气氛。相反，伦理道德只有通过个体（专业人士、公民）的一系列外显行为才能评价。那些坚持原则的人可能会对遵守原则和违背原则的人做出判断。

当然，一般性指导即使不能让心理测量专家满意，但有时它对个体的帮助却是很大。听说五种心智后，我的朋友，杰出教育家帕特里夏·格雷厄姆（Patricia Graham）评论说："我们尊重那些以道德的方式行事的人。"事实上，尽管伦理道德可以用多种方式来评价，但对一个人或一个组织的评价，众人的一致性评价还是极有说服力的。

还有其他心智吗

当我写下《奔向未来的人：五种心智助你自如应对未来社会》这本书时，我并不知道丹尼尔·平克（Daniel Pink）的《全新思维》（*Whole New Mind: Why*

Right-Brainers Will Rule the Future，2006）一书；在这本书中，丹尼尔·平克也没有提到我的文章。无知永远无法胜过博学。然而，这种公开的阐述意味着两个作者能独立地发表自己的见解。读者们也可自行判断两个作者观点的一致或冲突的程度。

平克非常关注认知的软能力，他称之为设计、故事、演奏与戏剧。尽管我自己的很多研究都对艺术进行了探索，但我没有明确具体的学科、整合和创造领域；一个人可以选择从事建筑学、舞蹈或电影行业，也可以选择从事商业、金融、管理咨询等方面的工作。但是，我同意平克的观点，即那些可以由机器自动实现的能力，或在世界其他地方更为廉价的能力，在发达国家将不再是最为渴求的。因此，所谓的右脑能力将越来越突显。

我的研究指出了平克忽略或者说不太重视的观点。尽管对学科专业的掌握似乎已经过时且被认为是左脑工作，但这种能力仍然至关重要。那些没有学科专业依托和缺乏学科意识的人，要么没有工作，要么为有学科专业依托或有学科意识的人工作。此外，平克还忽略了个人如何对待他人（尊重）以及他们如何扮演他们作为劳动者和公民的角色（伦理）。他可能会回应说，这种新的心智的特点是"同理心"，这是千真万确的。然而，一个有同理心的人不一定会表现得令人满意。同理心可能会产生伤害——事实上，这就是虐待狂的表现，即从别人的痛苦中获得愉悦。

我认可平克有关意义的论述。人类始终存在着对意义的渴望。变化越快，周围的宗教和意识形态体系越弱，个人越孤立，对意义的渴望就越强烈。我曾在对存在智能的研究中考虑过意义的重要性。一方面，它指出综合思维与存在智能之间的新联系，另一方面，它与平克对意义的兴趣产生了共鸣。

正如平克提醒我们的，在崇尚STEM学科（科学、技术、工程、数学）的社会里，我们更要格外努力，避免忽略其他领域的人类知识与实践，我尤为担心艺术与人文学科。它们一度作为通识教育的核心，然而人们对这些学科的需求正越来越少。家长、政策制订者和学生们全部都在关注那些未来有可能让人富有起来（最好是快速致富）的行业，但我认为，一个人只有拥有深厚的艺术、文学和哲学底蕴，他才能更深刻地理解世界，才能成为一个完整的人。此外，这些领域的知识不应该成为对忙碌的中年高管的回报，而应成为所有年轻人的教育基石。由于部分消费者对这些学科并没有强烈的需求，因此，受托人就需要义不容辞地承担起保护这些学科的责任。同样，那些希望继续教授文学、音乐、哲学和历史的人，需要通过与新生代对话来呈现这些话题，同时避免"内部信息"（inside baseball）教学，避免只与那些在该领域有专业利害关系的人对话。

五种心智的整体培养

即使有人认为这五种心智全都应该培养，但仍然会问怎样才能最好地实现这个目标。例如，老师可以将年轻人随机分配到五个班级或五所学校；或者会有意识地去做心理评估，然后把每个孩子放在最合适的位置（约翰尼看起来在整合方面很有天赋，那我们就主要培养他的整合能力），我不赞成这样做。我认为，每个人都应有培养五种心智的机会，即使最后某些心智会在个人的成长中越来越强，而另外一些心智会发展得并不理想。

> 我认为，每个人都应有培养五种心智的机会，即使最后某些心智会在个人的成长中越来越强，而另外一些心智会发展得并不理想。

这些心智，并无严格的等级之分，比如先培养一种心智后培养其他心智等，然而，也确实存在某种节奏。在整合心智发展前，每个人都需要拥有一定的学科知识；如果整合时涉及多个学科，那么每个学科都需要学习。同样，任何真正的创造性活动都以精通一门学科为前提，虽然整合能力并不是必须的，但是几乎所有的创造性突破——无论是艺术、政治、学术或企业生活——在某种程度上都有赖于即时整合能力。然而，正如前面所讨论的，过多关注学科知识会与创造力产生冲突；那些擅长整合的人不太可能产生最激进的创造性突破。

毫无疑问，尊重心智可以培养良好的伦理道德立场。尊重理应成为早期生活氛围中的一部分。培养创造力时，强调人格与气质因素非常重要。强健气质以及敢于承担合理风险的强大人格——在认知与身体上——可以在生命早期形成。这种秉性影响着未来的创造者。

无论顺序的细节如何，最终每个人都有希望达到五种心智能力的各个方面，所有五种心智都是未来的目标。当个体在能够展现并重视所有五种心智的环境中成长时，最有可能实现个人整合。如果其角色典范——父母、教师、导师、或者监管者——能够习惯性地表现出学科、整合、创造、尊重和伦理心智，则更好。为了体现这些类别的心智，学校或职场中的教育者可以提供支持、建议与指导，来传授学科知识，倡导整合心智，推崇创造力，培养尊重意识和鼓励道德心智。

然而，最终，每个人都不能强迫五类心智的整合与培养。每个人必须坚信，心智至关重要，它们值得付出大量时间与资源，即使没有外部提供帮助与支持时，也仍值得持续培养。个体必须在工作中、在家里、在社区里、在更为广阔的空间中以积极倡导者的角色，展现上述五心智。个体必须意识到，有时这些心智间也会产生冲突，任何一种处理方式都需要付出一定的代价。未来，综合心智极有可能成为最重要的心智类型。因此，也许个体内部的心智整合才是个体整合心智的终极挑战。

参考文献

Gardner, H. (2006). *Multiple intelligences: New horizons in theory and practice.* New York: Basic Books.

Gardner, H. (2007). *Five minds for the future.* Boston: Harvard Business School Press.

Gardner, H., Csikszentmihalyi, M., & Damon, W. (2001). *Good work: When excellence and ethics meet.* New York: Basic Books.

Hirschman, A. O. (1970). *Exit, voice and loyalty: Responses to decline in firms, organizations, and states.* Cambridge, MA: Harvard University Press.

Pink, D. H. (2006). *A whole new mind: Why right-brainers will rule the future.* New York: Riverhead.

作者简介

霍华德·加德纳（Howard Gardner）

霍华德·加德纳博士，哈佛大学教育研究生院认知和教育领域约翰H.和伊丽沙白·A·霍布斯教席教授。曾获诸多荣誉，其中包括1981年获得的麦克阿瑟（Mac Arthur）奖。他曾获得来自26所大学的荣誉学位，并于2005年和2008年被《外交政策》（Foreign Policy）和《展望》（Prospect）杂志评选为世界最具影响力的100名知识分子之一。

加德纳博士的20多本专著被翻译成28种语言，他还发表了几百篇文章，他最为教育界所熟知的是他的多元智能理论。多元智能理论批判了可以通过标准心理测量工具评估的智力单因素论。基于他对智能的研究，加德纳还编写了《领导心智》（Leading Minds），《改变心智》（Changing Minds）和《超凡心智》（Extraordinary Minds）。1994年，在与美国心理学家米哈里·契克森米哈（Mihaly Csikszentlnihalyi）和威廉·戴蒙（William Damon）的合作中，加德纳主持了"优质工作"项目（GoodWork Project）的研究，主要研究那些品质优良且具有社会责任感和个人意义的工作。最近，加德纳和他在哈佛大学"零点项目"的同事们已经开始在中学和大学应用优质工作项目研究的成果，对年轻人的信任观念和可信赖性以及与新数字媒体相关的伦理问题展开研究。

在这一章中，加德纳阐释了社会应该鼓励并培养青年一代的五种心智，其中包括三种认知心智和两种人文心智。他概括了每种心智的主要特征、培养方式，以及可能被曲解的方式，并就如何整合五种心智从而培养一个生机勃勃的人提出了建议。

第2章

21世纪需求下的新政

琳达·达令·哈蒙德

访谈者：詹姆斯·贝兰卡

我们迫切需要一项国家政策，来帮助学校满足21世纪的智力需求。

——琳达·达令·哈蒙德（2007）

詹姆斯·贝兰卡：您在《国家》(*The Nation*)杂志（Darling-Hammond, 2007）上发表的文章中，呼吁建立国家政策以帮助学生满足21世纪的智力需求。那么这些需求是什么呢？

琳达·达令·哈蒙德：我们今日的经济和生活要比很多人所理解的要复杂许多。这种复杂性正随着知识超高速的增长而加剧。有人说世界上技术知识的总量几乎是按每两年就翻倍的速度增长。因此，我们把一个人需要知道的所有事实分到12年的学校教育中，然而学习并实践这些事实的想法已经不能明确地为年轻人的未来做好准备了。21世纪的学生需要对学科核心概念建立起比他们现在接收到的更为深入的理解。除此之外，学生需要有设计、评价和管理自身学习的能力。学生需要能够使用丰富的信息资源和数字化手段以发现问题、调查问题并解决问题。

詹姆斯·贝兰卡：这是不是意味着学生需要变得更加聪明？

琳达·达令·哈蒙德：所有学生都需要发展更为复杂的认知能力，以便他们可以基于广泛的目的寻找、分析并使用信息，包括开发新的产品和理念。学生需要去合作和交流，以便他们可以利用彼此的知识和专长。他们的交流能力必须包括使用世界语言进行写作和会话，以及使用数学符号。学生能力和知识上的这些变化并不是偶然发生的，改变发源于顶层的国家政策。

詹姆斯·贝兰卡：在20世纪80到90年代，教育工作者关注学生面临21世纪工作挑战所需的技能和理解。即这与我们当下的观点有什么不同呢？

琳达·达令·哈蒙德：我认为我们在20世纪90年代初走上了正确的轨道，尤其是为开创融入新的认知技能的内容标准所做的努力。但是，摆锤一直在学生需要学习什么以及他们如何学习的概念化过程中摇摆不定，并变得具有破坏性。在基于理解并实行真实性评价的教学还是基于多选和简答进行基本技能测量的来回波动中，美国政府花费了大量的时间和努力。今天所强调的更为复杂的技能与20世纪90年代人们所追求的技能是完全不同的。今天强调从2001年的《不让一个孩子掉队》法案中提出的较为极端的"回到基础"转向关注面向21世纪的工作，即学习者所需的知识与技能上。

我认为变化的推动力也是不同的。在上个世纪，少数教育工作者努力将"高阶思维技能"添加到教学中。今天，改变政策的行动来自多个团体，包括来自商业界、州教育部门和美国总统本人等。有一种新的认识，即这些技能不能孤立地教授。要使美国在国际教育界中处于领导地位，唯一的办法是采取全面、系统的方式，使所有儿童都能参与。

> 我认为变化的推动力也是不同的。在上个世纪，少数教育工作者努力将"高阶思维技能"添加到教学中。今天，改变政策的行动来自多个团体，包括来自商业界、州教育部门和美国总统本人等。

詹姆斯·贝兰卡：有什么证据表明美国落后了呢？

琳达·达令·哈蒙德：让我们把重点放在最令人震惊的指标——2006年国际学生评估项目（PISA）的数据上。在对40个国家的评估中，美国数学的排名在第35位，科学排在第31位（由于编辑问题，没有报道美国阅读分数）。每一个评估都显示美国比2003年的结果有明显下降。此外，正如我在最近的一篇发表在《卡潘》（*Phi Delta Kappan*）上的文章（Darling-Hammond & McCloskey, 2008）中报告的，在各学科领域的测试中，美国学生在解决问题的项目上得分最低。我还注意到，与较高排名的国家和地区相比，如芬兰、加拿大、澳大利亚、新西兰、韩国、日本及中国香港，美国学生的学业成就与之差别很大。

詹姆斯·贝兰卡：是什么导致了美国与这些高分国家的表现产生差距呢？

琳达·达令·哈蒙德：这些有竞争力的国家没有经历我所说的摇摆。他们不会每十年一次地来回摇摆。这些国家将重点放在制订强有力的课程和一套深思熟虑的评估上。他们的评估大多是开放式的表现性评估，要求学生展示他们运用自己所学能做什么。为了培养学生，这些国家正在稳步提高他们的教学质量。与此同时，美国却在两极间来回摇摆不定。

> 这些有竞争力的国家没有经历我所说的摇摆……这些国家将重点放在制定强有力的课程和一套深思熟虑的评估上。

詹姆斯·贝兰卡：这些摇摆是如何产生危害的呢？

琳达·达令·哈蒙德：问题是对从业者、教师和学生造成了伤害。如果你去倾听优秀老师的课，他们对基本技能和思考能力的回答总是用"既、又"二者兼有来描述而不是非此即彼。这些教师能够在教学方式和教学内容上寻求平衡。他们既帮助孩子做好分析文本的准备，也帮助他们做好整合文本的准备；他们既要求学生学习基本词汇，又要求学生能够理解内容并举一反三，以达创新。在数学方面，这些老师教学生如何计算数学事实和如何推理、思考、交流。在科学方面，他们使学生既能理解科学中的关键概念，又能从事科学研究。这些教师能够立于争议之上，并在日常生活中较好地协调转换。

詹姆斯·贝兰卡：难道不是所有教师都应该被期望有这种平衡的做法吗？

琳达·达令·哈蒙德：许多教师对自己的知识和能力缺乏把握。他们既没有做好准备，也没有得到支持，因而不能脱离非此即彼的陷阱。这些老师尽职尽责地按照他们所被告知的那样做。前一个十年，是回到基础；下一个十年，是高阶思维。虽然这两种实践都是必要的，但每十年一次的行政命令转向使这些教师感到困惑。为了应付，许多教师回答说："这一切都会过去的。"

詹姆斯·贝兰卡：如果我们继续这样的摇摆会怎样？

琳达·达令·哈蒙德：美国将难有前进的机会。教师将无法培养学生真正学习所需的基础技能。没有这个基础，学生将不知道如何理解新的信息，如何在新的情境中应用知识，如何自主学习。如果出现这种情况，美国在国际评估上的表现将继续不佳。

詹姆斯·贝兰卡：这些国际评估的重要性体现在哪里呢？

琳达·达令·哈蒙德：华盛顿经济政策讨论经常提到国际评估排名，强调美国有必要将预期目标与表现最好的国家进行基准比较。其目的是使学校制度更具"国

> 分析表明，高成就国家每年教授的专题少而深入；更加注重推理能力和知识应用，而不是单纯的覆盖率；对领域内和跨领域的学习发展进程有更周到的预期序列。

际竞争力"，但分析结果揭示了与美国课堂中普遍存在的教学方法不同的其他教学和学习形式。例如，分析表明，高成就国家每年教授的专题少而深入；更加注重推理能力和知识应用，而不是单纯的覆盖率；对领域内和跨领域的学习发展进程有更周到的预期序列。这个重点与21世纪技能的许多不同框架紧密相连，包括21世纪技能伙伴关系框架（见前言中的图F.1）。

詹姆斯·贝兰卡：所以评估结果实际上可以帮助我们了解造成差异的原因？

琳达·达令·哈蒙德：是的。要理解为什么其他国家的学生做得这么好，我们必须研究这些学生是如何被教学和评估的。那些学生学习水平大幅提高的欧洲和亚洲国家，明确将重点放在关于21世纪技能的课程和评估上。

詹姆斯·贝兰卡：那么这些国家使用什么样的测试项目呢？

琳达·达令·哈蒙德：我对表现最好的国家或地区的评价系统做了分析，如芬兰、韩国、新加坡、荷兰、瑞典、加拿大、澳大利亚及中国香港。与《不让一个孩子掉队》法案中要求的主要通过外部提供的多项选择题来完成测试不同，这些最优秀的国家或地区很少有外部测试。这些国家或地区强调广泛的基于课程标准和教师开发的教学大纲驱动的校本评估。在芬兰、新加坡和中国香港，只有两个年级水平的样本测试是来自外部的。英国也只有少量的外部测试。这些外部测试主要是以开放式项目的形式为主，包括要求学生解决问题、展示他们的作品、写出问题的答案，有时甚至实际演示他们能做什么等。最重要的是，教师对其自主开发的基于课程的表现任务进行打分和评价。这种方法是问责制度的一部分，它使各年级的内外部测试与标准和教学相一致。

詹姆斯·贝兰卡：这些方式是如何影响成就的？

琳达·达令·哈蒙德：这里有几件事非常重要。当标准、指导和评估具有一致性时，教师能够持续地了解他们的学生知道什么。教师对标准的理解非常深入，因为他们本身就是围绕标准进行评估的一部分。他们学习如何改进课程学习，从而在基于标准的教学上越来越富有成效。因此，校本评估使学生获得更大的课程公平。这种方法是促使所有学生获得更高成就的学习引擎。

詹姆斯·贝兰卡：这种方法与美国的方法有何不同呢？

琳达·达令·哈蒙德：当我在澳大利亚学习他们的评估制度时，我谈到了美国制度。一位澳大利亚老师问我，"你是说美国老师不知道考试会考什么吗？"我说："他们不知道。在美国，测试被概念化为对事实性回忆的测量。考试是秘密的，它们是用牛皮纸包装的。答题纸放在同一个包装纸里。"她说："如果他们不知道评估内容，他们怎么能卓有成效地进行教学呢？"这个问题说明，其他国家对评估的看法是如何不同的。在大多数情况下，美国教师讲授事实，通常覆盖教科书或练习册的每一页；他们对什么事实将被测试几乎一无所知。在表现优异的国家，教师参与设计评估理解和认知技能的测试。因为这些老师还设计和教授那些引导学生达到更严格结果的课程，他们将标准、指导和评估结合起来。这些教育工作者很清楚他们必须做些什么来确保每个学生都能达到预期的效果。

詹姆斯·贝兰卡：那么这对美国来说意味着什么？

琳达·达令·哈蒙德：放弃对教师的不信任，放弃将评估视为对参与评估的教师的考查是极其重要的。同样重要的是，美国应采取评估措施，使教师和学生密切参与在智力上富有挑战性和有价值的工作。测试不仅仅是四月里用一台机器上花几个小时完成的工作，它还可以发现学生们在严格的标准下所能认知和实践的内容。有了这些信息，教师就可以对他们的指导和评估做出真正的调整，这样，每个孩子都能真正获得成功。

詹姆斯·贝兰卡：那么教师应该对自己的学生进行什么样的评估呢？

琳达·达令·哈蒙德：真正的评估不仅限于对学生进行年级考试和事实测试。有效的评估指的是给学生分配一项工作，无论是一篇文章，一个研究项目，一项科学探究，或是制作雕塑，让学生致力于这项工作，并提供支持，采用支架式教学并给予反馈，从而促进学生的理解和技能的提升。教师可以结合生生互评、学生自评，或教师评价让学生学会如何看待他们的工作，学会如何发现问题以及解决问题的学习策略，然后了解如何不断调整自己的工作从而越来越接近专家的实践方法。这个过程能产生更多深思熟虑和严谨的结果。这样，学业成绩、考试和测验就让位于学生的产出，清楚地展示了学生们所了解和理解的东西。

詹姆斯·贝兰卡：从分数和测验到更真实的评估听起来像是一个艰难的挑战。

琳达·达令·哈蒙德：是的，但这是必要的。运用真实性评价，教师必须重新审视自己对课程和教学过程的认识，教师需要考虑他们的学生应该发展什么样的技能及应用程序，而不是期望只是覆盖一些信息，做一个测试，然后就学生是否记得所提供的信息分配等级，这种评估方式要求教师开发一个能够习得这些技能及应用程序的过程。教师必须为学生提供时间来完善他们的工作，接受反馈，修改工作，让他们逐步变得更加专业。

詹姆斯·贝兰卡：您为什么称这种评价为"真实的"呢？

琳达·达令·哈蒙德：因为这类评估就像是由真正的员工在真实的世界中发展专业知识。雕塑家要反复雕刻多久才能完成一件新作品？哪位作家在完成书稿前不需要打大量的草稿？又有多少科学家在第一次实验中就大获成功呢？为了培养学生的专业知识，教师需要大量的专业发展，这些专业知识就嵌入在他们所教的内容中、围绕在他们希望学生所参与的测试中、与同事共同尝试各种策略并听取他们的汇报、调整他们的计划中，同时，开发起一种双向教学法：教师学会倾听学生，并观察学生的学习，由此获得有关学生学习过程的信息，直接指导学生并提供信息。这种互惠式的教学法是教师在课堂上不断地把学生的学习摆到桌面上，与同事一起解决教学和学习过程中的问题时，专业发展中得到完善的一部分。

詹姆斯·贝兰卡：我们怎样才能停止你提到的钟摆式波动，朝着更加一致和平衡的方向前进呢？

琳达·达令·哈蒙德：进步始于尊重的对话。所有人都必须承认，内容和技能对21世纪的学校教育来说都很重要。例如，美国企业研究所和其他机构最近推出了一套与21世纪技能相对的概念。这些组织担心这些"技术人员"会忽视有价值的内容。他们设想，有技能的人将重视协作、团队精神与纪律，以及基于项目的学习。他们认识到，学生们用粘土和牙签制作作品时，并没有真正掌握具有挑战性的知识内容。另一方面，技能型的人担心"内容人"会试图将已知的内容简化成一个列表，通过多项选择题来测试，而不关注意义或应用。

一个更为尊重的对话可以使双方对各自立场的价值达成一致。有了这样的共识，所有人都可以认真地讨论严格的内容标准，并以严明的方式来提升重要的技能。有了这个共识，每个人都必须承认，

> 一个更为尊重的对话可以使双方对各自立场的价值达成一致。

我们必须更深入地发展、培养教师和学校领导。所有教师都需要有能力从事高质量的教学，充分体现内容和认知技能，提高学生对内容的深刻理解。为了实现一个寄希望于从业者们知道以及能够做到的完整愿景，所有的教师需要更加自律。

詹姆斯·贝兰卡：如果双方领导人都能达成这样的共识，那么什么样的国家政策能让我们的学校摆脱极端的钟摆式波动呢？

琳达·达令·哈蒙德：有四个必要的政策变化，它们是相互依存的。我们需要一个统一的标准、指导和评估体系。如果它不仅包含了我所描述的思维和学习技能，而且还牢牢扎根于对每个内容领域的深入理解，那么这种一致性将是最恰当的。在这个过程中，我们不能重复过去从标准到测试的做法，而忽视课程。开发一门精简的、不过分限定、能概述适用于所有学生的预期学习过程的课程，并且由教师进行真实性评价，这是至关重要的。

詹姆斯·贝兰卡：我们现在没有这样一个统一的体系吗？

琳达·达令·哈蒙德：可以说并不能以某种方式或者在某种程度上提供必要的帮助。目前，我们有的是一个松散的系统，每个学校的老师必须猜测强制性的国家考试到底涵盖什么内容。老师们可能只能靠他们自己去选择每天教什么，或者是按照给定教法去教，而忽视学生差异。在我假设的愿景中，教师将参与扎实的课程开发。他们会知道他们的课程是如何与规定的标准相一致的。

我们不能指望个别教师独自开发所有这些课程，必须给他们提供机会去排列、组织和创建强大的学习单元。每一个单元都必须能在多元的教室中真实地适用于每一个孩子，以达到共同标准中的要求。为了达到更有效的结果，教师需要有机会利用他们的专业判断来决定什么适合他们的课堂。过于规定性的脚本只会继续阻碍学习的进行。

詹姆斯·贝兰卡：如果我是一个教学任务十分繁重的教师，我可能会觉得你的长清单让我的日常工作量超载，我可能会抗拒。

琳达·达令·哈蒙德：我听到很多关于教师抵制变革的意见。我已经在这个领域工作了30多年，与来自不同学校系统各个不同领域的人一起工作，我对所谓教师的抵制有三点看法。

第一，在某种程度上，有时教师抗拒变革，这种抗拒实际上并不是非理性的反应。我们给老师们带来如此多的变化，速度如此之快，以至于一眨眼的功夫就让变化发生了。然后，这些变化随即改变——根据现任的管理者是谁，哪个公司销售的产品最新最热门，学校董事会目前决定做什么，州立法机关当下决定做什么，何种资金进入系统等。因此，对于那些意识到种种最新变化只是暂时的教师来说，抵制是一种理性的反应。

第二，我见过许多具有改革意识的学校，在那里学校董事会、家长领导层或行政部门比教师更加抗拒变革。有时老师会说"我们真的想这样做"，或者"我们对学生有一个很好的想法，我们已经准备好去做"。与此同时，校长或中央办公室的管理员还没有准备好朝那个方向前进，或者不想破坏现状。我发现，教师们往往比支持他们的政策和行政力量更善于塑造教学方式。

第三，做出建设性变革的问题不是如何绕过所感知到的教师阻力。问题是如何让每个人走上同一条道路，并坚持这条道路，而不是沉溺于这些钟摆似的波动中。从长远来看，我们必须更有效地使教育免受政治变迁的影响。成绩优异的国家通常有一个高度专业化的教育部。他们试图确定系统的核心价值观，以及教与学的基本信念，然后不断改进实践。也总会有变化，但是在这种情况下的变化更多的是以改进现存系统的方向，而不是每次出现新的潮流或下一个管理者打起个人牌时就抛出一个新的系统。

詹姆斯·贝兰卡：美国教育怎么能向这个方向发展呢？

琳达·达令·哈蒙德：我们需要加强美国教育事业的专业化。我们需要确保有能力的教师和管理人员能够获得强大的知识基础，并认为他们会对教学和学习负责。

詹姆斯·贝兰卡：在许多学校里，老师都只有有限的时间来完成您所描述的工作。您有什么建议吗？

琳达·达令·哈蒙德：这个回答并不难。它引起了我前面提到的第二个政策变化：允许建立一个使教师和学校领导有足够的时间来完成我所描述工作的基础设施。我们仍可以从高成就的国家了解到这一点。

詹姆斯·贝兰卡：从中我们可以学到什么呢？

琳达·达令·哈蒙德：付出得以回报。这些系统完全能够保证三到四年的高质量教师培训，在这期间教师可以得到全额工资。教师不必囿于日常工作，也不用自掏腰包来学一些与他们课堂工作没有多大关系的课程。相反，他们致力于一个扎实的临床经历，帮助他们自身在面对那些有着广泛需求的困难学生时做好准备。他们做好准备以开发与标准规定一致的形成性评价与终结性评价。他们花了大量的时间发展内容知识和教学法，学习如何使用研究成果和如何进行行动研究以提高自己的实践能力。这种准备在所有情况下对所有教师都是普遍的。

詹姆斯·贝兰卡：你还提到了领导力准备方面的重大变化。

琳达·达令·哈蒙德：对。我相信在领导力准备的方面需要类似的，甚至是更为着重的强调。学校领导需要集中精力地参与到学习如何领导学校中去。这必须包括一个强有力的临床经验，为潜在的领导者在最多样化和最困难的学校工作中做好准备。仅跟踪几个学校管理者几个星期是不够的。领导候选人必须证明他们是成功的、有效的教师,包括使用与标准一致的表现性评价、以研究为基础的高质量教学的知识,以及帮助其他教师发展他们的专业知识。那些入选者应该已经显示出领导潜力。一旦选定,他们需要有多年的高质量、有目的的准备,并且不必担心经费的来源。

詹姆斯·贝兰卡:您希望领导者学习的东西似乎与学校管理员的标准认证要求不太一致。

琳达·达令·哈蒙德:并非这样。我相信学校领导的主要职责是使每一个课堂都有出色的教学。虽然我们曾在口头上指导过学校领导者,但在过去的几十年里,很少有什么行动使之成为常见的或重要的现实。未来几十年的学校领导需要参与三种不常被我们视为学校管理的活动:一是创造时间,让教师共同开发课程和评估。二是设计并实施全面的专业发展计划。这包括组建专业学习社区,为已确定需要额外帮助的教师提供辅助和指导,并鼓励同侪支持小组以处理困难学生的特殊需要。三是如果教师在接受有针对性的支持后仍不能得到提升,则帮助教师谋求其他职业。

詹姆斯·贝兰卡:这是一个有力的声明。

琳达·达令·哈蒙德:是的。我们再也不能容忍学校中的任何不良教学。如果一个领导者认识到一个教师需要改进,并为他(她)提供了专业学习群体的支持,但仍然没有看到建设性的变化,那么领导者必须劝告教师换一个更合适的职业。

詹姆斯·贝兰卡:学校领导是否需要其他技能才能成为一名教学领导者?

琳达·达令·哈蒙德:是的,在我所描述的学校中,教学领导者需要有较高的组织方面的知识和技能。当一个人负责管理一所学校时,这所学校很可能会以流水线的方式组织起来,这就是我们所继承的工厂模式。领导者们必须重新设计学校。这种重新设计通常始于在成人与儿童之间建立更持久、更富有成效的关系。例如,在高中阶段,领导者可以确保学生有导师,这些导师指导少数学生,并且有时间与其父母沟通与合作。他们可以把学生分到班额更小的教室,配备教师团队和导师团队,以防有学生掉队。领导者可以推动学校的评分标准和表现性评价的改进,为预期的智力工作制订需要共同遵循的标准。

最后我要说,优秀的领导者必须能够设法进行建设性的变革。他们必须能够吸引所有的利益相关者参与进来,管理分散的领导,使教师成为领导层的一部分，并确保家长和学生有发言权并参与其中。他们必须把教师群体发展成一个专业的学习共同体，准备好并能够面对课程、教学和评价方面的诸多挑战，以满足21世纪学习的需要。校长们只需要管理学校铃声、保证校车准时运行、订购课本、维持食堂秩序、引用学校手册以及确保每个人各尽其责的时代很快就要结束了。如果不进行变革，使得所有学校提高到21世纪的标准，我们就不能指望产生21世纪发展所需的结果。

詹姆斯·贝兰卡：正如您所说，第二个政策改变包括需要为您所描述的丰富的临床经验寻找时间。

琳达·达令·哈蒙德：我们可以再看看PISA中表现优异的国家。在大多数国家，教师每周有15~25个小时的时间来一起备课。他们可以从事课例研究和行动研究，可以在教室里互相观摩，可以与学生或家长见面，单独或共同评估学生作业，与学校领导或指导者会面，建立符合标准的评价，调查教学模式，学习最佳实践案例，或者建构对课程内容更为深刻的理解。这些专业的、学院式的学习经验以极大地促进他们教什么和如何教的方式指导他们的实践。只有准备充分的领导者才能够做好这些事情。

詹姆斯·贝兰卡：如果没有其他更实质性的改变，这些变化是否可能呢？

琳达·达令·哈蒙德：不可能。倘若要给教师们时间共同合作来改善实践，那么我们就需要面临第三个政策改变：重新设计学校，使他们更加支持深度教学和学习。我们继续与100年前继承的工厂模式作斗争。这种模式既不重视成人与儿童之间的关系，也不重视深入研究的时间。为了使学校的工厂模式发挥作用，我们采用了年龄分级制度，每年将小学生分配给不同的教师，初中生和高中生则每45或55分钟换一名不同的教师。如果学生上了高中，他们的老师可能每天要面对100~125名学生；如果他们在市区上高中，学生们可能要加入到其他150~175名学生的班级中，教师则每天做着流水线工作。然而，在这种把学生当作流水线上的加工部件的体系中获得深刻、严格、高质量的学习的观念已经行不通了。如果我们认真看待21世纪所需要的那种学习，那么重新设计我们的学校就势在必行了。

詹姆斯·贝兰卡：哪些方面需要重新设计呢？

琳达·达令·哈蒙德：所有变革中最重要的是对时间的利用。为了达到目前所讨论的结果，教师需要获得更长时间地与学生在一起工作的机会。深入地讲授内容，挑战学生运用他们的所知，深入考察学生的观念，解决重大的学习问题，并评估学生能够做些什么，这都需要时间。

詹姆斯·贝兰卡：您之前说过您要寻求政策上的四个转变。

琳达·达令·哈蒙德：是的。第四项政策转变要求更公平地分配资源。目前，在任何领先的工业化国家中，美国拥有最不公平的教育体系。大多数国家集中并平等地对学校进行资助；他们可能还会为高需求的学生增加额外的资助金。

在美国，经费开销最高和最低的学校之间存在着巨大的资金差异。开销最高和最低的学校的资金比例是10∶1。在大多数州，这个比例为3∶1，因各州间的差异而加剧。一些孩子的教育得到了很好的支持，配备各种可能的装备。这些学生在教师素质、课程设置、专家、技术、教科书、体育设施等各方面均得到了良好的支持。相比之下，其他学生就读的学校则处在第三世界的条件水平，甚至更差。

詹姆斯·贝兰卡：资源不公平问题与您其他的政策观点有何联系呢？

琳达·达令·哈蒙德：我所说的四项政策转变是相互关联的。它们相互依存。任何一项政策的有效运作，都需要以其他政策为基础。在持续使用工厂模式的过程中，我们看到了不公平的程度，产出与投入相关。除非我们同时确保每一所学校都有足够的资源，包括教师有共同合作处理问题的时间，以及为促进专业知识与技能发展的专业学习的时间等，否则我们不能期望从根本上改变结果。

詹姆斯·贝兰卡：您希望看到怎样的变化来落实这些政策？

琳达·达令·哈蒙德：政策的执行应该以系统的、持续的方式进行，并且以一系列改革为基础，使每一所学校的教师和行政人员都能发展出更审慎周到的教学。我们在一些地区有非常优质的学校，在某些学校有很出色的班级，但是我们需要将这种优质均衡地传播到全国教育系统中，以一种更为直接的途径，而非经历那些破坏性地来回摆荡。

参考文献

Darling-Hammond, L. (2007, May 2). Evaluating No Child Left Behind. The Nation. Accessed at www.thenation.com/doc/20070521/darling-hammond on November 2, 2009.

Darling-Hammond, L., & McCloskey, L. (2007, December). Assessment for learning around the world: What would it mean to be internationally competitive? Phi Delta Kappan, 90 (4), 263-272.

作者简介

琳达·达令·哈蒙德　Linda Darling Hammond

琳达·达令·哈蒙德博士，斯坦福大学教育学院的查尔斯·杜克蒙（Charles E·Ducommcch）教授，创建了斯坦福教育领导学院和学校重建网络（School Redesign Network）。她还担任斯坦福教师教育项目的学术资助人。曾任美国教育研究协会（AERA）会长以及国家教育学会的成员。她的研究、教学和政策工作集中在学校改革、教师质量和教育公平等问题上。达令·哈蒙德发表了包括：《为变革的世界做准备：教师需要学习什么以及可以做什么》[*Preparing Teachers for a Changing World：What Teachers Should Learn and Be Able to Do*，与约翰·布朗斯福特（John Bransford）共同编写]，获得美国高校教师教育协会颁发的教师教育领域突出贡献奖——爱德华·波默罗伊奖；《教学作为学习的专业：政策与实践手册》[*Teaching as the Learning Profession：A Handbook of Policy and Practice*，与加里·赛克斯（Gary Sykes）共同编写]，获2000年国家师资发展委员会优秀图书奖；以及《学习的权利：有效学校的愿景》（*The Right to Learn：A Blueprint for Schools That Work*，获1998年美国教育研究协会优秀图书奖）等在内的300多部著作。

在这次采访中，达令·哈蒙德呼吁采取重大政策变革来指导21世纪学校的发展。她倡导标准、课程、教学和评估的深度一致性；加强学校领导和教师的专业性；调整学校时间，促进教师更多参与专业决策；并在所有学校中实现资源均衡分配。她坚定地认为，如果美国要恢复其卓越的教育领导地位，就必须采取更为平衡的方式对学校进行改革，并且这些变革是必不可少的。

21世纪技能框架比较

克里斯·戴德

众多团体号召所有学生学习21世纪技能。作为回应,一些组织已制订了新千禧年的框架,并将其作为机构品牌的一部分,描绘教师在学生的学校教育中需要传递的内容和过程。这些对21世纪技能的不同定义有什么区别?这个术语是否正在成为一把保护伞,在这一术语之下,来自不同群体的拥护者可以为几乎任何类型的知识展开争辩?缺乏对21世纪技能本质的清晰界定可能会带来问题。许多教育改革失败了,因为人们虽然使用了相同的术语,但却意思完全不同。21世纪技能的各种框架有什么共同点?他们能为新一批毕业生成长为合格的工人和公民所必需的知识的总体概念做些什么呢?

形成21世纪技能框架的基本原理

与20世纪人们的工作、公民身份和自我实现所需要的技能相比,21世纪与其大不相同。在21世纪,主要得益于非常复杂的信息和通信技术(ICT)的出现,因而熟练度得到极大改善。例如,随着计算机和无线电通讯技术不断完善,原本需要人工做的事情逐渐由机器取代,且其完成人工任务的能力得到逐步扩展。经济学家弗兰克·利维(Frank Levy)和理查德·默南(Richard Murnane,2004)重点指出了21世纪的知识和技能的一个重要组成部分:

在日常的认知工作和手工劳动中,人类劳动力参与比重正在下降,这种类型的任务是最容易通过编程让计算机来完成的。越来越多国家的劳动力正在从事那些强调专家型思考或复杂的交流任务的工作,这些工作是计算机无法做到的。(pp. 53-54)

这些经济学家接着解释"专家思维的组成部分：基于精确知识的有效模式匹配；元认知，面临难题时，专家用以决定何时放弃一个策略以及接下来尝试什么的一系列技能"（Levy & Murnane，2004，p. 75）。当标准计划失败时，发明新的解决问题的启发式方法是一项重要的技能；当所有诊断正常时，病人仍然感到不适，例如，一个熟练的医生可以跳出盒子思考，成为一个专家决策者。根据利维和默南（2004）所言："复杂的通信需要大量的言语和非言语信息交流。交流是不可预知的，因而信息流在不断调整。"（p. 94）因此，一个熟练的教师是一个精于复杂沟通的专家，能够在不可预测的、混乱的课堂讨论中即兴解答并促进对话。

先进的信息通信技术改变了"日常"技能在历史上的价值，同时创造了新千禧年工作和公民独特的新的"语境"技能（Dede, in press）。例如，协作是一种日常能力，长久以来在工作场所被视为一种特质。因此，这套人际关系技能的根本价值并不是21世纪的经济背景下所特有的。然而，协同能力的重要程度正在发展，因为在知识经济时代，工作是逐步由具有互补技能和角色的人组成的团队完成的，而不是个人在工业环境中独立完成的（Karoly & Panis，2004）。

此外，合作的本质正在转变为一个更为复杂的技能。除了在会议桌旁与同事们面对面地进行合作，21世纪的工作人员也越来越多地通过与全球范围内那些难以会面的同伴进行交流来完成任务。因此，即使是比较常见，协作也值得列入21世纪技能，因为个人合作能力更为重要了，所涉及的技能也比以前工业时代更为复杂。

相反，能够快速过滤大量输入数据并提取有价值的决策信息需要的是一种情境能力。由于信息和通信技术的普及，在人类历史上，人们首次被大量的数据淹没，所以人们必须学会访问、管理、整合和评估。而非像在20世纪那样，在图书馆的书架上找到一些知识就好。现代搜索引擎的用户会收到成千上万甚至数百万的"点击"。然而，这些资源都是偏离目标、不完整、不一致的，有的甚至带有偏见。在一个潜在的势不可挡的数据洪流中分离出信号和噪音的能力，是21世纪技能的一种，与合作能力一样，指向种类，而非程度。

温伯格（Weinberger, 2007）描述了"数字无序"的力量。虚拟信息可以超越物理对象的有限性（如书籍或卡片），而非依靠单一的组织方法和固定的术语（如杜威十进制系统作为知识分类的一种手段），现代信息系统可以应对自然语言查询，可以对数字和数据按照任意的类别结构进行即时排序，从而满足特定人群的即时需求。这种方法创造了一套新的21世纪语境技能，集中在"无序"

知识的共同创造和分享上。

总的来说，日常技能和情境能力之间的区别是很重要的，与日常技能不同，新的、语境化的人类表现类型通常不属于20世纪教育系统的法定课程内容。传统的20世纪K-12教学强调操作已简化的信息，从而促使日常问题得到流畅解决，而非过滤来自复杂环境中的经验数据，以开发发现复杂问题的技巧。知识与技能相分离，并作为真理呈现，而非需要学生去发现并建构起对事物的某种理解，因而其结果是，学生只是在学习某个主题的相关数据，而不是学习如何超越对信息的同化以扩展他们的理解。在20世纪的教学中，解决问题的技能以应用与知识相分离的抽象形式呈现，这使得转向现实世界的情境比较困难。这种教育的最终目标是学习一个具体问题的解决程序，以适应每一种情况，而非发展专家型的决策能力和元认知策略，以明确在没有标准方法时该如何处理。

> 在20世纪的教学中，解决问题的技能以应用与知识相分离的抽象形式呈现，这使得转向现实世界的情境比较困难。

在20世纪的教学中，教师很少花时间在团队理解、协商共享意义或共同构建问题解决等能力方面。它强调的沟通技能是简单的表达，而不是参与丰富的结构性互动，从而表达观众不熟悉的观点的能力。面对面的沟通被视为黄金准则，学生在借助媒介对话以及在共同的虚拟工作空间中共同设计、共享的能力并未得到发展。

鉴于当下的课程负担已经较重，一个主要的政治挑战是弄清楚现有课程中什么可以弱化——以及为什么可以弱化——从而为学生深入掌握21世纪核心技能留有空间。这并不是意味着要删减同等数量的现有课程以相应地增加21世纪技能。有效的教学方法会导致更快地掌握知识和更好地留存知识，以及在同一时间内更少地重复教学和达成更大的覆盖面（VanLehn，2006）。然而，即使20世纪课程的大部分内容没有被淘汰，但教育应该强调以什么为核心，这一问题在政治上是有争议的。

> 鉴于当下的课程负担已经较重，一个主要的政治挑战是弄清楚现有课程中什么可以弱化——以及为什么可以弱化——从而为学生深入掌握21世纪核心技能留有空间。

除了课程问题外，今天的课堂通常缺乏21世纪所要求的学习和教学，部分原因是高风险测试并不评估这些能力。评估和测试的重点是衡量学生掌握各种抽象的日常技能的熟练程度，但通常不评估他们在没有标准方法时，如何选择专家型决策所采用的策略。论文的撰写强调简单的表达，而非复杂的修辞互动。学生将他们的理解迁移到现实世界情景中的能力也并没有得到评估，同样，团队合作的多方面能力也缺乏测评。对技术工具的使用通常被禁止测试，并没有提供机会来衡量学生使用工具、应用程序和媒体的能力。成功地利用各种形式的媒介互动的能力通常没有被评估。如后所述，需要有一套对21世纪技能的有效、可靠、切实的评估，从而改善这种情况。

缺乏专业发展是21世纪技能在今天的学校教育中未被充分重视的另一个原因。为教育工作者提供学习和了解本书所讨论的那些观点和策略只是解决了问题的一部分。在专业发展中，一个主要的、常被忽视的挑战是帮助教师、政策制订者和当地社区成员摒弃工业时代下学校教育实践背后的信仰、价值观、假设和文化，比如45分钟的上课时间，仅够让学生非常肤浅地进行主动学习。改变根深蒂固的、被强化的学校教育不仅仅是表面上进行专业发展或召开学校董事会。智力、情感和社会支持对意义学习和转型学习是必不可少的，它可以导致更深层次的行为变化，并创造下一代的教育实践。如果21世纪技能要成为学校教育的核心，教育工作者、企业高管、政界人士和公众则需要摒弃诸多传统。

目前学校教育中使用技术的方式在很大程度上反映了20世纪的教育理念，即将信息和通信技术（ICTs）的应用看作是提高传统教学效率的一种手段：运用工具，如文字处理器，提高生产力；辅助沟通，如电子邮件和线程异步讨论（threaded asynchronous discussions），通过Web浏览器和流媒体，扩大信息的访问（Dede，2009a）。所有这些在传统的学校教育中都证实了是富有价值的，正如它们在工作场所具有的价值一样；但是，利用信息通信技术提升个人和集体的表达、体验和解释并没有得到关注——人类的能力开始成为21世纪初关键的工作和生活技能。那么，那些提倡21世纪技能的组织是如何架构这些能力的呢？

当前21世纪技能的主要框架

目前，21世纪技能的概念框架包括21世纪技能伙伴关系（2006），美国中北部地区教育实验室（NCREL）和Metiri集团（2003），经济合作与发展组织（OECD，2005），以及国家自由教育和美国希望领导委员会（LEAP，2007）。在信息和通信技术的特定领域——如前所述，与21世纪技能完全交织在一起——这些框架包括修订的国家教育技术协会（ISTE）的技术课程标准（2007），以及来自教育考试服务中心的数字化素养标准（ETS，2007）。个别学者如戴德（2005）和詹金斯（Jenkins，2009）也制订了"数字化素养"列表，将阅读、写作和数学补充为21世纪核心能力。下面的图表列出了每一个框架，并分析了每一个框架在21世纪技能框架的伙伴关系上增加了哪些内容（2006）。

> 专业发展不足是21世纪技能在今天的学校教育中未被充分重视的另一个原因。

伙伴关系的框架（2006）和此后产生的许多辅助出版物作为这一分析的基准，因为伙伴关系对21世纪技能的概念界定比后来讨论的任何一种框架都更为详细，并被更为广泛地采用。出于版面原因，本章只介绍了伙伴关系框架的概要（图3.1）。完整的框架，可以参见www.21stcenturyskills.org。

与这一分析中使用的伙伴关系框架不同，美国中北部地区教育实验室（NCREL）和Metiri集团于2003年制订了他们的21世纪技能enGauge框架（图3.2）。

enGauge框架增加了与信息素养相关的"视觉素养"，包括将"好奇心"和"冒险"以及"把握复杂性"作为核心技能。它强调"对结果进行主次排序、规划和管理"。其中"多元文化素养"也是一个重要组成部分。除了"有效沟通"一类之外，这一较短的清单比伙伴关系的框架更少关注与20世纪课程的重叠，其更多强调的是新的情境技能和知识。

2005年，OECD提出了他们的21世纪技能观念（图3.3）。

OECD强调，"使用语言、符号和文本""管理和解决冲突"以及"自主行动"作为框架的主要范畴，其中包括"生活计划"和"捍卫和维护权利、利益、底线和需求"。与伙伴关系的框架相比，这一框架的重点不在20世纪课程的叠加，更多强调适应新语境的能力，这与NCREL/Metiri的框架比较相似。与美国的机构组织提出的框架相比，这一框架更重视情感和心理社会技能。

核心科目。2001年《不让一个孩子掉队》法案重新批准了1965年出台的初等和中等教育法案，确定核心课程为英语、阅读或语言艺术；数学；科学；外语；公民学；政府管理学；经济学；艺术；历史；地理。

21世纪内容。一些新兴且重要的内容领域对社区和工作上的成功至关重要。这些内容领域在今天的学校中通常没有被重视：全球意识；金融、经济、商业和企业家素养；公民素养；健康意识。

学习和思考技能。正如学生需要学习学业内容一样，他们也需要知道如何持续乃至终身学习，并有效和创造性地利用他们所知道的知识。学习和思考技能包括批判性思维和解决问题的技能、沟通技能、创造力和创新技能、协作技能、情境学习技能，以及信息和媒体素养技能。

ICT素养。信息和通信技术素养是在学习核心学科的背景下，使用技术开发21世纪内容知识和技能的能力。学生必须能够使用技术来学习内容和技能，这样他们才能知道如何进行学习、批判性思考、解决问题、使用信息、交流、创新和协作。

生活技能。好老师总是把生活技能融入他们的教学中。今天面临的挑战是将这些基本技能巧妙地、战略性地、广泛地纳入学校教育。生活技能包括领导能力、道德规范、责任心、适应能力、个人工作效率、个人责任感、人际交往能力、自我指导和社会责任感。

21世纪评估。21世纪的真实评估是21世纪教育的重要基础。评估必须衡量所有五个重要结果：核心科目、21世纪内容、学习和思考技能、ICT素养，以及生活技能。对21世纪技能的评估应与核心科目的评估相结合。单一的评估难以达成将21世纪技能引入核心科目的目的。为了保证有效性、可持续性和可行性，评估必须使用现代技术来提高效率及时性。仅靠标准化的测试只能测量出学生应该学习的一小部分重要知识和技能。平衡地进行评估，包括高质量的标准化测试和有效的课堂评估，为学生和教师提供了一个强大的工具来掌握成功所必需的核心内容和技能。

资料来源：21世纪技能伙伴关系，2006。允许转载。

图3.1 21世纪伙伴关系的21世纪学习技能框架

数字时代素养。基本素养、科学素养、经济素养以及技术素养；视觉和信息素养；多元文化素养和全球意识。

创造性思维。适应性、把握复杂性及自主导向；好奇心、创造力和冒险精神；高阶思维和全面的推理能力。

有效的沟通。团队合作、协作和人际关系技能；个人、社会和公民责任；互动沟通。

高效生产力。对结果进行主次排序、规划和管理；有效利用现实世界的工具；生产高质量产品的能力。

资料来源：美国中北地区教育实验室和Metiri集团，2003。

图3.2 美国中北地区教育实验室和Metiri集团的enGauge框架

在2007年，LEAP制订了一个框架，描述了高等教育毕业生应达到的21世纪技能（图3.4）。

> **能力类别1**：交互地使用工具。交互地使用语言、符号和文本；交互地使用知识和信息；交互地使用技术。
> **能力类别2**：在异质群体中互动。与他人保持良好的关系；团队合作；管理和解决冲突。
> **能力类别3**：自主行动。在大环境中行动；制定并执行生活计划和个人计划；捍卫和维护权利、利益、底线和需求。
>
> 资料来源：经济合作与发展组织，2005。

图3.3 OECD技能

> 从中小学教育开始，并持续到大学学习中，学生们应该为21世纪的挑战做好准备：
> **人类文化以及物理和自然世界的知识**，包括：
> ·科学与数学、社会科学、人文科学、历史、语言和艺术
> 聚焦既具时代性又持续发生的重大问题。
> **智力和实践技能**，包括：
> ·调查与分析
> ·批判性思维与创造性思维
> ·书面和口头交流
> ·量化素养
> ·信息素养
> ·团队合作和问题解决
> 在挑战性日益加剧的问题、项目和表现标准的背景下，广泛地在课程中实践。
> **个人和社会责任**，包括：
> ·公民知识和参与——本地和全球
> ·跨文化知识与能力
> ·伦理推理与行动
> ·终身学习的基础和技能
> 积极参与多元群体和面对现实世界的挑战。
> **综合学习**，包括：
> ·基于通识和专业学习取得综合且一流成就
> 通过面对新环境和复杂问题时，运用知识与技能，承担责任来做出证明。
>
> 资料来源：全国自由教育和美国承诺领导委员会，2007。

图3.4 LEAP关键学习成果

国家自由教育和美国希望领导委员会（LEAP）大学水平中的基本学习成果（想必是K-12学校教育的基础发展的）将"人类文化知识"添加到伙伴关系的框架中。这个能力强调参与当代的和持续的大问题，这也是高等教育长期以来一直试图灌输的智识。"探究"和"定量分析"被称为重要的分析技能。LEAP强调通过"做"来学习，而不是通过吸收信息。

目前数字化素养的概念框架

在某种程度上，为了强调ICT技能是21世纪的重要能力，ISTE修订了技术课程中的学生标准（如图3.5所示）。

创造与创新。学生展示创造性思维、建构知识，并利用技术开发创新产品和过程：
- 应用现有知识以产生新的思想、产品或过程。
- 创作原创作品作为个人或群体表达的手段。
- 使用模型和模拟来探索复杂的系统和问题。
- 辨明趋势和预测的可能性。

交流与合作。学生使用数字媒体和环境进行远距离交流与合作，以支持个人学习，并通过其他方式为他人的学习做出贡献：
- 与同行、专家或其他使用各种数字环境和媒体的人进行互动、协作及表达。
- 使用多种媒体有效地向多个受众传达信息和思想。
- 通过与其他文化的学习者一起发展文化理解和全球意识。
- 协助项目团队制作原创作品或解决问题。

搜索与信息流畅。学生使用数字工具来收集、评估和使用信息：
- 制定策略引导探究。
- 定位、组织、分析、评估、综合，合乎道德地使用来自各种来源和媒体的信息。
- 根据特定任务的适当性，评估和选择信息源和数字工具。
- 处理数据和报告结果。

批判性思维、问题解决和决策。学生利用批判性思维能力来规划和进行研究，管理项目，解决问题，并使用适当的数字工具和资源做出明智的决定：
- 查清和明确真实的问题和重要的调查问题。
- 计划和管理开发解决方案或完成项目的活动。
- 收集和分析数据以确定解决方案或做出明智的决定。
- 采用多种途径和不同视角去探索备用解决方案。

数字公民。学生表达对符合法律和道德的，与技术和实践有关的人类、文化和社会问题的理解：
- 提倡并安全、合法、负责任地使用信息和技术。
- 对使用支持协作、学习和生产力的技术持积极态度。
- 终身学习的个人责任。
- 展示数字公民的领导权。

技术操作和概念。学生展示对技术概念、系统和操作的正确理解：
- 理解和使用技术系统。
- 有效地选择和使用应用程序。
- 故障诊断系统和应用程序。
- 把当前的知识转移到新技术的学习上。

资料来源：国家学生教育技术标准，第二版，©2007，®ISTE（美国国家教育技术协会），www.iste.org. 版权所有。

图3.5　ISTE学生教育技术标准

超越伙伴关系的框架，ISTE的ICT技能强调"创作原创作品作为个人或群体表达的手段"，"使用模型和模拟来探索复杂的系统和问题"和"辨明趋势和预测的可能性"。其他能力包括"查清和明确真实的问题和重要的调查问题"以及"采用多种途径和不同视角去探索备用解决方案"。它强调"安全、合法负责任地使用信息和技术"，以及作为"数字公民身份"。"故障诊断系统和应用程序"和"把当前的知识转移到新技术的学习上"被视为关键技能。正如所预期的那样，ISTE在数字化素养方面的表达比伙伴关系的整体框架所表达的更为详细。

同样，ETS在2007年发布了ICT数字化素养框架（如图3.6所示）。框架勾勒出每个素养在逐步掌握过程中的五个水平等级。

认知能力。学校、家庭和工作中日常生活所需的基本技能。识字、算术、问题解决、空间/视觉素养都是这些技能的体现。

技术能力。数字化素养的基本构成要素。包括硬件、软件应用和网络的基础知识，以及数字技术元素。

信息和通信技术能力。认知技能与技术的整合与应用。ICT能力被视为促成因素；即，他们允许个人最大限度地发挥技术的能力。在最高水平，ICT能力激发创新、个人的转变，以及社会的变迁。

信息技术能力的五个水平如下：

获取——从收件箱列表中选择并打开适当的电子邮件。

管理——识别并整理每个邮件中的相关信息。

综合——总结对公司所提供课程的兴趣。

评估——根据去年的出勤情况，决定明年应该继续哪些课程。

创造——以电子邮件的形式向人力资源部副总裁写推荐信。

资料来源：教育测试服务，2007，第18，20页。

图3.6　ETS数字化素养框架

ETS数字化素养框架增加了"技术能力""包括硬件、软件应用和网络的基础知识，以及数字技术元素"。从这一框架中提供的数字化素养活动示例看，似乎没有其他框架分析得那么复杂；这个例证在精神上更接近20世纪90年代末开发的ISTE框架中的数字化素养。

如ISTE和ETS的ICT框架所表明的，21世纪技能与20世纪能力最大的区别是需要个体和工具、应用、媒介或环境共同完成某个目标，否则将是无法完成的（如一个团队分散在全球各地通过群件的远程协作）。然而，信息通信技术并不仅仅是达到期望行为的机制；它们通过分布式认知，使理解得以流畅表现（如集团公司利用维基百科提供表征工具，构建一个复杂的概念性框架）。

探讨基于信息通信技术发展的新的素养框架，有助于阐明21世纪的学习在这个方面的要求。在麦克阿瑟基金会的资助下，亨利·詹金（Henry Jenkins）和他的同事（2009）编制了一系列的数字化素养框架（如图3.7所示）。

> **游戏**。将体验周围环境的能力作为一种解决问题的方式。
> **性能**。为即兴创作和发现而采用不同身份的能力。
> **模拟**。解释和构造真实世界过程动态模型的能力。
> **拨款**。有意义的采样和混合媒体内容的能力。
> **多任务处理**。审视自己所处环境的能力，并根据需要转移焦点把握关键。
> **分布式认知**。与提升大脑能力的工具进行互动的能力。
> **集体智慧**。有能力汇集知识，与他人交流，达成共同目标。
> **判断**。评估不同信息来源的可靠性和可信性的能力。
> **跨媒体导航**。跨多种方式追踪故事线索和信息流的能力。
> **网络**。搜索、合成和传播信息的能力。
> **谈判**。能够跨越不同的社区，辨别和尊重多种观点，掌握和遵循规范。
>
> 资料来源：Jenkins，2009。

图3.7　詹金基于新媒体的数字化素养框架

这些数字化素养与前面介绍的ISTE和ETS框架不同。其重点不在于熟练运用工具的能力，而是强调个体借助复杂信息通信技术开展智力活动。虽然一些长期能力——如判断能力——被列出，其他技能——如表现能力——是与强调21世纪技能相关联的。

这些数字化素养不仅是学生为完成21世纪工作及成为21世纪公民所需掌握的技能，而且它描述了当今使用技术的人为教育环境带来的学习优势与偏好。戴德（2005）基于新的数字化素养的基础提出了一种新世纪（neomillennial）学习风格框架（如图3.8所示）。

> **多媒介使用流畅性**。评估每种媒介的传播方式、活动、经验和它赋予的表达方式。
> **主动学习**。整体性地寻找、筛选和整合经验，而不是仅仅从单个最好的来源中查找和吸收信息。
> **通过线性、互联网络等代表性的方式表达**。制作模拟和编写网页来表达理解，而非撰写论文。
> **由教师和学生共同设计**。根据个人需求与偏好提供个性化的学习经验。
>
> 资料来源：Dede，2005。

图3.8　戴德的新世纪学习风格框架

自这一框架建立，Web 2.0媒体的出现推动了在线前沿应用程序的转变，强化了这些学习优势和偏好。互联网上的主要学习活动已经从网站提供者的材料呈现到由贡献者社区积极合作构建资源。尽管20世纪的Web以开发人员创建的材料（如信息网站）为中心，但其主要由一小部分的互联网用户生成，而Web 2.0工具（如维基百科）帮助大量用户建立在线社区，以进行创造性、协作和共享。

戴德（2009b）描绘了一个当前Web 2.0工具的范畴体系：

> 1. 共享
> - 公共书签
> - 照片/视频共享
> - 社交网络
> - 作家工作坊/同人小说
>
> 2. 思维
> - 博客
> - 播客
> - 在线讨论论坛
>
> 3. 共同创造
> - 维基协作文件的创建
> - 混搭/媒体的集体创作
> - 合作性社会变革社区

该框架显示了一个从上到下的宽松进程，从共享领导力到共同思考，再到集体行动。其中，寻求改变的复杂群体使用九种媒介，包括最后一种——合作性社会变革社区——来实现他们的共同目标。总的来说，这些Web 2.0工具越来越多的使用，增强了学习风格以及前面描述的数字化素养。

列伊（Leu）和他的同事（2007）描述了由信息通信技术产生的"新素养"所具备的四个特点。首先，新兴ICT工具、应用程序、媒体和环境需要新的技能和策略，以使他们得到有效的使用。其次，新的素养对于全球化社会中的经济、公民以及个人参与至关重要。再次，新的素养不断发展，正如它们所定义的，信息和通信技术通过创新不断得以更新。最后，新的素养是多元的、多模式的、多方面的。这些特性与本节所介绍的基于媒体的学习风格，以及与本章讨论的21世纪能力相一致。

21世纪技能框架的比较

总之，这些21世纪的技能框架基本上是一致的。对伙伴关系的技能框架作补充的有两种类型。首先，其他群体确定了伙伴关系分类中的一些尤为重要的子技能。举个例子，ISTE的子技能中"故障诊断系统和应用程序"包含在伙伴关系中的ICT素养中；要求"技术熟练""包括硬件、软件应用和网络的基础知识，以及数字技术元素"，这是ETS中倡导的基本的子技能。强调这一子技能反映了在评估21世纪技能时，教师可能忽略了学校教育的主流文化。例如，学生很少有机会去学习故障排除，因为老师本能地不想在教学情境中出现问题。

其次，相较于伙伴关系框架，其他组织重点强调了其分类中并未被强调的一些地方。举个例子，"自主行动"是OECD的一个重要类别，然而它与美国当前学校教育文化是相违背的。同样，NCREL/Metiri框架强调学生"冒险"，但这是不太可能被多数美国教师鼓励的，除非特别强调这个技能对于21世纪的工作和公民来说是至关重要的。

> 这些21世纪的技能框架基本上是一致的。

这些因为与当前的课堂文化不一致而未被重视的技能，凸显出将这些21世纪技能框架转变为教育实践和政策是重大挑战。这一点，从历史上看，改变课程、教学和评估实践的主要障碍不是概念性的、技术性的或经济性的，而是心理的、政治的和文化的。我们现在拥有一切必要的手段来超越20世纪的知识教育，以便为所有学生提供一个与过去截然不同的未来。社会是否拥有专业承诺和公众意愿来实现这样的愿景还有待观察。

21世纪技能评估研究进展

教育委员会的报告：评估21世纪技能（Silva，2008），讨论了用来评估21世纪技能的几个指标。整合的21世纪技能框架中的哪些部分做了这些评估？

大学与工作准备评估

大学和工作准备评估（CWRA）测量学生面对结构化反应任务是如何表现的，这些任务需要一套完整的批判性思维、分析推理、问题解决以及书面沟通技巧。CWRA通过互联网展开并配有监考系统。批判性思维、分析推理、问题解决和写作是"总体成果",不是在任何一个班级或一学年中就能完全传授的,因此所有教师和教员都有责任在每一个学科领域和学科中教授这种技能。

表现性任务。学生必须完成一个真实的活动(如准备备忘录或政策建议),其中包括审查和评估一系列文件。完成这些文件不需要回顾特定的事实或公式;相反,这些措施旨在评估解释、分析和综合信息的能力。

分析写作任务。这些任务评估学生表达复杂想法的能力,检测主张和证据,支持相关理由和例子的观点,进行连贯的讨论,使用标准的书面英语。

国际学生评估方案

在教育委员会的报告——评估21世纪技能(Silva,2008)中,讨论了21世纪技能的一些指标。

国际学生评估计划(PISA)是基于OECD对能力计划(DeSeCo)的定义和选择的。PISA旨在衡量15岁——接近义务教育结束年龄段的学生,对即将面对的当今知识社会的挑战能做得多好,即PISA所指的"素养"。这一评估是具有前瞻性意义的,关注年轻人使用知识和技能以应对现实生活挑战的能力,而不是仅仅聚焦在对具体的学校课程的掌握程度上。这种倾向反映了课程本身的目的和目标的变化,越来越多地关注学生如何运用在学校之所学,而不仅仅是他们能否重现所学的内容。

该评估涵盖了阅读、数学和科学素养领域,不仅仅是掌握学校课程,还涉及成人生活所需的重要知识和技能。测试是纸笔测试,每个学生完成评估共需要两个小时。测试项目是多项选择题和问答题的组合,问答题要求学生自行构建答案。这些项目题是基于描述真实生活情境的章节组织起来的。评估涵盖了总共七个小时的测试项目,不同的学生采用不同的测试项目组合。学生也要回答一个背景问卷,这需要20~30分钟的时间完成,提供关于他们自己和家庭的信息。学校校长也需要完成一个有关他们学校的20分钟的调查问卷。

关键阶段三的ICT素养评估

席尔瓦(Silva,2008)同样讨论了"关键阶段三"的ICT(信息和通信技术)素养评估。它衡量了大不列颠国家课程"关键阶段三"(12~13岁)结束时学生的信息和通信技术技能。测试不仅评估学生的信息和通信技术技能，还评估他们运用这些技能解决一系列复杂问题的能力，包括研究、交流、信息管理和演示。测试结果同时提供了总结性的信息——每个学生的国家成绩，以及有关学生表现的详细的形成性反馈，可以供未来教学和学习参考使用。

ICT评估是在一个复杂的虚拟世界中进行的，在这个虚拟世界里，学生不能使用互联网，而是使用"围墙花园"（walled garden）的资料（如文本、图片、数据和"罐装"网站）。同时提供给学生一个包含应用程序的工具包，以帮助其完成任务；所有这些材料都是英国资格和课程委员会开发的通用软件。学生通过测试，他们的行为会被电脑记录，并对应到国家课程中所期望的每个级别；这包括技术技能和学习技能，如搜寻信息、发展想法以及交流和共享信息。收集的关于学生的表现信息可以在评分的基础上，获得有关个人的优势和劣势信息表。

所有这三项评估几乎能涵盖本章所列框架中规定的大部分21世纪技能。然而，CWRA和PISA的效果受他们的格式限制：基于纸笔，不定期，聚焦子测试项目。"关键阶段三"更有可能去评估包括数字化素养在内的所有21世纪技能，因为它是在一个虚拟世界中进行，并基于远比在一系列有限选项中被迫做出选择决定的更为复杂的活动。

除了这些现有的评估，许多研究人员正在研究对特殊高阶智力表现进行虚拟表现性评价，例如科学探究，很快就可以提供可靠的、可利用的、有效的21世纪技能测评方法（Ketelhut，Dede，Clarke，Nelson，Bowman，2008）。研究表明，与复杂认知相关的高阶思维能力（如探究过程，形成科学的解释，交流科学认识以及处理新情况的方式）是很难通过选择题甚至是结构化应答的纸笔测验来进行衡量的（Quellmalz & Haertel，2004；Resnick & Resnick，1992；Wilson & Bertenthal，2006）。在20世纪80年代末至90年代，教育工作者试图在问责制方案中使用表现性评价。然而，现实和虚拟表现性评价的开发者均在大规模的管理过程中遇到一系列的技术、资源以及可靠性问题（Cronbach，Linn，Brennan，& Haertel，1997；Shavelson，Ruiz-Primo，& Wiley，1999）。在那个时候，这些问题严重到削弱了表现性评价得以超越纸笔测评所能达到的科学探究潜在的、更高的结构效度。然而现在，学者团队正在利用现代技术来开发各种类型的虚拟表现性评价（如http://virtualassessment.org），由此可以解决为复杂的智力和心理技能提供可靠、有效的测评方法的问题。

总体而言，对21世纪技能的有效评估越来越可能实现，这就要求所有国家参与"国际基准"测试，或将其教育过程和结果与世界最佳模式进行比较（National Governors Association，2008）。广泛使用的国际评估以课程为中心，其涵盖国际数学趋势，以及四、八和十二年级的科学学科研究，以及四年级的国际阅读素养研究进程（Silva，2008）。在《成功的基准：确保美国学生接受世界级的教育》（*Benchmarking for Success*：*Ensuring U. S. Students Receive a World-Class Education*）中，呼吁各国实施五种基准化行动：

- **行动1**——升级国家标准，采用国际标准中K–12数学和语言艺术共同核心标准，确保学生都具备必要的知识和技能，具有全球竞争力。

- **行动2**——利用国家的集体影响力，确保教材、数字媒体、课程设置、评估标准与国际标准一致，并向表现优异的民族和国家学习。

> 对21世纪技能的有效评估越来越可能实现，这就要求所有国家参与"国际基准"测试，或将其教育过程和结果与世界最佳模式进行比较。

- **行动3**——修订国家教师和学校领导的招聘、准备、发展及支持政策，以反映世界上表现优异的民族和国家的人力资本实践。

- **行动4**——通过监测、干预和支持来追究学校和系统的责任，以确保持续的优异表现，并向国际最佳做法学习。

- **行动5**——通过在国际背景下测试学生学业成就，在全球范围内评估国家的教育表现，以确保随着时间的推移，学生能获得他们所需要的能够应对21世纪竞争的教育（Adapted from National Governors Association，2008，p.6）。

近期美国联邦政府正在积极促进各州协调，开发相对高质量的课程标准，此行动正在势头上，以期产生并运用能够衡量21世纪所需的复杂智力和社会心理技能的测评方法。

21世纪的概念重建

幸运的是，在发展21世纪技能概念的过程中，各个群体充分考虑了其他群体的想法，避免在同一话题上另说他话。正如分析显示，各组织争论21世纪技能框架时，在课程内容上有很大的一致性。然而，每个组织着重强调不同区域。例如，以伙伴关系的框架为基准，有的组织主要关注技术技能——如ISTE、ETS，以及那些数字化素养的倡导者——强调其为伙伴关系框架的重要部分，并详细描述了其对信息和通信技术的关键性作用。

每个组织还引入了与21世纪技能概念相辅相成的观点。例如，如前所述，OECD和NCREL/Metiri提出将学生的自主行动纳入伙伴关系的框架，学生的自主行动并非传统课堂文化的组成部分。这凸显了21世纪技能发展的一个元认知挑战：系统地研究从20世纪和工业时代遗留下来的关于学校教育的所有默认信念、假设和价值观，包括本书在内的诸多汇编正在为21世纪教育的概念化做出重要的贡献。

参考文献

Cronbach, L. J., Linn, R. L., Brennan, R. L, & Haertel, E. H.（1997）. Generalizability analysis for performance assessments of student achievement or school effectiveness. *Educational and Psychological Measurement*, 57, 373-399.

Dede, C.（2005）. Planning for neomillennial learning styles: Implications for investments in technology and faculty. In D. G. Oblinger & J. L. Oblinger（Eds.）, *Educating the net generation*（pp. 226-247）. Boulder, CO: EDUCAUSE.

Dede, C.（2009a）. Determining, developing and assessing the capabilities of North Carolina's future-ready students. *Friday Institute White Paper Series*. Raleigh: North Carolina State University.

Dede, C.（2009b, May）. Comments on Greenhow, Robelia, and Hughes: Technologies that facilitate generating knowledge and possibly wisdom. *Educational Researcher*, 38, 260-263.

Dede, C.（in press）. Technological supports for acquiring 21st century skills. In P. Peterson, E. Baker, & B. McGaw（Eds.）, *International Encyclopedia of Education*（3rd ed.）. Oxford, England: Elsevier.

Educational Testing Service.（2007）. *Digital transformation: A framework for ICT literacy*. Princeton, NJ: Author. Accessed at www.etsliteracy.org/Media/Tests/Information_and_Communication_Technology_Literacy/ictreport.pdf on December 13, 2009.

International Society for Technology in Education.（2007）. *National educational technology standards for students* (2nd ed.). Eugene, OR: Author.

Jenkins, H. (with Purushotma, R., Weigel, M., Clinton, K., & Robison, A. J.). (2009). *Confronting the challenges of participatory culture: Media education for the 21st century*. Cambridge, MA: MIT Press.

Karoly, L. A., & Panis, C. W. A. (2004). *The 21st century at work: Forces shaping the future workforce and workplace in the United States*. Santa Monica, CA: RAND Corporation.

Ketelhut, D., Dede, C., Clarke, J., Nelson, B., & Bowman, C. (2008). Studying situated learning in a multi-user virtual environment. In E. Baker, J. Dickieson, W. Wulfeck, & H. F. O'Neil (Eds.), *Assessment of problem solving using simulations* (pp. 37–58). New York: Lawrence Erlbaum.

Leu, D. J., Zawilinski, L., Castek, J., Banerjee, M., Housand, B. C., Liu, Y., et al. (2007). What is new about the new literacies of online reading comprehension? In L. S. Rush, A. J. Eakle, & A. Berger (Eds.), *Secondary school literacy: What research reveals for classroom practice* (pp. 37–68). Urbana, IL: National Council of Teachers of English.

Levy, F., & Murnane, R. J. (2004). *The new division of labor: How computers are creating the next job market*. Princeton, NJ: Princeton University Press.

National Governors Association. (2008). *Benchmarking for success: Ensuring U. S. students receive a world-class education*. Washington, DC: Author.

National Leadership Council for Liberal Education and America's Promise. (2007). *College learning for the new global century*. Washington, DC: Association of American Colleges and Universities.

North Central Regional Educational Laboratory & the Metiri Group. (2003). *enGauge 21st century skills: Literacy in the digital age*. Chicago: North Central Regional Educational Laboratory.

Organisation for Economic Co-operation and Development. (2005). *The definition and selection of key competencies: Executive summary*. Paris: Author.

Partnership for 21st Century Skills. (2006, July). *A state leaders action guide to 21st century skills: A new vision for education*. Tucson, AZ: Author.

Quellmalz, E. S., & Haertel, G. (2004). *Technology supports for state science assessment systems.* Washington, DC: National Research Council.

Quellmalz, E. S., & Pellegrino, J. W. (2009, January). Technology and testing. *Science, 323,* 75–79.

Resnick, L. B., & Resnick, D. P. (1992). Assessing the thinking curriculum: New tools for educational reform. In B. R. Gifford & M. C. O'Connor (Eds.), *Changing assessments: Alternative views of aptitude, achievement, and instruction* (pp. 37–75). Boston: Kluwer Academic.

Shavelson, R. J., Ruiz-Primo, M. A., & Wiley, E. W. (1999). Note on sources of sampling variability in science performance assessments. *Journal of Educational Measurement, 36,* 61–71.

Silva, E. (2008, November). *Measuring skills for the 21st century.* Washington, DC: Education Sector.

VanLehn, K. (Ed.). (2006). *The Pittsburgh Science of Learning Center theoretical framework.* Pittsburgh, PA: Pittsburgh Science of Learning Center. Accessed at www.learnlab.org/clusters/PSLC_Theory_Frame_June_15_2006.pdf on December 13, 2009.

Weinberger, D. (2007). *Everything is miscellaneous: The power of the new digital disorder.* New York: Times Books.

Wilson, M. R., & Bertenthal, M. W. (Eds). (2006). *Systems for state science assessment: Committee on test design for K-12 science achievement.* Washington, DC: The National Academies Press.

作者简介

克里斯·戴德　Chris Dede

克里斯·戴德，教育学博士，哈佛教育研究生院学习技术专业荣誉教授。他的学术研究领域包括新兴技术、政策和领导力。他的研究受到包括来自美国国家科学基金会（NSF）和美国教育部教育科学学院的三项资助，主要探索以沉浸式和半沉浸式模拟作为学生参与、学习和评估的手段。2007年，他被哈佛大学评为杰出教师。戴德长期担任美国国家科学院教育与心理评估基金会委员，也是2010年美国国家教育技术计划工作小组成员。他任职于美国公共广播公司（PBS）教师专线咨询委员会、21世纪技能伙伴关系、匹兹堡学习科学中心等多个联邦研究基金会。他与人合编了《扩大成功：来自基于技术促进教育提升的经验》(*Scaling Up Success*：*Lessons Learned From Technology-Based Educational Improvement*，2005)，并编著了《教师在线专业发展：新兴的模型和方法》(*Online Professional Development for Teachers*：*Emerging Models and Methods*，2006)。

在这一章中，戴德比较了多个著名的21世纪技能列表。他提出疑问："这些对21世纪技能的定义有多大程度的不同？"同时指出，对21世纪技能的本质没有厘清就会导致问题产生。他的研究阐明了各种框架的共同点，以及不同框架对总体概念的补充发展之处。

第4章

专业学习共同体在培养21世纪技能中发挥的作用

理查德·杜富尔　丽贝卡·杜富尔

21世纪技能伙伴关系在阐述美国学生希冀在未来获得成功所必需的知识和技能时强调，传统的学校文化并非为实现这些目标而设计。值得肯定的是，伙伴关系团队意识到，如果想要提高学生的学业成就，教育工作者们必须将其所在的学校与区域转化为专业的学习共同体（PLCs）。

伙伴关系（2009）强调并规定，发展21世纪技能的最佳情境为"使教师们能够互助合作，分享实践智慧并将21世纪技能整合到课堂教学中去支持专业学习共同体"。呼吁将学校组织成"教师的专业学习共同体，以课堂教学为实例从而更好地培养学生的21世纪技能"，并敦促鼓励教育工作者"通过线上、线下以及两者混合的形式在共同体中进行知识共享"。

PLC概念的三大理念反映了伙伴关系强调的重点。具体如下：

1. 承诺为所有学生提供高水平的学习；
2. 必须通过合作和集体的努力从而实现这一诺言；
3. 确保学校能够满足每个学生的需要，指导教师实践，并促进持续改进。

我们认同伙伴关系所支持的培养21世纪生活和职业技能的理想情境即设定目标、管理时间、优化任务、追踪进度、团队贡献、对他人负责以及关注并生成结果。在这一环境中，他们可以模仿那些行为与技能。PLC概念的提出，旨在帮助教育工作者们培养个体和集体使用这些具体技能的能力。因此，我们完全同意伙伴关系得出的结论，除非学校发挥专业学习共同体的作用，否则学生难以获得21世纪所必需的知识与技能。

我们希望，这项旨在影响学生学习什么和如何学习的国家举措将比以往更为成功。我们提倡这一观点，正是因为这项改革认识到了实质性的和可持续的学校改进需要新的学校文化。成功贯彻21世纪技能，不仅需要开发和采用新课程，还要求教育工作者们接受不同的观点，建立合作互助的关系，更重要的是，以全新的方式开展行动。

正如约翰·科特（John Kotter）和丹尼尔·科恩（Daniel Cohen，2002）在他们有关变革过程的开创性研究中总结的那样，改革者面对的重要挑战和核心问题是"改变人们的行为……人们在做什么，以及需要做出什么重要改变"。

在过去的工作中（DuFour, DuFour, Eaker, & Many, 2006），我们试图了解学校与区域作为专业学习共同体发挥作用的文化转变的本质。这种转变详见表4.1。

表4.1 从传统学校到专业学习共同体的文化转变

传统学校	专业学习共同体
教师的任务是教，学生的任务是学。	教而不学不是真正的教，只是呈现；学校的目的是确保全体学生学习。
专家可以自由地判断并决策如何开展工作。	专家有义务为他们所服务的对象寻求最佳实践。
相比于确保学生有机会参与课程学习、按同一标准对学生进行评估、或在学生遇到困难时提供同样的支持和帮助，保护教师个体的自主性更为重要。	专家们必须共同解决学生学习的关键问题。教师必须创建合作的文化与机制以实现教学的有效性与公平性。
教师们最好独自工作。	教师独自工作难以帮助所有学生达到高学习水平。教师们必须互助合作开展工作。
学校在学区提供的区域自主开展工作效率最高。	学校运作中清晰界定工作目标、工作重点，获得使学校工作与预期目标相一致的支持，并拥有如何更好地实现目标的自由，其工作效率才最高。
教师无法控制影响学生学习的因素。	教育工作者的个人和集体努力可以产生巨大的积极影响。影响学生学习的关键因素也在他们的影响范围之内。

为了促进上述文化转变的发生，教育工作者们必须采用新的实践方式。大量的研究表明，行为的变化先于构成组织文化的设想、信念、期望和习惯的变化（Elmore, 2004; Fullan, 2007; Kotter & Cohen, 2002; Pfeffer & Sutton,

2006；Reeves，2006）。正如科特和科恩指出的，"在变革过程中，文化变革发生在最后，而非一开始"。只有当新的行为变成规范——"我们在这里的做事方式"，文化才得以转变。因此，教师们必须致力于能够反映专业学习共同体文化的行为方式，但要认识到这些行为"直到过程的最后阶段才会生效"。

行为改变

一项针对那些能够极为有效促进变革的男性和女性的研究表明，他们都关注行为（Patterson，Grenny，Maxfield，& Switzler，2008）。这些"影响天才"通过提问开启变革过程——"为了改善我们现在的情况，人们实际需要做什么？"他们确定并聚焦一些影响大小的关键行为，创造新的结构并修改现有结构以匹配行为、指导行为、提供资源与奖励来强化行为，同时纠正那些不合时宜的行为。那么，将一所学校转变成专业学习共同体，其关键行为是什么？人们必须互助合作，而非孤军奋战。他们必须致力于共同探究和解决学生学习中最重要的问题。他们必须通过建构并共享有关学校及学区内外的现实做法和理想实践的信息，从而回答并解决问题。他们必须持续观察学生学习，并收集学生学习的证据，以便优化与改进教学，对需要额外支持的学生提供帮助，推动他们不断进步。当这些行为成为学校或学区的规范时，教育工作者就有能力迎接挑战，向学生提供未来成功所必需的知识和技能。

例如，设想一名教师在学校试图落实对学生21世纪技能的培养。大量的证据表明，帮助学生高水平学习的基本步骤是，确保每位教师清楚地知道学生正在学习什么，并据此提供能够保证每位学生达到预期学业成就的课程并实施教学。无论这些学业成就是被称为"基本课程目标"（Lezotte，1991），"能力标准"（Reeves，2002），"保证可行的课程"（Marzano，2003），"包括学生意图与成功标准的课程"（Saphier，2005），还是"明确的学习意图"（Hattie，2008），研究与常识都表明，当教育工作者们清楚地了解并致力于每位学生将获得的知识、技能和性情时，他们的工作效率就会提升。因此，这就要求教师们参与共同研究，就课程、进度、教学以及评价等关键问题建立共享知识。简言之，如果一所学校想要教授学生21世纪技能，教育工作者们就必须共同明确那些技能是什么，要监控哪些指标以保证每位学生都能获得技能，以及可以帮助每位学生发展技能的最佳策略是什么。

在那些仍然采取传统速效办法的学区，教师们会收到一份关于21世纪技能的单子，可能再参加一两个研讨会来了解该项计划的概况。相反，PLCs的教育工作者与他们的协作团队成员会共同研究资源。他们认同21世纪技能框架所呼吁的：要求学校避免肤浅地覆盖大量相关主题，而是重点关注帮助学生深刻理解能在工作与生活中获得成功的基本知识与技能。这些教育工作者们致力于与那些同样教这门课或是在更高年级教这门课的教师展开纵向对话，来加深他们对学生最需要什么样的学习以走向成功的理解。他们会在存有困惑或分歧时寻求澄清。他们为何时讲授关键概念制订了时间框架。最重要的是，在整个进程的最后，他们能向同事承诺，无论分配到的老师是谁，所有学生均能获得同样的知识与技能。

> 成功实施21世纪技能最关键的因素之一是评估学生是否掌握了这些技能。

成功实施21世纪技能最关键的因素之一是评估学生是否掌握了这些技能。越来越多的研究表明评价的功能在于提升学生学业成就，而非仅仅汇报学生的学业成就（Black & Willam, 1998; Hattie, 2008; Little, 2006; Marzano, 2006; National Commission on Teaching and America's Future, 2003; Popham, 2008; Stiggins, 2004; Wiliam & Thompson, 2008）。在专业学习共同体中，教师协作团队共同合作，发展他们的评价能力。他们探索有效评价的本质，并将其应用到日常的课堂之中，建立有效的形成性评价。他们共同努力，创建一个平衡的并且多样化的一般评价程序。他们在评价学生作业质量所使用的标准上达成一致，并练习将那些标准应用到真实的表现性评价及基于项目的评价中去，直到他们能够以极高的一致性开展评价。他们帮助学生成为积极的参与者，对学习过程进行自我监控。他们使得频繁且大量的日常形成性评价成为评价军火库中最有力的武器。

> 简言之，如果一所学校想要教授学生21世纪技能，教育工作者们就必须共同明确那些技能是什么，要监控哪些指标以保证每位学生都获得技能，以及可以帮助每位学生发展技能的最佳策略是什么。

在专业学习共同体中，有关学生成就的对话聚焦于持续的评价证据，某一学生尚未掌握的某一特定技能，以及学生为达精通所需要的精确的先决条件。如果仅仅说"约翰尼在上次考试中失利了"或者"约翰尼在数学上需要帮助"

远远不够。团队应该能够说,"约翰尼在这项技能上存在困难,为了让他习得技能,必须分这几步帮助他"。因为成员们清楚地知道如何缩小约翰尼目前的学习水平和他必须达到的预期结果之间的差距。对群体情况的泛泛而谈让位于对个体的具体描述,精确干预代替一般化的、简单化的补救措施。

当然,为了让全体学生掌握21世纪技能,还需为部分学生提供额外的时间与支持。在专业学习共同体中,每名教育工作者、家长与学生都清楚,学校有专项计划来确保那些在学习上存在困难的学生能够获得额外的时间与支持,通过及时的、直接的、系统的方式开展学习,而非将这些学生从教学中剔除。管理人员制订工作计划以突显这一事项的优先性,同时,教育工作者们增加了在学校内与这些学生的接触。此外,该计划有多层次的干预,以便如果现有的时间和支持程度并不能产生预期的结果,则可以在此过程中加入额外的步骤,从而提供更多的时间和更充分的支持。当学生存在困难时,学校会做出反应,而非将问题留给个别任课教师。

这种合作性的共同努力要求教育工作者们不仅仅是作为群体,更是作为团队发挥作用——人们在工作上相互依赖以实现共同目标,每个成员都对这个目标负责。因此,团队必须建立具体的(specific)、可测量的(measurable)、可实现的(attainable)、结果导向的(results-oriented)、有时间限制(timebound)(SMART)的学生学习目标,这些目标要与学生直接相关,然后依赖团队协作实现他们。那些不学习的学生是全部团队成员的共同关注点,而非为他们单独分配教师。对话关注学生学习的证据,旨在通过转变教学方式,从而对学生的成绩产生积极影响。

因为优先考虑学生的学习,所以获得学生学习的证据很容易,并且可以在合作团队中共享。教育工作者通过使用共同的评估,将数据转化为信息,从而提供比较的依据。他们会找出个人与集体的优势与弱势,并制订恰当的计划,以确保彼此能够相互学习。那些在帮助学生获得某项技能上有困难的教师们会及时、直接地获得在这项技能上拥有丰富教学经验老师的积极支持。学校与学区会明确并研究正向偏差——那些取得卓越成就的教师与学校——以便他人也能从中受益。团队渴望获得最有效的教学实践证据,在执行那些实践并评估其影响的过程中,成员之间互相支持。这种持续的团队协作研究,有利于个体、团队、学校与学区的持续改进。

未来专业学习共同体的工作

我们相信，未来专业学习共同体在贯彻21世纪技能方面的工作将继续围绕同个一关键问题，同时这个问题也有效推动着当下专业学习共同体展开合作，即我们希望每一个学生学什么？我们如何知道学生正在学习？当学生不在学习状态时，我们如何应对？对于那些已经熟练习得技能的学生，又如何帮助他们延伸与拓展？但是我们认为，其工作方式在以下方面将有极大不同。

专业学习共同体将对21世纪基本技能有更清晰的理解

在美国，对于学生们需要学习什么的问题，50个州各有答案。这50个州之间的共同点是，他们都试图回答这个问题从而导致产生了太多的标准。我们估计，在未来，就学生们在受教育过程中应该获得哪些知识、技能以及性情，将能达成更为广泛的共识。无论学生是来自堪萨斯州，还是来自加利福尼亚州，都需要获得这些知识、技能与性情。21世纪技能的提出是朝这个方向迈出的重要一步。共同核心州立标准项目则是另外的一个。这个项目由国家首席学校官员理事会、全国州长协会最佳实践中心、Achieve公司以及大学委员会共同发起，试图建立从幼儿园到高中（k-12）的一系列标准，将会是"更少，更清晰，更高要求"以及"符合国际标准，并基于证据和研究"（Council of Chief State School Officers，2009，p. 2）的标准。一经完成，各个州将受邀采用这种标准。截至2009年9月，已有48个州同意参与该项目，使美国在学生必须学习什么的问题上进一步达成共识。

随着学习的具体元素更加明确地聚焦，合作团队中教师们的对话将发生改变。团队不仅要应对如何开发课程、教学、评价以引导学生对核心概念进行深入理解的挑战，并且要思考如何让学生在学习过程中培养其合作能力、创造力、批判性思维、问题解决能力以及自主学习能力。这也是在21世纪技能框架下伙伴关系所呼吁的。反过来，这些技能将需要更多样化、更复杂的评估方法。大量研究表明，帮助教育工作者更为熟练地掌握评价的最佳策略是协作团队共同致力于嵌入工作的专业发展（Hattie，2008；Little，2006；Popham，2008；Stiggins，1999；William & Thompson，2008）。高质量的评价一直是专业学习共同体运作的关键，同时，它也将成为培养学生21世纪技能的关键所在。

专业学习共同体将使用技术来支持和加速PLC过程，并扩展共同体的概念

虽然科技的革新并不能把传统的学校文化转变为专业学习共同体，但是科技可以为那些决心做出改变的人提供帮助。例如，假设有一个代数老师团队已经明确了学生必须掌握的一套特殊技能，以提高他们的数学推理能力。这个团队访问了全国性示范课程网站，以观察该国家内经验丰富的数学教师是如何教这些技能的。该网站为每堂课、每门学科、每个年级都提供了学生必须掌握的关键技能与概念。团队不仅观察和讨论如何教学，而且还可以自由地查阅教案、讲义、非正式和正式的评价、教学技巧，并就如何传授技能进行提问。

> 虽然科技的革新并不能把传统的学校文化转变为专业学习共同体，但是科技可以为那些决心做出改变的人提供帮助。

当团队成员在各自的教室里介绍这个单元时，他们利用现有的技术收集每个学生对每一种新技能或概念的理解的即时反馈。因为课堂已经统整为合作学习共同体，一旦遇到困难，学生立即会得到他所在的团队成员和老师的说明和支持。

当团队使用更为正式的评价，如小测验或测试时，团队成员可以进入国家评估库。国家评估库中为每个技能提供数百个样本项目，以及全美学生在这些项目上表现如何的指标。团队将部分项目整合到评价中，同时创立新的评价项目。当开展这些更为正式的评价时，学生能够用识别笔扫描他的答题纸从而获得基于其表现的及时反馈。此外，反馈指出了错误的本质，并且为如何处理这些错误提供了清晰的解释和说明。一旦学生完成评估，教师个人与团队都能及时获得最终结果。团队对结果进行讨论，可以详尽准确地指出学生尚未习得的技能和概念，然后反馈到全国有效教学网络中，来诊察能为学生学习提供最大帮助的脚手架。

当共同体使用项目或者表现性评价的各种数据时，团队成员将了解更为清晰、更具挑战性的评价标准，并以此来评价学生的作业。成员不断尝试在学生真实的作业中应用评价标准，直到确立评价的一致性及其可信度，然后将这些标准告诉他们的学生。

这种设想并非天方夜谭。这些科技已然存在，小部分已采用的手段能够使教育工作者更迅速、更及时地获得高质量的资源、教学法及反馈，这些都将有助于他们完成重要任务。我们仍然希望，在某一时刻，教育工作者将能够自由和开放地访问支持其专业的强大知识库。

科技也能帮助教师们重新界定合作。我们经常听到这样的感叹，"我是学校里唯一一个教这门课程或者说教这个年级的教师，所以我无法与他人合作"。这种表述背后隐藏的逻辑是，与学校之外的教师合作是不可能的。这种观点显然是不正确的。正如肯·布兰查德（Ken Blanchard，2007）所写，"没有理由说时间和距离会影响人们作为一个团队进行互动交流。在适当的管理和技术的帮助下，虚拟团队可以像面对面的团队一样高效并富有价值"。达成共识的标准，以及更为便捷的技术意味着，即使不在同一所大楼或者同一个州的教师也能为实现学生发展的共同目标开展合作。秉持合作理念的教师在工作中可以通过浏览网页、寻找专业组织促进合作。我们认同帕里·格雷厄姆（Parry Graham）和比尔·福莱特（Bill Ferriter，2010）具有实用性与说服力的见解，即利用技术支持强有力的协作，有助于提升团队合作的效率，促进每位团队成员持续的专业发展。

专业学习共同体概念将与专业教学相联合

我们希望，该行业将采取有益措施，使所有的实践与专业学习共同体的理念相一致。那些通过大学训练进入教师行业的人，将通过参与专门为他们准备的项目，学习如何在专业学习共同体中工作。当这批人实习教学时，他们将被安排到富有专业学习共同体理念的学校，并被分配给某个教师团队而非某一位教师。认证机构将要求大学证实他们教育专业的毕业生在以下领域受到训练，如有效教学实践、团队互动、评价素养、数据分析、与团队成员合作以完成共同目标、实施行动研究，以及获取实践性知识等。

当教师进入这个行业时，他的合作团队将在招聘过程中发挥作用，并承担帮助其平稳过渡的责任。与传统的放任式教学入门不同，新教师从有保证的课程、一致的进度指南、日常的团队评估，以及评估学生作业质量的标准中受益——这些都有助于新手教师明晰有效教学的基本要素。还有一个更重要的好处是，团队的每名成员都将可以对本班学生与同事班级学生的学习表现进行持续比较。当团队成员发现问题时，他们将获得多方支持，以帮助改进他们的教学实践。那些其学生在某一特定技能或概念上表现优异的教师将提供初步支持，然后这种支持扩展到来自团队以外的校内其他教师之中。之后，支持继续扩展到来自校外，即学区中在相应领域具有专长的教育工作者之中。最后，团队可以访问并获得之前提到的国家音像库中相关有效教学的资料。正如约翰·海蒂（John Hattie，2008）在他关于影响学生学习的因素研究中所总结的，单个教师孤立地反思自身实践，不太可能提高他们的教学有效性。只有当反思是基于学生学习的真实证据，以及由团队成员共同参与时，才能改进教学实践。当反思不仅包括个别教师，还包括整个团队时；当团队既能获得学区内专家的帮助，又能获得国家范围内生动的有效教学实例时，教育工作者才能够更好地应对他们所面临的挑战。

教师们将放弃传统的孤军奋战的工作方式。校长将花较少的时间在试图通过正规的评估来监督个别教师做出更好的表现上，并且花更多的时间来建设协作团队的能力。个别教师通过各种与高校合作或项目的形式来追求单独的课程和研讨会的做法，终将让位于持续的而非偶发的、集体的而非个人的、根植于工作的而非外在的、与学校和学区的发展重点系统相关的而非随意的专业发展。

例如，在伊利诺伊州林肯郡的史蒂文森高中（Adlai Stevenson），由于团队合作在这个学校备受推崇，所以每位教师对于团队的贡献将作为对其评价的重要指标。在学校日程表上，教师们每周都有固定的团队合作时间，并赋予相应的专业发展学分，这些学分是教师获得持续专业认证所必需的。学校有自己的研究生课程，由学校教师讲授，主题则是有关本学区教育的重要议题，完成了这些课程的教师则会在工资上获得奖励。团队合作的成功案例屡屡出现在教工会议上，团队的工作也在学校董事会的每一次会议上得到汇报。学校的每一项工作——招聘、考评、专业发展、计划安排、奖励和认可——都表明，要想帮助学生获得高水平的学业成就，教师们就需要合作并共同努力。

专业学习共同体能成为教育中的共同规范吗

尽管过去许多学校的改革者在专业发展中发生了浅层次变化，但是专业学习共同体的理念要求发生持续的、深远的、实质性的变化。然而，实质性的改变真的很难！

如果，像21世纪技能的伙伴关系所总结的，为了让学生获得未来所需的基本知识与技能，学校必须作为专业学习共同体发挥作用，那么教育工作者构建专业学习共同体的能力就非常关键了。但是，为了使这一概念成为北美洲各地学校和地区的共同理念，教育工作者必须对实质性变化的复杂性采取更现实的立场。尽管过去许多学校的改革者在专业发展中发生了浅层次变化，但是专业学习共同体的理念要求发生持续的、深远的、实质性的变化。然而，实质性的改变真的很难！错误和挫折是不可避免的，教育者如何应对这些错误决定了他们在实施这一概念时的成败。

认为教育工作者能完美无误地实现PLC概念所要求的复杂转变，是天真并且不切实际的。诺贝尔物理学奖获得者尼尔斯·玻尔（Niels Bohr）曾经说过"所谓专家，是在一个狭窄的领域内犯了所有的错误的人"。由此，培养专家的唯一方式是在实践中学习，在很大程度上，就是通过错误来学习。

同样，认为可以没有冲突与矛盾，就实现由传统学校转变为专业学习共同体这种深刻的文化变革也是不现实的。事实上，没有冲突与矛盾，表明做出的变化可能过于肤浅。教育工作者必须学会面对冲突，承认和尊重不同的观点，建立共享的知识，确定用于决策的标准，寻找共同点。只有教师们认识到并能够接受冲突的不可避免性，并且视它为解决问题的必要过程而非失败的表现，这样才能在解决矛盾与冲突中培养那些技能。成功实施PLC概念的人和那些未能成功实施的人之间的关键区别往往在于，前者具有克服错误和解决冲突的韧性与坚持不懈的品质。

尽管面临着巨大的挑战，我们还是有理由乐观的。正如学校变革的权威人士迈克尔·富兰（Michael Fulan，2007）所说，"我相信，我们比任何时候都更接近于知道必须要做什么才能让所有的教室和学校参与持续改革"。他之所以乐观，是因为"培养专业学习共同体已经成为最有效的改革措施"，并且，"对专业学习共同体的定义越来越明确"。更重要的是，"对专业学习共同体的媒体及提供帮助的相关资源也越来越明确"。

富兰并非个例。马尔科姆·格拉德威尔（Malcolm Gladwell）在《临界点》（*The Tipping Point*）中描述到，"当一个想法、一种潮流或社会行为跨越门槛、穿过顶端，并像野火一样蔓延的神奇时刻"（2002，back cover），当组织中的几个关键人物——这些人物往往是被高度重视并与他人紧密相关的（少数人法则）——用一种令人难忘的方式提出一个极具说服力的论点（附着力法则），并导致了组织环境的微妙变化（环境威力法则）时，就达到了临界点。

少数人法则在专业工作中似乎起到关键性的影响作用，而他们已经纷纷支持PLC理念。几乎每一个领先的教育研究者和几乎所有的教育专业组织都已经认可PLC。

越来越多的学校和地区已经成为表现优秀的专业学习共同体，他们也支持了PLC概念论点里的"附着性"。今天，北美洲各地的示范网站有助于说服教育工作者，这个概念不仅是可取的，而且是可行的。事实上，整个学区都在实施这一理念，这使其学生学业水平提高了，这表明PLC的理念并不局限于个别学校孤立的成功故事，而是可以代表较大规模组织的共同准则。

最后，与大多数关注结构的教育改革不同，专业学习共同体旨在改变学校和学区的环境和文化。更为重要的是，它创造的语境变化与改变人们行为的最有力的手段相一致。科里·帕特森（Kerry Patterson，2008）和他的同事们发现，社会关系中同伴的压力是影响他人行为最强有力也是最易让人接受的方式。这一手段在人们孤立工作的组织中几乎是不可能存在的。所以专业学习共同体通过打破隔离之墙，来确保人们在真正意义上展开团队合作，即工作中相互依赖，为实现共同的目标而相互承担责任，从而实现环境的转变。

另一个强有力的促进改变的手段，特别是对教育工作者们来说，是不容否认的效果更好的具体证据（Elmore，2004；Fullan，2008；Patterson et al.；2008）。这一手段在不注重分享结果、让教师个人进行评价数据分析的学校与学区是不可能发挥作用的。所以专业学习共同体通过使用经常性的共同评估，并使结果透明来实现环境变革，以便教师们能明确个人和集体的优势与劣势，并据此采取相应的行动。

最后，帕特森（2008）认为，"最伟大的演说家"和"认知地图改变的始祖"是"个体经验"。成功实施PLC的学校和地区在为整个组织中的人创造新的经验方面做出了非常有意义的努力。这种概念对在传统学校工作的教师们来说是一种新的体验——合作而非独自解决问题、使用共同的形成性评价而非仅仅打个分数、为系统的运作共同努力而非将问题扔给个人。因此，PLC改变了学校教育的语境，正如富兰（2007）总结的，"只有当你改变环境时，才能真正发生改进"。

或许我们正在接近国家教学与美国未来教学委员会（2003）所描述的历史时刻——专业学习共同体"不再被认为是乌托邦式的想象"，而是"建立新的美国学校的基石"。也许我们正在逼近"从改革到真实合作的临界点，这代表着教育实践的历史性转变……当一所学校由于缺乏强大的专业学习共同体而无所适从时，我们就成功了"（Schmoker，2004）。

从实践中学

致力于帮助学生获得对未来至关重要的知识、技能和性情的教育工作者，必须从提升学生成绩需要、改变成人行为这一假设出发。教师、校长以及教育行政人员必须发展他们自身作为PLC成员的个体与团队能力，而发展这一能力的最好策略即从实践中学——换句话说，从事对PLC至关重要的工作。

> 致力于帮助学生获得对未来至关重要的知识、技能和性情的教育工作者，必须从提升学生成绩需要、改变成人行为这一假设出发。

假设对学生成功至关重要的技能在可预见的将来保持不变是不现实的。学生与教师们都将面临我们今天无法预料的艰巨挑战。但是，如果在学校和社区中，教育工作者共同协作而非孤立工作；开展集体调查，处理学生学习中的关键问题；建立共享的实践性知识以解决问题；持续地收集学生学习的证据以改进专业实践；对学生的学习需求适时反馈；持续地推动改进等，那么克服这些挑战的机会将大大增加。

参考文献

Black, P., & Wiliam, D. (1998). The formative purpose: Assessment must first promote learning. In M. Wilson (Ed.), *Towards coherence between classroom assessment and accountability* (pp. 20–50). Chicago: University of Chicago Press.

Blanchard, K. (2007). *Leading at a higher level: Blanchard on leadership and creating high performing organizations*. New York: Prentice Hall.

Council of Chief State School Officers. (2009). *Common core state standards initiative*. Accessed at www.CoreStandards.org/Files/CCSSIOne-Page.pdf on August 8, 2009.

DuFour, R., DuFour, R., Eaker, R., & Many, T. (2006). *Learning by doing: A handbook for professional learning communities at work*. Bloomington, IN: Solution Tree Press.

Elmore, R. F. (2004). *School reform from the inside out: Policy, practice, and performance*. Cambridge, MA: Harvard Educational Press.

Fullan, M. (2007). *The new meaning of educational change* (4th ed.). New York: Teachers College Press.

Fullan, M. (2008). *The six secrets of change: What the best leaders do to help their organizations survive and thrive*. San Francisco: Jossey-Bass.

Gladwell, M. (2002). *The tipping point: How little things can make a big difference*. Boston: Back Bay Books.

作者简介

理查德·杜富尔 Richard DuFour

理查德·杜富尔,教育学博士,曾在公立学校任教34年,在伊利诺伊州林肯史蒂文森中学担任老师、校长和督学。在他的任期内,史蒂文森中学成为了美国教育部(USDE)所描述的"美国最被认可的和最著名的学校"。史蒂文森中学是曾四次赢得美国教育部蓝带奖的三所学校之一。美国教育部指定了五所新美国高中,史蒂文森中学作为成功的学校改革典范位列其中。杜富尔写了多本有关专业学习共同体(PLCs)的理论与实践方面的著作,并在其中强调使用史蒂文森模型。

丽贝卡·杜富尔 Rebecca DuFour

丽贝卡·杜富尔,教育学硕士,曾担任教师、学校管理人员和中央局协调员。作为前小学校长,杜富尔帮助她所在的学校获得州和国家共同认可的专业学习共同体的模范学校。杜富尔共同参与执笔多本有关PLCs主题的书籍以及参与编制相关系列视频。

在这一章中,杜富尔夫妇探讨了面向21世纪技能教学的学校环境。他们注意到,最适合开展21世纪技能伙伴关系所倡导的生活和职业技能教育的环境是专业的学习共同体。基于此,他们认为,PLC是实现21世纪技能倡导者所设想的变革的必要工具。

第5章

新加坡愿景：少教多学

罗宾·福格蒂　布莱恩·M·皮特

　　新加坡教育框架愿景——"少教多学"，是为了迈入21世纪而创建的（Singapore Ministry of Education，2004）。这一教育框架愿景是一个更大框架的其中一部分，这个大框架由四个独立又相互关联的部分构成：（1）国家愿景；（2）教育愿景；（3）实施学校变革愿景；（4）合作建构专业学习共同体愿景——这对每所学校的变革都是必要的。

　　这四种截然不同但相互依存的愿景所产生的协同效应为新加坡学校的重大变革提供了催化剂。事实上，正是这些要素的融合，使得国家的变革之路成为了一个教育范例。这四种愿景共同推动了以往公认做法的实质性转变，并支持新加坡教育体制的转变，以迎接21世纪的挑战。这些愿景为其他国家描绘了一幅蓝图，让其他国家在开启21世纪的变革之旅中展开思考。这一框架如表5.1所示。

表5.1　新加坡愿景框架

愿景一	国家愿景：思考型学校，学习型国家
愿景二	教育愿景：少教多学
愿景三	实施愿景：紧，松，紧
愿景四	合作愿景：专业学习共同体

愿景一：国家愿景

　　思考型学校和学习型国家是框架中的第一个愿景。这个国家的总体愿景深深植根于新加坡所有学校的教育理念中。它定义了整个国家的荣光计划,致力于建立一个有声望且卓越的教育体系。思考型学校、学习型国家旨在构建一套核心的生活技能(学会思考、学会创造、学会解决问题)、态度(学会协作、保持好奇心)和性格特质(对不确定性或模糊事物的承受力、持久性),培养出具有创新精神和进取观念的学生。这与个人和国家的繁荣与幸福是密不可分的。这一愿景展示出一种国家形象,能鼓舞人心并启迪希望。

新加坡具有独特的城市、省份和国家间的同步性,方便政府计划、实施和支持广泛的变革。凭借这种同步性,他们能够在变革过程的各个层面上更好地协调规划、实施,并使其制度化。他们能够在社区、学校和国家中获得支持。本质来说,他们能够打造出有意义的和持久变革所必需的关键群体。

愿景二:教育愿景

"少教多学"是框架中的第二个愿景。它与第一个愿景融为一体,并且以"指导学生自主学习而非灌输式学习"为目标(Loong,2004)。"少教多学"这一教育愿景为从20世纪教育到21世纪技能的转型打下了坚实稳固的基础。

21世纪技能伙伴关系(2007)所定义的21世纪技能,是"少教多学"愿景中所内含的技能,包含学习和创新,职业技能,信息、媒体和技术技能以及实践生活技能(家庭、学校、社区、州和国家)等全球性技能。这些都是与各种传统核心学科课程并列的,并与21世纪的主题紧密相关,如全球化意识、金融、经济、商业、创业、公民、卫生和健康素养等。"少教多学"的愿景在试点学校中得以展现,这些试点学校被称为"少教多学"(TLLM)先驱学校。"少教多学"先驱学校是通过竞争性的申请程序进入试点项目的,包含各种规模的中小学校,这些学校能够得到精心编制的任务指导,专注于促进学生的内在学习兴趣。

愿景三:实施愿景

"紧、松、紧"是新加坡21世纪框架中的第三个组成部分。学校改革的目标是"少教多学",但是如果没有足够的灵活性来解决当地学校的各种需求,或能够适应固定的制约因素,那么学校改革就几乎没有可持续性。"紧、松、紧"模式既坚持中心设计原则,又具有对任何学校或学区的需求、资源限制和特殊之处的预期适应性（松），基于上述这些与理论框架并不冲突（紧），并最终实现既定目标和预期结果（紧）。新加坡领导人明智地鼓励执行这一"紧、松、紧"的哲学理念（Wylie，2008）。虽然领导层没有提供具体的模式，但他们通过"紧、松、紧"模式的理论基础来鼓励创造性的和深远的思考，并且倡导一个由具体学校工作人员的创新性思维所塑造的变革框架。

愿景四：合作愿景

专业学习共同体是愿景框架的第四个组成部分。这一点基于理查德·杜富尔（Richard DuFour）和罗伯特·伊克尔（Robert Eaker）（DuFour & Eaker，1998）在专业学习社区（PLCs）方面所做的开创性工作，使新加坡的变革框架变得完整。作为国家改革计划的一部分，学校通过教育部、"少教多学"学校网络以及自己的专业发展规划团队，获得专业发展机会，发挥专业学习共同体的作用。虽然每个专业学习共同体开始并不擅长这一变革过程，但是这些专业学习共同体仍然出现在每一所"少教多学"的试点学校，在不同阶段进行有效地摸索。

"少教多学"先驱学校致力于打造专业学习共同体的愿景。这些学校由教育部负责检验结果。这些学校被寄予厚望，每年都会展现其进步成果。学校由学习团队组成，团队成员之间相互依赖，通过结构化的协作来推动变革过程。协作工作是在专业学习共同体内部和跨组的反复和不完美的实施过程中，最终提炼出每个组的思想结晶。社会话语承载着创造性思想的果实（Vygotsky，1978），教育工作者将此视为他们变革的工具，他们倡导合作精神和团队合作中的同志情谊。团队成员孜孜不倦地致力于推动建立专业学习共同体。最终，经过考验的专业学习共同体在教和学中建立起富有洞察力和启发性的联系。事实上，这是专业学习共同体的一个标志。它们更像是为实现差异化，涌现创造力和实现真正创新的"智囊团"。

"少教多学"

在"思考型学校、学习型国家"口号的鞭策下，"少教多学"这一概念成为充实生活的、终身可持续的学习理念。对于教育部来说，"少教多学"这种自相矛盾的说法，要求我们用一种微妙的视角去"记住我们为什么教，反思我们教什么，重新思考我们怎么教"（Ministry of Education，Singapore，2004）。通过专业学习共同体的集体声音，他们逐渐认识和理解"少教多学"的意义。

乍一看，"少教多学"貌似是自相矛盾的。为什么教师要少教？如果他们这样做了，学生们会学到更多的东西吗？当超越字面意义时，"少教多学"自然而然地成为专业学习共同体中讨论的核心议题。这些专业讨论揭示了答案，随着团队的不断探索，层出不穷的问题不断涌现。例如，一个教师团队讨论培养学生创造性思维和真正冒险的必要性，教师们质疑他们如何培养这种思维能力。这个问题引出了一些关于竞争和顺从的传统行为对创造性思维和风险承担的影响。这一理论是清晰的，但实践路径是复杂的。

当他们一起学习和教学时，专业学习共同体对这个专门的变革过程予以有效承接。变革过程是进化思维，而不是革命思维，一切都始于这些关键的协作对话。

"少教"

"少教"是教师在专业学习共同体中接触到的第一个复杂概念，多数教师较难接受。在一个像新加坡这样的国家里，人们很难理解"少教"这一概念。毫无疑问，新加坡专注于传统的学科内容和日益迫近的高风险考试，其班级规模达

> 变革过程是进化思维，而不是革命性思维，一切都始于这些关键的协作对话。

到40或以上，采用传统的教学模式，有时甚是更为激进的教学方法，而这一切都处于一个充斥着数据、事实、图像和无穷信息的世界。

我们生活在一个知识爆炸的时代。教师被期望在其研究领域承担越来越多的工作，课程涵盖各种信息。人们期望教师了解各领域、全方位的知识，从政治、经济到不断变化的地理数据，再到医学、技术和太空探索，从商业、工业、教育创新到文学、艺术、音乐和戏剧媒体。

此外，即时通讯使得教师的工作日益复杂化。在许多新加坡教师的早期生活中，传真机是一种新的工具。现在，它几乎已经过时了。学校负责人忙于拨款创建电脑实验室，难以置信的是，他们并没有真正触及到有关互联网的知识。现在，简单的手机作为一千万至一千五百万在校学生的新型笔记本电脑首次亮相。这只是教师在这个信息爆炸的社会中努力跟上步伐的技术挑战之一。

在短短的一段时间内，所有报纸、文学作品和字典已经电子化，互动百科和全球定位装置已成为日常现象。整个世界充斥着高速连接、在线交流、博客、维基百科、播客，以及带有时间机器和备份系统的RSS订阅等。搜索引擎（如谷歌、雅虎）可以在毫秒内定位目标。视觉媒体、电影图书馆、视频库存、油管（YouTube）、喜剧时刻、比赛实况和网络游戏都可以全天候使用。

如今，学校教育也步入了数字化时代，借助黑板、Moodle平台和交互式白板等工具，可以随时随地学习。此外，还有网络研究生课程，在线硕士和博士课程，网络研讨会和视频会议，Kindle和维基百科。反过来，社交网络工具，如聚友网（MySpace）、脸书（Facebook）、领英（Linkedin）和推特（Twitter），也提供了即时的个人沟通平台，可以进行近距离或远距离的交流。

手持掌上电脑，为智慧用户提供了数百个应用程序，渗透到学校内外的环境中。打电话、发短信、发邮件、建立索引、组织和处理数据，只不过是熟练的用户可以完成的高级冲浪功能的简单操作。苹果在其开源平台上拥有超过135000个应用程序。有如此多的东西需要我们去了解，新工具每天都在我们的指尖上提供更多的信息，那么，为何在实际中一个变革性的教育政策会提倡"少教"学生呢？

专业学习共同体必须解决"少教"这一教学问题，即使他们可以轻松地教授更多。通过对话，新加坡的老师们逐渐认识到，"少教"并不是意味着他们真的要少教——并非实际的教学时间要少一点，也不是仅仅简化基础学科知识，更不是淡化或简化课程。他们知道，减少教学并不意味着减少核心课程、教授较少的必要知识。同样也不意味着可以抹掉、省略或轻视基本课程的部分内容。随着时间的推移，在许多会议和对话中，他们逐渐接受了"少教"的内涵与字面意思截然不同。

专业学习共同体对"少教"有更深刻的理解，他们必须解决两大重要问题：教什么和如何教。"教什么"涉及基于标准课程的数量/质量，"如何教"直接指向教师采用的教学方式。专业学习共同体的成员致力于处理质量和数量问题。他们知道，各学科的核心课程在他们的学校里一直是至高无上的。尽管仍然受制于新加坡传统的以学科为基础的课程，但他们致力于"少教多学"的美好愿景。他们认识到，必须寻求一种方法来管理大量的课程内容，同时也要考虑到与21世纪技能有关的课程内容的质量问题。

"少教"的一个例子是"少教多学"试点学校重点关注合作学习。"少教多学"试点学校经常采取团队合作的方式，帮助学生发现他们知道什么以及在思考什么。这与传统灌输式的新加坡教学方式是截然不同的；这些新方法有助于引起教师的思考，帮助他们在新旧教学策略中寻求一个平衡点。下文的功能框中展示了一则对话示例。

> **教师1**：让我们以团队合作的方式开展有关环境问题的调查。我们可以拼凑各方面信息，让学生团队研究并分析基本信息。
>
> **教师2**：我们如何保证学生们解决考试所要求的关键问题？当团队开展研究时，学生们可能会随心所欲地进行自己的活动。
>
> **教师3**：我完全明白你的意思。我也有同样的担心，但我从过去的项目中知道，即使采用学生团队的方式确实对内容管理提出了挑战，但最终学生的成果是值得的。
>
> **教师1**：请问您的意思是？
>
> **教师3**：我的意思是，学生们通常会选择一个真正感兴趣的研究方向，这促使他们更加深入地探索，并实现真正意义上的学习。研究是掌握在学生自己手中的，但我们始终会在这一过程中给予指导，并为他们指引基本的学习方向。
>
> **教师2**：你说得对，我对真正的项目学习也有同样的感觉。放弃控制权是很困难的，但我同意这样的做法。让我们采用团队合作的方法吧。

"多学"

通过与专业学习共同体的协作，"少教多学"试点学校的老师们开始用一种不同的视角审视数量/质量问题。虽然传统意义上，他们的体系是通过学科来划分课程的，但他们发现，这种结构可以被有意地转移到21世纪的基本问题、概念主题和生活技能上，以尊重学生学习成果的质量。

当专业学习共同体探究这些基本问题——以真正的探究学习模式所要求的积极的、参与式的学习为特征——的时候，

> 除了提出基本问题外，新加坡专业学习共同体也开始研究概念主题——有关21世纪变革、设计、冲突、结构和正义的主题，并将学习范围扩大到传统的主题内容之外。

他们发现这些都是普遍存在的问题，有许多可能的答案。例如，正义是如何发挥作用的？一个人必须具备哪些学识？冲突的本质是什么？平衡是如何实现的？

"是什么"的问题。除了提出基本问题外，新加坡专业学习共同体也开始研究概念主题——有关21世纪变革、设计、冲突、结构和正义的主题，并将学习

范围扩大到传统的主题内容之外。虽然经济学作为一门学科，是核心课程的重要组成部分，但教师们很快就会发现，当它成为21世纪的主题时，这个概念会产生更持久的影响力。例如，当创业是核心经济学主题的一个支点时，学生就会感受到一个动态的、现代的主题带来的兴奋感。这一主题与现实生活有很大的关联性，其丰富多彩的项目也为学生提供了诸多锻炼的机会，使学生能够在真实的课堂项目中模拟企业家角色。

最后，专业学习共同体转而讨论生活技能。团队成员应该知晓如何学习，学会基于问题的学习，学会如何决策。同时，技术应纳入学科内容，并将其看作是一系列珍贵的终身学习工具，有目的地嵌入有意义的核心课程中，而非仅仅视为用于研究学习单元的隐式工具。

"怎么样"的问题。在许多专业学习共同体课程中，教师重点关注第二个关键问题："如何教"？团队反思了他们如何教学，如何传递信息，以及他们如何接纳将21世纪技能作为设计动态课程基础的选择。

> 他们发现"少教"意味着使用更广泛、更深入的教学方式：互动式教学法、实践学习、协作互动以及课堂上的多模态学习。

我们怎么能做到少教呢？通过分享课堂经验，教师逐渐明白，"少教"意味着减少用说教式的方式向学生灌输信息，减少一些教师话语，减少"灌输"，减少频繁地单向传递。

他们发现"少教"意味着使用更广泛、更深入的教学方式：互动式教学法、实践学习、协作互动以及课堂上的多模态学习。当专业学习共同体检测真实的、参与式的学习模型和技能学习模型时，成员们能够从中观察到并发现各种复杂而强大的课程模型，包括合作学习、大脑协调学习、思维习惯、问题导向式学习、多元智能、综合主题教学、综合课程、设计理解、中介学习、案例研究、创造与创新、差异教学、评估学习、戏剧教学等。专业学习共同体探索并研究是什么使这些模型值得他们细致观察。这也是有关实施愿景——"紧、松、紧"——讨论的开始。在"少教多学"的美好愿景下，团队被赋予了自由选择权，能够广泛而明智地选择教什么以及如何教，从而帮助21世纪的学生学得更多、更快、更深。

当专业学习共同体在积极地为学生寻找合适的理论模型时，讨论往往会引出其他的见解。他们谈论自己如何理解这些真实的、亲身实践的、以学生为中心的学习模式，以及为何他们从未偏离传统意义上被广泛接受的、更具说教性的新加坡课堂模板。他们惊讶于现在被要求从根本上重新定义教学和学习过程。事实上，他们已经意识到自己迫切需要去尊重并尽其所能地实施"少教"的倡议，他们也开始感到更新课程方式的紧迫性。图5.1呈现了专业学习共同体中这一思维的转变过程。

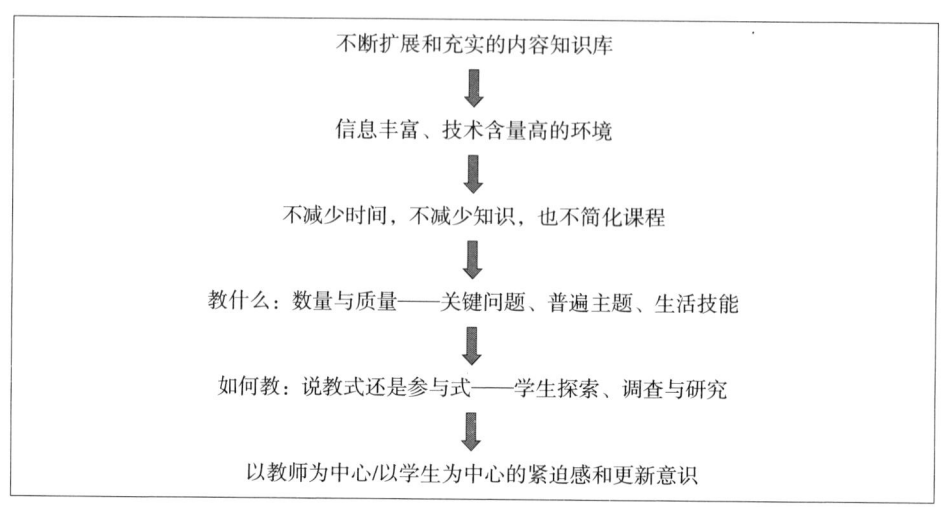

图5.1　专业学习共同体关于"少教"概念的思路流程图

关于教师教什么和如何教的这些关键性对话开始浮出水面，类似的对话也将逐渐成为专业学习共同体会议讨论的话题。教师们随后关注到更多以学生为中心的学习模式，研究这些理论结构是如何推动第一个愿景的第二部分——"多学"的。

学生怎样才能学得更多？从学生的角度出发，"多学"阐述了关于教学和学习过程的两个关键性的基本问题。正如之前提到的问题：学生学习什么？以及他们是如何学习的？

> 即使是从传统学习转向21世纪技能学习，这些教师也明白，基础知识无可争议。

当专业学习共同体探索学生该学些什么时，核心课程成为焦点。即使是从传统学习转向21世纪技能学习，这些教师也明白，基础知识无可争议。这些是既定的学生需要学习的核心知识内容。然而，尚未给定的是迫切需要装备学生的生活技能、学习技能以及面向未来所需的各项技能。

教师们已经意识到，他们所教的学生沉浸在过剩的未来技能中。教师讨论学生如何轻松地适应这些技术工具。他们享受着这些闪亮的新硬件，同时毫不犹豫地接纳着不断丰富的软件应用程序。教师们抱怨，学生们几乎每天都要用技术工具来"玩"。专业学习共同体提供了一个完美的平台来讨论这个众所周知的却经常被忽视的困境：学生们时刻走在技术的前沿。今天学校的学生在他们短暂的一生中没有其他的出路了。然而，人们有时会承认，学校课程在技术整合方面往往远远落后于学生，但很少有兴趣和以诚恳态度来解决问题。

在这样的背景下，专业学习共同体的对话提出，学生需要的不仅仅是基于知识的课程。教师们认识到，学生需要的是一门超越现状的课程；他们需要一个充满活力的、更相关的课程，这些课程与前沿技术相结合，架起一座通往21世纪的快节奏、不断变化、高科技化的生活和学习的桥梁。

> 专业学习共同体的对话提出，学生需要的不仅仅是基于知识的课程。

随着讨论的展开，教师们开始列举生活和学习所需的各种技能：推理、研究和应变的能力；掌握技术、团队建设和团队合作的能力；沟通、合作和分享的能力；创新、发明的能力和勤劳的品性。专业学习共同体对学生如何学习各项技能以培养良好的态度、性情和思维习惯，以及需要丰富、严谨的相关学习经验以沉着地应对21世纪挑战等主题进行探讨。当讨论学生需要学习什么时，专业学习共同体认为这个内容很多且充斥着很多新的项目。他们认识到学习不能仅限于学科专门知识，学生学习的东西必须比现状更进一步。这对专业学习共同体来说是一个激动人心的突破，而且对话还在继续。

随着过程的推进，这些学院式的对话找到了学生如何最好地学习课程的方法。团队对教学方法展开讨论，包括作为教师什么样的方法可行、什么样的方法不可行，其他教师是如何做的，以及他们还没有尝试过做什么。在这些专业的合作对话中，揭示出一整套教学策略。这种真正的专业对话和表达在实践中开始发生变化。

虽然大多数教师认为他们主要是通过大量的事实、数据和推理向学生直接传递信息，但他们在那些他们脱离传统的说教式教学方式的罕见时刻——他们编排了一个单元导向的项目或组织一次有意义的课程之旅——学生的课堂表现是完全不同的。让他们回忆起课堂上那些充满渴望的学习者的热切与参与。教师们彼此交换教学经验：当他们将被动学习者转变为活泼的、积极的参与者时，这就引发了学生的共鸣。

团队还有更多突破性进展。意识到"少教"可以唤起更多学生的课堂参与，教师团队便开始积极尝试挑战传统课程之外的新教学方法。这些强有力的对话都是随着时间的推移而进行的,专业学习共同体也历经数次会议,努力在理论模型上达成一致。他们讨论了学生探究、调查、发现学习、动手实验、探索和解决问题的各种模式;考虑团队协作,聚焦更深入的而非更广泛的课程并确立明确且具有进步性的技术路线;权衡了模型的利弊得失,挖掘出其关注点和优先项,缩小了选择范围。

专业学习共同体一再重申对核心课程的关注,因为他们时刻记得新加坡的高风险考试。然而,他们现在知道,核心课程不能以一种死板的、等待被覆盖的知识形式呈现出来,而应表现为一种充满活力的信息流,以结构化的、有经验的、真实的、相关的及有意义的方式融入生活的挑战中。

"少教多学"的理念在一些学校应用起来是很简单的,但他们关于"教什么"和"如何进行差异教学"的说辞很有说服力。其他一些学校基于"紧、松、紧"的实施愿景,在实行"少教多学"的方法上是复杂而精致的。当学校团队最终实现目标,构建出一个能够满足21世纪学生学习需求的创新课程模型时,这种思想的流动随之发生。(见图5.2)。

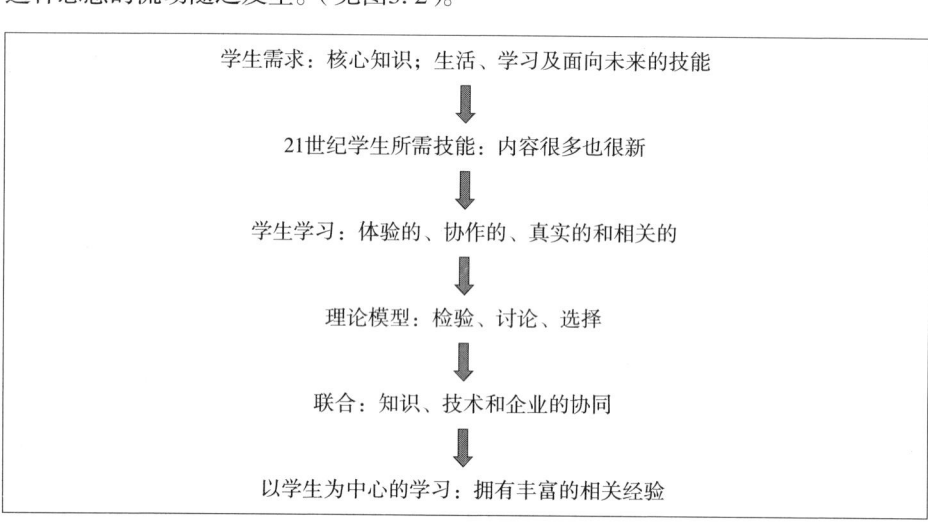

图5.2 专业学习共同体关于"多学"概念的思路流程图

学院式对话的实施结果如何?下面几节给出的示例显示了两所学校的成果。小学示例展示的是一所小学的实施计划,这所小学将传统的课程内容与21世纪技能结合了起来。中学示例描述的是一所中学的课程计划,这所中学严格地将21世纪所需的高科技技术纳入学校课程中。

小学示例

尚育（Changkat）小学的专业学习共同体选择采用一个简单但有力的教学模式（Ministry of Education, Singapore, 2004）。他们用科斯塔（Costa）和卡利克（Kallick, 2000）的整合、持续的思维习惯作为理解叙事文本的理论模型。尚育的老师们知道理解能力在学生的持续成功中发挥的重要作用，所以他们教给学生关于元认知和学习知识的技能，以及对学习的控制能力。他们强调学生的理解：(1) 了解他们知道什么；(2) 了解他们不知道什么；(3) 知晓他们不知道时该做什么。当学生学会理解性阅读时，他们将注意力集中在控制冲动，坚持持续性学习，监控、修改和管理学习等方面。这些学生也被教导如何用一组特定的符号系统地对叙述文本进行更为明确的理解：(+) 新的；(rr) 重读；(?) 问题；(＿＿) 连接；(!) 感叹；(^) 移情；(V) 想象；(*) 研究；(I) 推断；(=) 线索。

这种明确的编码为学生提供了理解和使用特定策略的具体证据，这些策略的使用深化了学生的理解。该编码涉及复杂的思维技能，可用于民族志研究中的定性数据分析和解释。编码过程明显增强了学生对信息文本的理解能力。

这所小学的专业学习共同体认为，这些良好的思维习惯和学习技能将使学生终身受益。乍看之下，这似乎是"少教多学"愿景下较为传统的教学方式，但实际上，它为这些小学生树立了崇高的目标。

在"少教多学"的教学理念下，产生了一些常见的和不常见的教学应用，两者的区别在于教师对核心内容的理解和执行上的微妙转变。要想理解一个故事，需要理解一种经常被提及但并不实际教授的"幻影技能"，和其他明确的阅读理解技能（推理、想象、共情等），这可以通过终身学习来不断提高。

中学示例

句容（Jurong）中学的团队与行业伙伴合作，采用了基于问题的学习方法（Barrows & Tamblyn, 1980）和差异化学习（Tomlinson, 1999），通过一组独特的e-PBL工具（基于问题的学习工具），使学生沉浸于信息通信技术中（Ministry of Education, Singapore, 2004）。作为这种独特体验的一部分，人工智能能够有效处理学生学习意向的相关数据。在这个媒体素养项目中，学生评估信息来源，通过各种媒体工具交流想法，并且负责任且符合伦理地使用技术，这是顺应21世纪愿景的一大强有力举措。

变革的挑战

虽然这些试点学校发生了重大变化，但教师们认识到，他们所做的并非是一门完美的科学。这是一个不完美的、混乱的、人为的过程。然而，专业学习共同体了解学生的首要利益。教师们逐渐认识到，转向以学生为中心的课程模式，学生能够自信并果断地接管正在计划和实施的创新课程项目中学习经验的所有权。

这些都是试验和磨难，这是一种反思性实践的工具和技术，当专业学习共同体逐渐成熟时，团队成员之间会逐渐磨合并适应，建立起一种集体意识，并开始感到有能力继续执行他们的使命。

> 教师开始跨越孤立的学科界限，寻找与21世纪技能相结合的更丰富、更充实、更有意义的课程。

在对核心课程和以学生为中心的21世纪技能的双重关注中，教学的更新渐渐浮出水面。通过专业学习共同体的合作对话，"少教多学"的二分法思想的弊端被揭露出来，学校团队将继续挖掘他们选择的理论模型，并推进其核心课程内容的整合过程。

随着课程设计的发展，愿景中"多学"的部分开始成形。教师们开始理解为什么"少教多学"并不是字面上的多与少。他们开始认识到"少教多学"的愿景需要有激情和远见，教学的内容要与现实有关联，教学的方式要丰富多样。教师开始跨越孤立的学科界限，寻找与21世纪技能相结合的更丰富、更充实、更有意义的课程。

对学生学习内容以及学习方式的考察，是新加坡教育愿景中"多学"元素的核心。专业学习共同体不断地讨论，他们更多考虑的是学生的学习要与学生当下的以及将来的生活世界密切联系。当学生带着一种责任感去学习时，他们会学到更多；当学生学会有效运用各种必要的技术工具时，他们也能更加从容地应对未来的挑战。当学生掌握适合他们自己的学习方式时，当他们拥有选择权时，当他们必须为完成任务而奋斗时，当他们体验到成功的喜悦时，他们会学到更多的东西。教师从传统的教育观念向21世纪崭新的教育理念转变，这些学院式谈话所起到的作用却无法衡量。实践一次又一次地证明，教师作为一个专业的学习社群，开始接受新兴的"少教多学"哲学，并且反过来进一步促进了这些教师成为反思性实践者，专注于他们所创造的成果。

通向21世纪的桥梁

在这个不完美的变革过程中，一切都不是完美的——由不完美的人类设计的，也并非完美地发挥着专业学习共同体的作用。然而，随着这一进程的展开，当学校团队通过创造高水平的考试成绩以保持全球领先地位时，他们也在努力转向参与性学习，而这也将预示着考试的重要性可能不如过去。尽管如此，这些学校继续证明着学生的成功，并且仍然是世界上受欢迎和受尊重的学校之一，因为他们愿意接受这个双重任务所带来的挑战。

"少教多学"先行试点学校将21世纪的核心课程概念化，超越了传统学校的基础学习。这些学校正在试图发掘教师和学生的创造性思维，调动学生的才智和能力，并努力践行新加坡"构建思考型学校、打造学习型国家"的崇高使命。这就是新加坡教育工作者如何为21世纪做准备的来龙去脉。

> 随着这一进程的展开，当学校团队通过创造高水平的考试成绩以保持全球领先地位时，他们也在努力转向参与性学习，而这也将预示着考试的重要性可能不如过去。

这个故事尚未完结，仍然存在许多未知的问题：新加坡之路对其他国家的学校有何启示？为在不同系统的应用提供了哪些经验教训？学校领导者在探寻21世纪技能的过程中，有哪些可以借鉴的地方？新加坡之路与其他引领21世纪技能的人或事又有何关联呢？

新加坡的框架十分有远见，任何教育团体都能从其包含的四个愿景中得到启示。新加坡的愿景可以启发、引导并搭建桥梁，可以具体化、教导和授权，可以接纳、体现、转移和转化，也可以开展对话、激起辩论，并成为反思的源泉。

"少教多学"这一口号很简单。这个愿景是学校系统中专业学习共同体对话的框架和动力。同事之间的日常对话开始演变为学校团队的实际任务。这里没有奇迹，从这些专业学习共同体中学习到的是协作、沟通和颂扬。有远见的愿景探索、创造性的思考、真实的学习和充满活力的合作，以及应对挑战和变革——这些宝贵的经验为全世界各地的学校和教师提供借鉴。

参考文献

Barrows, H. S., & Tamblyn, R. M. (1980). *Problem-based learning: An approach to medical education.* New York: Springer.

Costa, A. L., & Kallick, B. (Eds.). (2000). *Integrating and sustaining habits of mind.* Alexandria, VA: Association for Supervision and Curriculum Development.

DuFour, R., & Eaker, R. (1998). *Professional learning communities at work: Best practices for enhancing student achievement.* Bloomington, IN: Solution Tree Press.

Loong, L. H. (2004, August 12). *Our future of opportunity and promise.* Speech presented at the Singapore National Day Rally, Singapore. Accessed at www. pmo. gov. sg/NR/rdonlyres/63C7AA0A-FC1B-45C8-9FC3-3310E29E5057/0/2004NDR_English. doc on April 30, 2009.

Ministry of Education, Singapore. (2004). *Teach less, learn more: Reigniting passion and mission.* Singapore: Ministry of Education. Accessed at www. MOE. edu. sg/bluesky/tllm on May 30, 2009.

Partnership for 21st Century Skills. (2007). Framework for 21st century learning. Accessed at www. 21stcenturyskills. org/index. php? Itemid=120 & id=254 & option=com_content & task=view on May 30, 2009.

Tomlinson, C. A. (1999). *The differentiated classroom: Responding to the needs of all learners.*

Alexandria, VA: Association for Supervision and Curriculum Development.

Vygotsky, L. S. (1978). *Mind in society: The development of higher psychological processes.* Cambridge, MA: Harvard University Press.

Wylie, E. C. (Ed.). (2008). *Tight but loose: Scaling up teacher professional development in diverse contexts.* Accessed at www. ets. org/Media/Research/pdf/RR-08-29. pdf on April 30, 2009.

作者简介

罗宾·福格蒂　Robin Fogarty

　　罗宾·福格蒂博士是罗宾·福格蒂联合有限公司的总裁,该公司是一家位于芝加哥的教育咨询与出版公司。罗宾·福格蒂是思考型课堂的倡导者,她在全球范围内培养致力于课程、教学和评估策略的教育工作者。她在从幼儿园到大学的各级教育系统任教,并担任管理人员,给全球各地的政府和教育部做咨询。此外,她还是位高产的作家。

布莱恩·M·皮特　Brain M. Pete

　　布莱恩·M·皮特是罗宾·福格蒂联合有限公司的共同创始人。他出生在一个教育世家,有十分丰富的专业发展经验,他的家人中有大学教授、学校负责人、教师以及培养教师的教师。皮特观察并记录了来自世界各地的任课教师和专家学者的课堂,录制了许多教育视频。

　　福格蒂和皮特曾担任新加坡的教育顾问,在这一章中,他们将重点探讨新加坡首创的"少教多学"愿景。福格蒂和皮特分享了教师们在新旧教育模式间徘徊的心路历程,他们想要冲破专制的旧教育枷锁以及激烈的学校竞争,尝试建立决策共享和合作学习的新教育模式,新教育鼓励学生进行意义建构而非死记硬背。

第6章

设计新的学习环境
以支持21世纪技能

鲍勃·皮尔曼

参观美国各地的新校舍,在这些美丽、崭新(有时候也充满绿意的)的设施后,你仍然会看到那些传统老旧的教室,每间教室大概在210~270平方米,专门为了让老师站在一个30人的班级前而设计。教室里,这些学生整齐地坐着,听课、做笔记、完成练习题。是的,你可能会看到教室前面还有电脑和交互式白板,但除此之外,几乎没有任何改变。

穿越大洋来到英国,政府花了六年时间,投入80亿美元开展建造未来学校(Building Schools of the Future,BSF)的计划,以重建或革新这个国家的每一所中学。一些重要的创新由此开始出现。许多地方教育部门的志向是很高远的:"BSF被视为英国教育转型的催化剂。BSF不仅仅是一个对学校建筑改造的项目,而且也一定不能是'新瓶装旧酒'。"(Hertfordshire Grid for Learning, 2009)然而,在现实的改革浪潮中,我们所看到的那些举措大多数仍然形同"旧酒"——传统教育。但因为英国的进程如此深入,涉及了更多的机构、公司、地方教育当局,还有学生的声音,因此,一些重大的创新也正在出现。

美国在学校教育方面一直有创新,在21世纪的头十年也不例外。但这主要是通过非盈利性学校发展组织来实现的。联邦政府或州政府很少有创新举措。Big Picture Learning联合创始人埃利奥特·沃世尔(Elliot Washor,2003)对这些趋势进行研究,发现学校设施方面几乎没有创新:

在有关学校设施设计研究和文献综述中出现了三个主题。第一,设施设计已被证明对学习有影响。第二,这些设计已被证明对学生和在学校工作的其他人有影响。第三,学校设施设计方面的创新很少。

一切都没有发生变化吗？今天的学生和他们的父母有所不同吗？他们是否带着与上一代人不同的能力和兴趣来到学校？新的技术手段是否促进了以学习者为中心的方法进入到教育中了（Watson & Riegeluth，2008）？这个扁平化的新世界是否极大拓展了学生成为成功的劳动者和获得公民所需的知识和技能了呢？

如果这些变化真的发生了，那么学校现在就可以由以教师为导向的整体教学，向构建以学习者为中心、倡导学生合作文化的工作坊形式转变。美国和英国对许多新学校的设计已经做到了这一点。回顾这些新的21世纪学习环境和学校设施建设的成功实践经验，将有助于学校设计者、开发者、教育工作者、公民以及商业领袖创建下一代创新型学校。

数字原住民的不安

大量的出版物阐明了当今学生的新行为和能力。从唐·泰普斯科特（Don Tapscott）的《数字成长：网络一代的兴起》（Growing Up Digital：The Rise of the Net Generation，2001），到马克·派伦斯基（Marc Prensky）的《数字原住民，数字移民》（Digital Natives，Digital Immigrants，2001），再到弗兰克·凯利（Frank S. Kelly）、特德·麦凯恩（Ted McCain）和伊恩·朱克斯（Ian Jukes）的最新作品《面向数字一代的教学：不再千篇一律的高中》（Teaching the Digital Generation：No More Cookie-Cutter High Schools，2008）。

在所有这些出版物中，一个关键论点就是当学生参与其中时学得最好，并且他们可以完成大部分的工作。派伦斯基呼吁从"说教的教学法"向"儿童在教师指导下自学的'新'的教学法"转变。

这并不令人惊讶。这些学生是千禧一代——数字原住民，社交网络用户，渴望独立工作或与他人合作。在家中，他们可能配备着电脑、网络还有智能手机。在学校，他们通常坐在小课桌旁，转动着铅笔或钢笔，做着练习题。

21世纪新技能与教学法

美国及其他国家正在逐步达成共识，即21世纪的知识和技能不仅建立在核心内容知识的基础上，还包括信息和沟通技能、思维和解决问题能力、人际交往和自我指导的技能，以及利用21世纪工具的技能，如信息和通信技术。21世纪技能伙伴关系（2003）定义并阐述了这些21世纪的技能（请参阅本书前言）。

美国、英国及其他国家的新标准往往强调创造力、批判性思维、问题解决能力及沟通能力等。然而，很少有课程将这些标准作为学习成果付诸实践，很少有国家在全国或州级考试甚至课堂实践中对这些标准进行评估。然而，通过强调项目，使用透明的评估标准对学生、作品、演示和展览进行真实评估，相关工作者已经在课堂层面取得了进展。

> 美国及国外的创新者已经采用了新的教学法——项目式学习（project-based learning，PBL），并采用表现性评价（performance assessment）——作为激励和挑战学生的最佳方式，并为他们提供指向21世纪知识与技能的学习经验。

在英国和美国，已经开展了十多年的基于标准和问责的运动。在迅速变化并不断全球化的世界中，仍然以标准为基础，侧重于基本技能的学校问责制度的局限已经清晰显现出来，呼吁改革的声音已经从各地传来。

在英国，由保罗·哈姆林基金会（Paul Hamlyn Foundation）支持的创新部门发表了《学习未来：学与教的下一步实践》（*Next Practice in Learning and Teaching*, 2008），其中"阐明了为了激发年轻人，教学法需要创新的原因"：

一个新的争论正在成为中心。不再是关于标准和结构的常见的辩论，而是讨论年轻人如何在21世纪实现最优学习，以及我们如何使学校（和那些在学校工作的人）充满活力地参与其中，而不仅仅是强调成绩。通过关注年轻人如何选择学习方式，在学校环境中学习动机和学习热情意味着什么，以及我们如何更加重视学生的参与和声音，自然会增加对课堂内外所发生的事情的关注。这是一种对新的教学法的关注，在当下的中学教育中并不突出，但却形成了新一轮工作计划的核心。（Paul Hamlyn Folindation and the Innovation Unit）

美国及国外的创新者已经采用了新的教学法——项目式学习（project-based learning，PBL），并采用表现性评价（performance assessment）——作为激励和挑战学生的最佳方式，并为他们提供指向21世纪知识与技能的学习经验。

项目式学习和问题式学习——21世纪学习的关键

正如马克·派伦斯基所倡导的那样，学校如何从"说教"走向"教师指导下学生自学的'新'教学法"（Prensky，2008）？根据新技术基金会（New Techonology Foundation，NTF）首席学术官保罗·柯蒂斯（Paul Curtis）的说法，需要的是"一种新的教学方式，更能体现我们希望每个学生实现、展示和记录的目标"（Pearlman，2006）。

从2001年起，位于加利福尼亚州纳帕市的新技术基金会（NTF）基于加州纳帕新技术高中的模式和实践，已经帮助美国10个州的51个共同体发起并实施了21世纪高中工程。新技术高中的经验就是通过项目式学习（PBL），使学生能够达成最优学习、生产并建构知识。

巴克教育研究所（Buck Institute of Education）与NTF拥有同样严格的PBL方法，将基于标准的PBL定义为"一种系统的教学方法，通过使学生致力于广泛的调查过程，围绕复杂、真实的问题和精心设计的产品和任务，从而习得知识和技能"（Buck Institute of Education，2003）。

新技术学校的项目通常长达一至三周。新技术教师通过引导学生进入一个现实的真实的项目来开启每个单元，从而引起他们的兴趣，并形成学生需要知道的信息列表。项目旨在解决复杂的问题，需要批判性思考。一些项目案例包括向国会提出解决石油危机的计划，或根据NASA的合同发明宇航员可以在月球上玩的新体育运动，以便他们可以得到锻炼。

通过项目，新技术教师能够嵌入所有的学习成果（内容和21世纪技能），并对其进行评估。所有科目和跨学科课程的学习成果都是相同的。项目在内容、合作、书面沟通、口头沟通、批判性思维等方面具有相关标准，全部在线发布给学生，以便他们自己决定达到基础水平、精通水平还是高级水平。

学习评价

有效的学习评价为学生提供了关于自己学习的即时信息，并将其与需要做得更好的标准表现联系起来。在新技术学校，学生可以访问在线成绩网站。当有新的评估信息时可以更新项目成绩和所有学习成果。平常的综合课程成绩也可用于每个科目，以及跨学科课程。学生及其家长可随时随地查看其成绩。

自我评价是学习评价的关键要素。学生每天都会查看成绩，查看每一个项目达成基本水平、精通水平或高级水平的标准。通过使评价标准透明化和可理解化，学生可以自己决定希望实现的表现目标或水平。这些及时的反馈及评价标准为学生提供了培养自主行动所需的信息。

在项目结束时，学生团队向社区专家和家长进行展示。社区专家和家长依据学生团队的产品和沟通技巧（包括口头和书面），对他们进行评价。新技术学校的学生还会对他们团队成员的合作能力进行评价，并了解他们的伙伴是如何评价他们的合作能力。他们也对所学到的内容以及如何进一步改进项目进行反思。

从教学创新到学校设施创新

> 自我评价是学习评价的关键要素。

学校今天必须接受新的教学法，让21世纪的学生能够获得并掌握21世纪技能。一旦他们接受教学理念上的必要改变，他们便会意识到物理学习环境同样需要改变。"你需要先了解项目中需要哪些改变，而非开始就对物理环境进行改变，"芝加哥职业生涯学院前任校长贝蒂·德斯奔萨·格林（Betty Despenza-Green）这样说道："之后你会发现现有结构的不足。基于此，再对物理环境进行改造。"（Davidson，2001）

埃利奥特·沃世尔（2003）呼吁学校开发人员"将教学设计融入学校设施中"。Rubida研究中心的学习环境主任肯恩·费舍尔（Kenn Fisher）将教学法和空间联系起来，以设计新的学习环境（Fisher，2005）。费舍尔进一步将教学法分成五个不同方面：传递、应用、创造、沟通、决策，所有这些方面都是新的环境需要考虑的。

设计21世纪学校和新的学习环境要从对结果的定义开始。我们必须知道，"21世纪学生需要什么样的知识和技能？"但真正的设计需要进一步深入并解决以下问题：

- 什么样的教学法、课程、活动和经验能够促进21世纪学习？
- 无论是校本层面还是国家层面，什么样的学习评价可以促进学生学习结果、学生参与和自我指导？
- 技术如何支持21世纪学习环境的教学法、课程和评价？
- 什么样的物理学习环境（课堂、学校和现实世界）可以促进21世纪学生学习？

在定义了这些结果之后，关键的设计问题可能如图6.1所示。

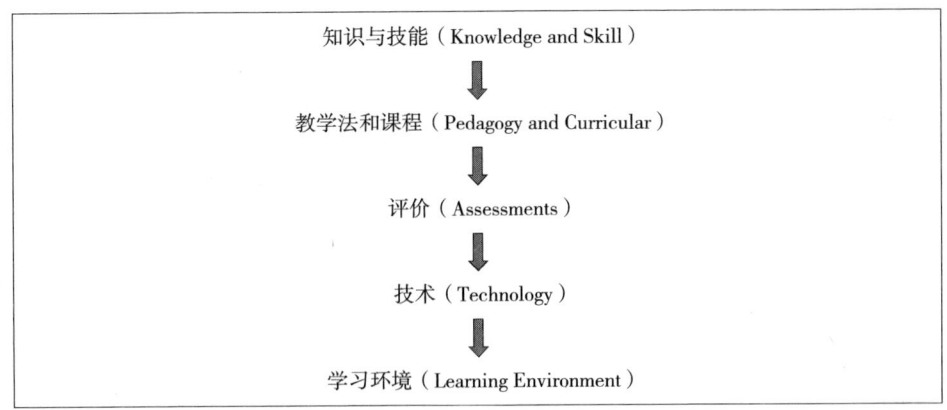

图6.1 21世纪合作学习环境设计标准

21世纪学习是什么样的

今天，走进任何国家的任意一所学校的课堂，你将看到的大多还是教师指导下的集体教学。然而，走进新技术高中的课堂，你看到的将是学生在工作中自学——在线撰写文章、在互联网上开展研究、通过分组会议设计并制作他们自己的网站和数字媒体演示，并对其他同伴的合作技能和展示技能进行评估。另一位教师的学生们也在课堂中，参与由教学团队开设的跨学科课程。

这种课堂学习环境看起来有很大的不同。跨学科课程在规模上是双倍的，有两组学生，两名教师和双版块课时。教室由工作台和可滚动的椅子组成，而不是只有单独的课桌。每个学生都有台式电脑或笔记本电脑。这些桌子可以被合并在一起，以满足学生开展小组合作，或教师发起的围绕学生"需要知道什么"的工作坊或研讨会的需要。教室

> 今天，走进任何国家的任意一所学校的课堂，你将看到的大多还是教师指导下的集体教学。

或学生工作室也可以作为一个设计工作室，甚至作为项目结束时学生进行展示的场所。教室可以被布置成一方面能够容纳一些学生项目团队的研讨会或工作室，一方面又能保证其他人正常学习的空间。

除此之外，在这里还有很多玻璃。玻璃墙或大块的玻璃窗可以让学生或来访的人们清晰地看到学校课堂中的真实情况。

英国新中学和学习环境高级顾问加雷思·朗（Gareth Long）在其对开曼群

岛校区开发的工作日志中写道：

正在建立的新的学习环境旨在提高总体的灵活性，并能够不断地对自身进行重新配置。它们将允许项目式学习而非基于学科的学习，并且使教师能够回应阶段和特定主题之间的"模糊性"。延长的课程和跨学科课程的持续趋势减少了学生运动的需要，并增加了空间的有效使用，教师和学生可以采用多种教学风格和学习风格。它们可供全天候全方位使用。

学生是怎么说的

在英国，已经做了很多工作来征求学生的意见让其参与到对新建或改建中学的设计过程中。[①]学生参与是受到"我想要的学校"（Birket，2001）的启发，这是一场由《卫报》组织的面对英国学生的全国性论文竞赛（1967年和2001年举行），随后同名书出版（Blishen，1969；Bruke & Grosvenor，2003）。

2005年4月至6月，在英格兰西北部利物浦的诺斯利大都市自治市议会（Knowsley Metropolitan Borough Council），学校工作处发起了一个项目，让当地的学校社区参与到八个新学习中心的设计中去。学生参与者确定了他们学习的关键方式：

- 观察
- 注意
- 思考
- 匹配/比较
- 创造力

- 倾听
- 寻找
- 协商
- 团队合作
- 学习

诺斯利从学生的参与以及教师和家长的意见中得出的结论是，必须改变教学法来实现这些学习模式，新的学习环境和设施应该支持这些新模式（School Works，2005）。

体验了新的教学法的孩子们更加解他们的学习功能和学习环境所需的形式。在2009年开放式建筑挑战赛中，加利福尼亚州帕新技术中学的学生对参与者SHW集团建筑师的未来课堂设计做出以下评论（Open Architecture Network，

---

① 英国的中学是从七年级到十一年级，有时也包括十二年级和十三年级。

2008):

柯林:要真正参与其中,我需要有一个互动的环境,在这样的环境中让我既可以感觉与其他人相联系,也可以找到一个独处思考的地方。我可以轻松获得我可能想用于学习的所有工具。我需要能够调整空间以使其更加舒适,并适应我们正在做的活动。

扎伊拉:在项目式学习过程中,我们体验了各种活动。我们从组建团队和分析问题开始。然后,我们决定需要知道的内容以及获取信息的方式。我们有研究阶段、问题解决阶段和演示阶段。对于所有这些活动,我们需要特定的工具,并需要能够相应地安排空间。此外,有不同的团队在不同的时间,可能处于不同的阶段,所以在同一个教室中,我们需要灵活地拥有多种选择。

"教室不复存在!":学校设计的语言

"再也没有教室了!教室不复存在了!不要再建教室了",西北大学学习科学研究所创始人罗杰·尚克(Roger Schank)这样说道(Fielding, 1999)。尚克看到三种重要的学生工作模式:计算机工作,与他人交谈,做事情。他认为,这些模式需要三种不同的学习环境:集中式工作环境,协同式工作环境和项目式工作环境。

创新者不再谈起教室了。相反,正如埃利奥特·沃世尔、兰达·菲尔丁(Randall Fielding)和普拉卡什·奈尔(Prakash Nair)所呼吁的那样,他们通过改变语言,从而改变心智。菲尔丁、奈尔与杰弗里·莱可妮(Jeffrey Lackney)合著了《学校设计语言:21世纪学校设计模式》(*The Language of School Design: Design Patterns for 21st Century Schools*, 2005)一书,这本书对许多国家的新设计产生了很大的影响。现在,学生会在学习工作室、学习广场和家庭基地学习。他们根据需要将环境转换成许多不同的扩展学习领域和合作区,包括项目规划室、工作室和其他突破区域。

肯恩·费舍尔(2005)将教学法融入许多学习空间中:学生大本营、合作孵化器、存储空间、专业和重点实验室、项目空间和湿地、户外学习空间、展示空间、突破空间、个人学习空间、小组学习空间、演示空间和教师会议空间。大多数创新学校仍然设有专门的教室来制作东西,包括艺术、工程、媒体和设计实验室。教室、图书馆和实验室曾经是学生上课时间里的仅有场所。无线网络、笔记本电脑和项目式学习已经改变了这一点。就在几年前，笔记本电脑的功能还不足以处理高级应用程序。同样，无线网络在一对一的环境中甚至没有足够的能力来支持400名学生的持续上网问题。然而，现在这些都成为了现实。所有的学校空间都转变成潜在的扩展学习领域，甚至是走廊和壁龛。

21世纪学校中的技术

21世纪学校的特色是学生在工作。教学法——基于项目的课程和相应的表现性评价——使这种新的学校形式成为可能。然而，技术和新的学习环境则为这一新的合作文化提供了有力支持。

> 21世纪学校的特色是学生在工作。

学生利用新的技术工具成为知识的研究者和生产者。最优质的21世纪学校为每个学生提供了在无线环境中使用的笔记本电脑。但是，如果没有新的教学法和学习环境，即使是每个学生一台电脑，就个人计算机能力而言，也根本不是解决方案。

21世纪学校的学生首先会使用电脑和互联网来研究他们的项目。他们通过互联网搜索到他们需要的信息，还可以通过电子邮件通信和Skype视频采访专家。然后，单独或在合作团队中工作，他们构建产品——模型、小宣传册、视频、播客、网站、幻灯片、数字档案袋等。最后，他们利用技术将他们的发现呈现给作为真实观众的共同体专家。

计算机、摄像机和交互式白板在21世纪的PBL教室中都作为学生的工具应用到生活中。较新的Web 2.0工具——包括博客、维基和社交网站，为个人和合作工作提供了丰富的工具。学生利用所有这些工具成为知识的研究者和生产者。

但是，为学生配备适当的技术和工具只是开始而非结束。他们还需要全天候查看他们的项目信息、项目日历、评价标准和即时评价。如果他们在合作团队中工作，他们还需要讨论公告、期刊、

> 为学生配备适当的技术和工具只是开始而非结束。

电子邮件和特殊的评价工具。

最早的纳帕新技术高中，从1996年开始构建了所有这些特殊的技术工具，并在Lotus Notes平台上实现应用。新技术基金会采用了这些工具并将其专业化为新技术高水平学习系统，成为专门为PBL学校设计的学习管理系统或学习平台。

自2008年以来，新科技已经将这一平台发展到被称为PeBL的门户网站。PeBL包括在线评价网站。PeBL学习平台还为教师提供设计项目、评估、日历与发布工具，并将其发布到网上供学生查阅。

新的学习环境

无论是个人还是团队工作，都需要新的学习环境来支持拥有技术配备的学生，并为罗杰·尚克所说的"集中式工作、协同式工作和项目式工作"以及演示和展览提供环境支持（Fielding，1999）。

来自美国的DesignShare的建筑师兰达·菲尔丁，普拉卡什·奈尔和布鲁斯·基尔克（Bruce Jilk），以及英国许多组织包括学校伙伴关系（Partnership for schools, PfS）、英国学校环境委员会（the British Council on the School Environment, BCSE）、专家信托基金、创新部门以及许多建筑师和教育工作者已经在这方面做了很多重要的工作。

美国和英国的五所学校是新学习环境最好的例证。每所学校在设计和特点上都是具有创新意义的：

- 哥伦布西格内彻学院（Columbus Signature Academy），哥伦布，印第安纳州
- 新技术高中@科佩尔（New Tech High @ Coppell,），科佩尔，德克萨斯州
- 大都会区域职业技术中心（The Metropolitan Regional Career and Technical Center）
- 高科技高中（High Tech High），圣地亚哥，加利福尼亚州
- 新线学习学院（New Line Learning Academy），南梅德斯通联合会，梅德斯通，肯特郡，英国

哥伦布西格内彻学院

哥伦布位于印第安纳州，是距印第安纳波利斯南部46英里的一个小城市。它拥有美国第三大公共建筑和私人建筑群，仅次于纽约市和芝加哥市。康明斯发动机公司（Cummins Engine）的首席执行官多年前就建立了基金，用于支付该市所有建筑物的建筑费用，只要委员会聘请该国排名前十的建筑师进行设计。

巴塞洛缪联合学校（The Bartholomew Consolidated School Corporation，BCSC）从这笔资金和随之而来的共同体精神中收益。BCSC聘请了印第安纳波利斯市的CSO建筑师与当地教育工作者共同开发新哥伦布西格内彻学院，工程始于2008

年，并分两个阶段修建。该学院计划将以新技术高中为范本，以项目式学习、团队合作、真实性评价以及"一人一设备"（one-to-one computing）为特色。这个设计过程的故事由CSO拍摄的三个视频记录下来，可访问www.csoinc.net/?q=node/172观看（CSO Architects，2008；实时链接及更多本章图片可访问go.solution-tree.com/21stcenturyskills）。

来自CSO的代表访问了加利福尼亚的四所学校，了解新技术课程的具体实施情况。纳帕最初的新技术高中有两个不同的设计特色，这些特色已经被全国各地的新技术学校模仿。首先就是教室空间：通常是双倍的，能够容纳两个学生小组、两位老师，在双倍课时下，进行跨学科课堂教学（见如下功能框，就是这些跨学科课程的例子）。图6.2展示的是学生们在哥伦布西格内彻学院的学习工作室中。

新技术高中团队教学跨学科课程案例

全球性问题：英语和地理

世界研究：英语和世界历史

美国研究：英语和美国历史

政治研究：英语，美国政府，经济

科学研究：物理和代数2

生物文学：生物和文学

环境研究：环境科学和环境问题

生物工程伦理：生物学和心理学

图6.2　哥伦布西格内彻学院综合性跨学科课程学习工作室

第二个设计特点是教室与走廊之间没有墙壁分隔，或者仅用玻璃墙分隔开。这意味着在走廊上的学生和访客可以清晰地看到学校及教室内正在发生什么。他们将会看到的是学生们专注于自己的项目。近期的项目有关火山、有丝分裂影像、电子游戏和机动玩具等。这有助于建立学校的合作文化（见图6.3，哥伦布西格内彻学院的3D平面设计图）。

CSO团队，包括约翰·里格斯比（John Rigsbee）和罗斯玛丽·雷哈克（Rosemary Rehak）在内，尤其受到与泰德·藤本（Ted Fujimoto）的一次晚宴的启发。藤本作为纳帕的一位年轻商业领袖，是新技术高中创始人之一。里格斯比说："我们问藤本应该做什么不同的事情，他的回答是'更少的阻隔，类似公司中的办公室，协作办公空间，教师作为项目经理人'"（Personal Communication，June 8，2009）。

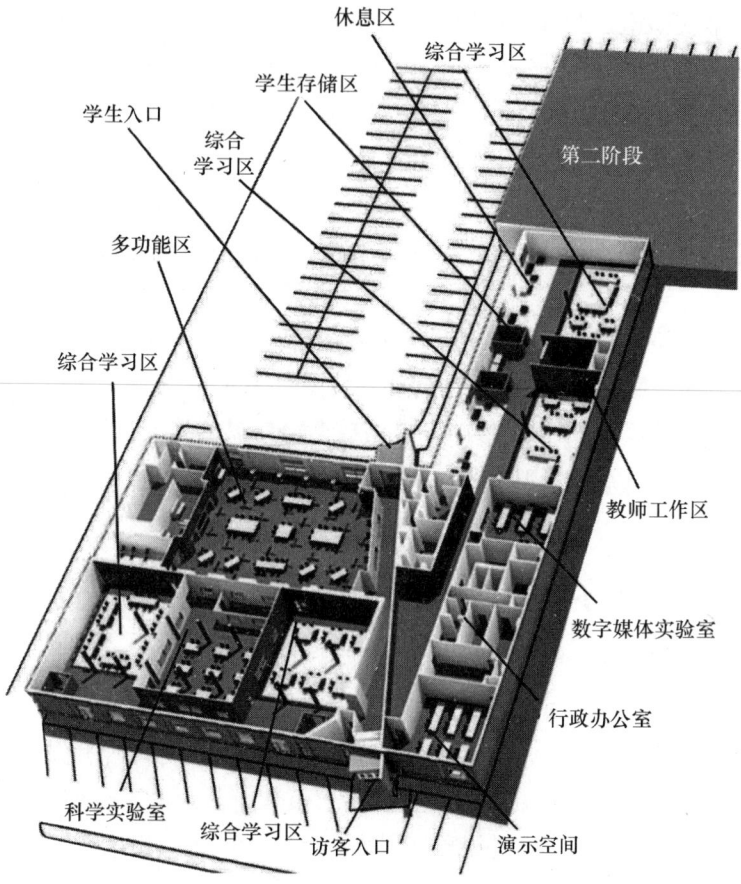

图6.3　哥伦布西格内彻学院的3D平面设计图，展示了一个双倍大小的综合学习室、展示室和多功能的公共区域（CSO建筑师绘图）

里格斯比继续说："我们看到学生作为一个项目团队工作，然后脱身作为个体开展工作。这幅图描绘出我们建筑师的办公室，我们的设计工作室。这就是我们决定不再使用'教室'这个词的原因。取而代之的是，现在我们把所有的空间都叫作工作室。"

在他们回来的过程中，他们与BCSC的工作人员一起进行了头脑风暴，计划将一个汽车零部件仓库改造成一个新技术高中校园的模型。该学校共13659平方米，可容纳400名学生。

CSO设计了这些独特的学习环境，包括综合学习区、休息区、远程学习和展示室，以及为展示做准备工作的项目会议厅。同时，也有为科学和图形媒体所设的专业实验室。此外，他们还设计了一个大型的多功能厅作为自助餐厅和公共区域，也可举办大型会议和展示、科学展览和学生展览。

CSO希望在新建筑中尽量减少使用墙壁，所以学习工作室没有第四面墙，而是另一端开放地与其他空间相连接，这一空间可用于非正式的个人和小型的团队工作。

第二阶段将增加更多的综合学习工作室和更多的专业实验室，包括工程学专业实验室。"我们现在了解得更多了"，里格斯比说，"我们最初的计划是，让学生回到普通高中学习艺术、音乐和体育或健身课程。现在学生想要拥有自己的专业工作室，我们希望在第二阶段的开发中来提供"。

工作室中的设施也是独特的，可以根据需要灵活地安排以满足大型团体、小型团体或个人工作。工作室配有滚动桌椅。桌子向上翻可用于贴便条及其他展示。

新技术高中@科佩尔

新技术高中@科佩尔位于德克萨斯州科佩尔市，始建于2008年，是一所新小型高中。学校中既没有学生，也没有教师。相反，在教室和项目工作中挤满了学习者，他们在工作中可以获得来自促进者的支持。学校采用新字眼来描述学生和教师的新角色。学生现在是学习者，负责自己的学习；教师现在是促进者，负责设计项目和评估，并指导和训练学习者及学习者团队进行项目工作。

科佩尔新技术高中的学习者拥有丰富的技术工具和学习空间以完成他们的工作（见图6.4，一个在科佩尔新技术高中开放空间媒体图书馆工作的学生项目小组；更多图片请访问go.solution-tree.com/21stcenturyskills.）。那些学习者说这里"更专业""我们比其他学校的学生有更大的优势"（personal communication，June 1，2009）。其他学习者做出如下评论：

考特尼：对于进入职业领域，我们有更大的优势。

摩根：我姐夫在工作时也做着同样的工作。

克莱尔：我的父亲给了我关于绿色革命和混合动力汽车项目的想法。

图6.4　在科佩尔新技术高中开发空间媒体图书馆工作的学生项目小组

科佩尔独立学区与SHW集团（SHW Group）的建筑师合作，将一所古老的小学改造成科佩尔新技术高中。下述内容展现了这些创新：

为了基于项目的学习最大化激发学生的潜力，建筑设计必须适应现有小学课堂布局的根本性转变，同时也要做出适度的预算。通过策略性地拆除一些地方的墙壁，并用玻璃替代，建造具有开放性的空间，整个空间从教师主导的教室转变为充满活力的、可以进行协作和团队合作的多功能空间，学习者可以使用无线互联网并移动家具进行各种活动。

为了在学习过程中建立协作和透明的教育流程，部分房间向走廊开放，另有一些教室则用玻璃替代现有的墙壁，以便来访者、学习者和辅导员能够看到工作过程。科佩尔新技术高中的来访者可能觉得自己更像是在一个艺术画廊，或一个高档书店或咖啡厅，而非在典型的教学楼。[①]

SHW集团在整个建筑中开发出了一部分空间为个人、小型团体或大型团体的互动提供环境。SHW集团称这些环境为小组合作区、项目室、协调合作区、单学科学习环境、双学科学习环境、数字媒体图书馆和大型多组协作区（详见图6.5，科佩尔新技术高中独特的活动区）。

---

① 资料来源：SHW集团2009参选Jame D.MacConnell奖项向国际教育设施规划委员会提交的项目书。

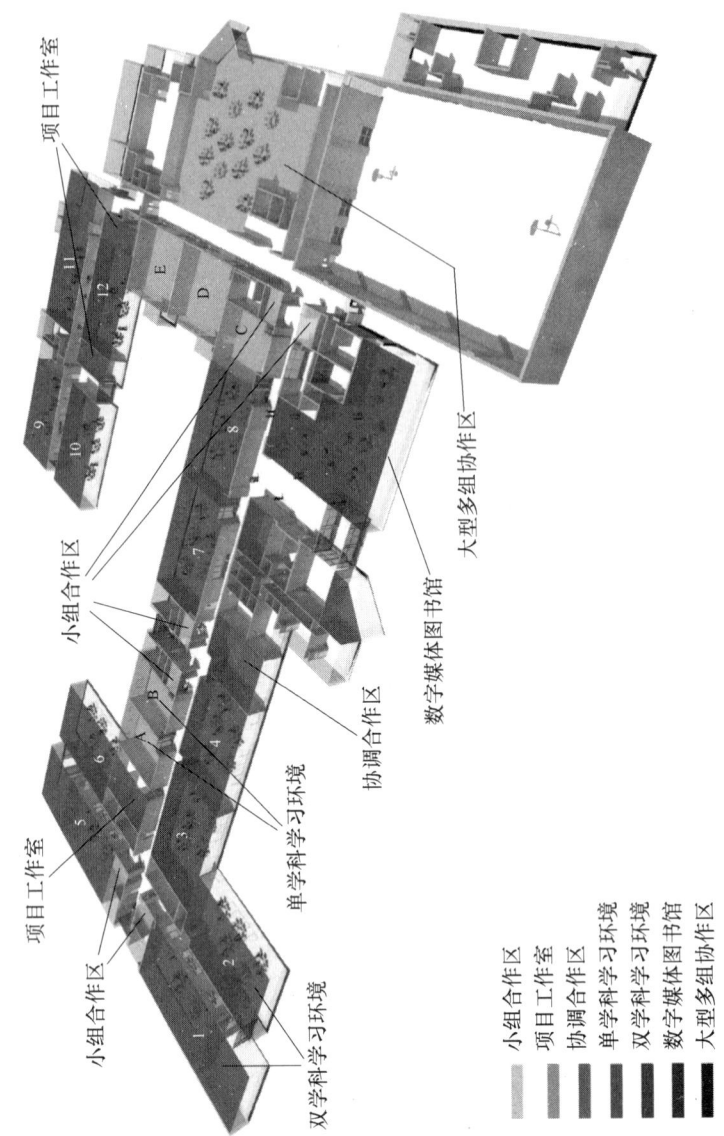

图6.5 在科佩尔新技术高中的创新中,楼层平面图展示了截然不同的活动区域
(来自德克萨斯州普莱诺市的SHW集团绘图)

设计人员利用强大的无线环境(内外部均有),并向每个学生发放笔记本电脑供其在学校和家庭使用,同时将"教室"外部建筑的每个空间扩展到学习区域,"教室"外部建筑物的每个空间都是一个扩展的学习区域:

- 走廊——学习者和学习小组坐在走廊里完成他们的工作。
- 壁龛——供学生工作小组使用放有软家具的小角落区域。
- 项目规划室——项目团队在这些带白板的小型会议厅中安排工作和演示。学习者称这些空间为工作室。科佩尔新技术高中是全国首个拥有小型项目策划室的新技术高中。第二期工程增加了额外的、更大的项目规划室。
- 媒体图书馆——学习者和学习者团队在这个大面积的开放空间中开展工作，这里有许多舒适的家具和一些高端设备。（详见图6.6，科佩尔新技术高中数字媒体图书馆）

图6.6　在科佩尔新技术高中数字媒体图书馆的学生合作项目小组

单学科或双学科学习环境，是新技术高中的特色，为大型团体、小型团体或个人工作提供空间，而使用这些灵活的桌椅可用于任何工作形式或"互动类型"。因为科佩尔新技术高中是完全无线覆盖的，在每一个房间里都有充满电的笔记本电脑和充电凹槽，房间中很少有悬挂的电源线或其他障碍物。

大都会区域职业技术中心

大都会区域职业技术中心（The Metropolitan Regional Career and Technical Center，The Met）位于罗德岛的普罗维登斯，由丹尼斯·利特基（Dennis Littky）和艾略特·沃舍（Elliot Washor）创立于1996年。最初的校址位于市中心的大楼内，有100名学生。1999年第二个小型Met建成，同样有100名学生。Met包括课堂工作室、项目室、咨询室和大型公共休息室。2002年Met在另一所校园内开设了另外四所小学，每所小学都使用类似的设施。

在Met中，每100名学生（小学校）组成四个学习小组和八个咨询小组，并且配备八名教师。小班旨在实现学生的个性化学习。Met的一个重要口号和实践是"一对一教学"。同一个年级的15名学生为一组，由一名指导老师带领，并在四年的时间里给予持续指导。

Met的课程是基于兴趣或实习的学习（Learning Through Interests/Internships，LTIs）。每周，学生与现实世界中的专家指导者工作两天，根据兴趣进行实习，其他时间则回到学校，反思他们正在学习的工作。学生与父母、老师/顾问和工作指导者一起制订自己的个人学习计划。受学生欢迎的LTI场所包括奥杜邦协会（Audubon Society）、新英格兰水族馆、医院、戏剧公司、律师事务所、建筑公司、多媒体公司等。对于Met来说，LTI场所是其设施的一部分。而学校的场地设计也是为了支持学生的实习。

教室/工作室拥有最先进的电脑、外围设备和演示技术，让学生们能够利用这些技术完成工作并进行展示。工作室还有用于制作模型、结构和展览品的工具。学生做的项目都与LTI相关。一名在团队工作的学生举办了一场面积有732平方米的博物馆展览，另一名学生为医院的新生儿监护室制作了一本新妈妈手册，还有一名学生制作了一个视频，记录了一所当地医院放射科的工作情况。

现在全美有60多所Met学校，在国际上还有更多。Big Picture联合创始人艾略特·沃舍一直是Met设计的概念建筑师。他确定了学校建筑的关键要素和功能："我们需要将其设计成可用于个人工作、一对一、小组、咨询、大空间、制作东西、展示学生作品的空间。"（personal communication，June 8，2009）第二个Met大楼的设计目的是涵盖一个公共区域、咨询室、两个顾问共享的项目室、会议厅、会议室和用于艺术和科学的湿地实验室空间。

在Met公共街区校园，有四所不同的Met学校，分别在各自独立的两层建筑中，共享设施（戏剧表演中心和健身中心）横跨校园。在独立的两层建筑中，公共区域位于一楼，可兼作自助餐厅和非正式工作区。咨询室较大，现在已经融合了过去单独项目室的大部分服务内容（见图6.7，Met咨询室）。此外，第二层公共空间是一个非正式和特定目的的工作区（详见图6.8，Met公共街区平面图）。

学习环境的特点是有可拆卸墙壁、咨询室、项目室、公共区域、会议室和更多的学生项目空间。这些空间旨在为学生提供各种选择：安静的个人空间、会议空间、公共空间和咨询空间。

图6.7 在Met为学生提供的咨询室兼项目室

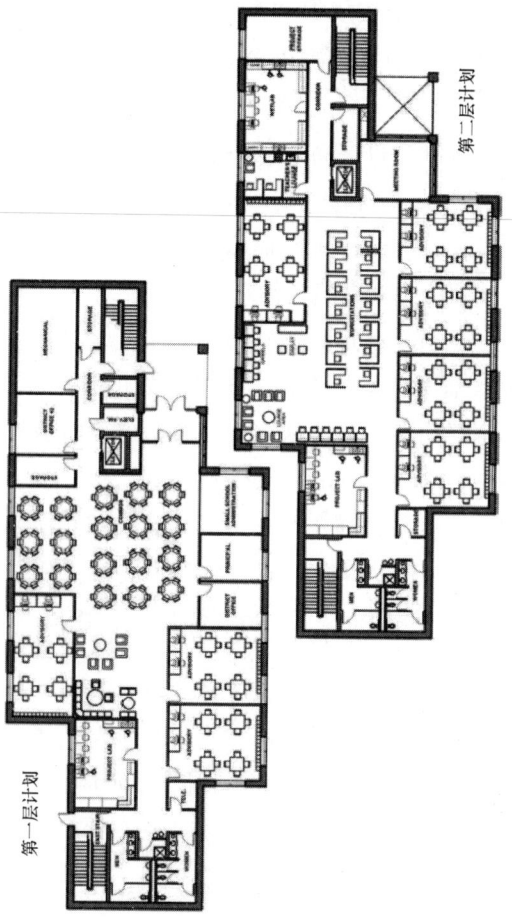

图6.8 Met公共街区建筑中咨询室、项目实验室和公共区域平面图

室内设施也能够支持个人和团体的工作。柔软的软垫椅子分散在各处，椅子可上下移动，底部弯曲以便符合身体的曲线，其底部类似于雪橇又或者滑翔机。

沃舍说，未来Met学校可能从车库入口就能直通到工作室，以及到那些为锻造、冶金、陶艺及其他工艺家和专门技术者提供的房间。目前，Met学校为这些活动在社区中找到了舒适的环境。

高科技高中

高科技高中位于加利福尼亚州的圣地亚哥市，是一所于2000年成立的公立高中，学校有400名学生，其多样化的学生群体反映了圣地亚哥联合学区的情况。高科技高中基于其学校规模和学校组织、设施、项目与技术，将个性化、知识使命、成人世界的沉浸感以及基于表现的学生工作和评估的设计原则付诸实践。

位于圣地亚哥地区的高科技高中现在有九所分校，其中在圣地亚哥的六所为完全中学（包括小学、中学和高中），在加利福尼亚州北部的是一所中学（包括高中和初中），还有一所是位于加利福尼亚州丘拉维斯卡的新高中。

圣地亚哥高科技高中由概念建筑师戴维·史蒂芬（David Stephen）、斯蒂克勒·格鲁普（Stickler Group）和加利尔·约翰逊（Carrier Johnson）共同合作设计，戴维·史蒂芬指出，"原始设计旨在为学生提供个人和小组工作的空间、技术和高效的工作区。其主要功能是开展探究式学习、内容传递与独立调查、构建和制作"（Personal Communication，June 8，2009）。

高科技高中，最初的特色在于其研讨室、实验室、项目工作室、小型和大型会议厅、公共区域及一个大房间。这个大房间为学生们提供了工作站和协作空间。史蒂芬特别指出"我们很快就抛弃了大房间的概念"，因为：

我们需要学生工作站和工作空间更靠近教室。现在我们的基本模式是包括了四到六个教室，中间有一个由玻璃墙构成的工作室，这个工作室具有多种用途，包括演示、学生进行项目工作、制作产品等（Personal Communication，June 8，2009）。

史蒂芬说，在初中，教室是以邻里的概念聚集在一起的（详见图6.9，在高科技初中，一个由四个灵活教室围绕的集群工作室）。

图6.9 在高科技初中由四个灵活教室围绕的集群工作室,加州圣地亚哥

[照片来自于比尔·罗宾逊(Bill Robinson)]

无线技术和笔记本电脑发挥了重要作用。在丘拉维斯塔的新高科技高中,四间教室围绕着一个共同的工作室(见丘拉维斯塔的新高科技高中视频,网址为www.hightechhigh.org/dc/index.php)。每间教室由一面可移动的墙壁与另一个教室间隔开,以实现两位教师的小组教学(见图6.10,高科技初中的平面图)。每间教室有13个笔记本电脑可供学生使用,学生们也可以把自己的笔记本带到学校。

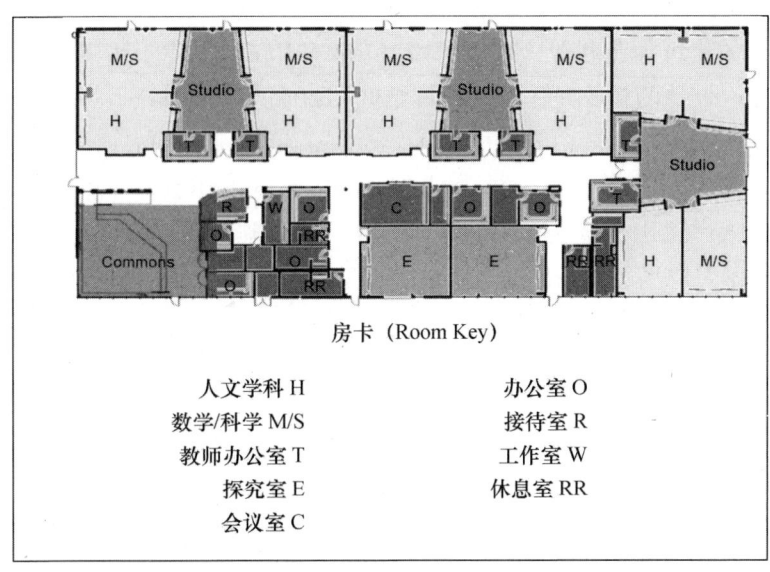

房卡 (Room Key)

人文学科 H　　　办公室 O
数学/科学 M/S　　接待室 R
教师办公室 T　　 工作室 W
探究室 E　　　　休息室 RR
会议室 C

图6.10 平面图展示了围绕一个工作室区域的四个综合课程的集群

(由戴维·史蒂芬绘图)

第6章 设计新的学习环境以支持21世纪技能　　097

史蒂芬说，"这一切都是关于所有权的""孩子和老师需要一种归属意识……每个人都互相认识"。公共场所为全校聚会、学生演讲和非正式的学生工作场所提供了一个空间。

项目工作室多年来也在不断发展。最初这些教室是与研讨室分开的；现在每间教室都包括一个多功能项目室。专业实验室——高科技高中称之为"探究室"，包括生物技术、工程或"制造"、艺术、音乐、多媒体和数字艺术。"室内设施真的十分关键，"斯蒂芬说，"这有助于将中庭、走廊和凹室变成学生个体和项目团队的工作区域"。

新线学习学院

最有趣的新学习环境之一出自学校创新者克里斯·格里之手（Chris Gerry），他是英国肯特郡梅德斯通的南梅德斯通联合会执行主席。肯特郡位于伦敦以东，一直到英吉利海峡，是全国最大的地方政府机构，拥有600多所学校。格里曾是休·克里斯蒂科技学院的校长，在那里他首次召集了90名学生，在一个大型的开放空间，共同参与项目式学习，现在称之为"学习广场"。

格里在2010年为新线学习（NLL）学院和康沃利斯学院（Cornwallis Academy）设计了新建筑，并请了来自Gensler（全球建筑、设计、规划和咨询公司）的建筑师菲利普·吉拉德（Philip Gillard）在一个试点项目中改进他的想法。设计的核心是一个足以容纳90~120名学生的学习广场（访问www.newlinelearning.com/new-builds/view/146/New-build-at-NLL-Academy获取动画视频，或者访问go.solution-tree.com/21stcenturyskills获取彩色图片）。模块化和移动式座位用于容纳更大的群体，并能够分割广场空间。每个学院都会设置八个学习广场（见图6.11，新线学习学院的学习广场原型）。根据Gensler（2009）所说：

> "广场"概念是由学院设计的，旨在通过提供充满技术含量并且可以灵活使用的环境为教师和学生之间带来更高程度的协作，促进并实现各种静态和动态的学习环境在实体结构中同时发生——从个体个性化学习到120个学生共同开展的基于群体的活动——并提供安全可靠的大本营。这一概念利用技术，例如360度投影和大型显示区域、生物特征照明技术来控制和改变各个空间的氛围，提供灵活和适应性强的室内设施，并以不同用户群体及其正在进行的活动为中心。

图6.11 新线学习学院的学习广场原型被分成多种形式以满足大型团体、小型团体和个人学习需求

Gensler采用了改编自奈尔、菲尔丁和莱可妮（2005）的一种新说法，来描述每个环境中发生的不同活动模式和其涉及的协作程度：

- 多元智能（multiple intelligence）：适合不同的工作模式
- 工作室（studio）：适合混合式工作模式
- 营地（campfire）：适合班级工作
- 水吧（watering hole）：适合小组工作
- 洞穴（cave）：适合自学

由于广泛的技术和灵活的室内设施，广场可以设置成许多不同的配置，以为学习过程提供帮助。室内设施包括模块化桌子和可移动的阶梯式座椅，以容纳更大的群体和分隔广场空间。学习广场包括一楼、夹层和户外区。广场一楼为项目式学习、小组工作、讲座提供空间，并设有分区和门厅。广场夹层为独立学习、小组工作以及项目式学习的参观阳台和室外教室提供空间。除了学习广场，还有专门的广场，其中包含艺术、技术和科学的专业设备。

为学生提供新的学习环境

这些新的学习环境有什么共同之处呢？以上所讨论的物理设计中有很多共同点。所有这些学校都在做PBL，尽管他们的实践并不相同。每个设计都旨在为个人工作、小组工作、大型工作、讲座、演讲、休息、全校或集体会议提供空间。表6.1总结了每所学校的主要特点。

表6.1 美国和英国创新学校的新学习环境

	哥伦布西格内彻学院	科佩尔新技术高中	大都会区域职业技术中心	高科技高中	新线学习学院
主要学生工作区	学习工作室	双学科学习环境	咨询室/项目室	集群教室/公共工作室	学习广场
展示空间	展示室	大型多组合作区	公共区域	公共区域	学习广场
大型集体空间	多功能室	大型多组合作区	公共区域	公共区域	学习广场
拓展学习空间	休息区和项目会议厅	走廊壁龛，项目策划室，媒体图书馆和户外长椅	会议厅，会议室和公共区域	大小型会议厅，公共工作室和公共区域	学习广场、水吧和洞穴
专业实验室	平面设计、艺术、科学实验室	科学	制造	生物、工程、艺术、音乐、多媒体和数字艺术	艺术、技术和科学
室内设施	可滚动桌椅和可翻转的桌子	在拓展学习空间的混合搭配桌子，办公椅，躺椅和沙发	软垫椅子，轮廓椅和灵活的桌子	在拓展学习空间的长椅	模块化桌子和可移动的阶梯式座椅

将教学法和空间相联系

美国和英国今天的大部分新建学校建筑仍然是"新瓶装旧酒"，复制着过去那种能容纳30名学生的274平方米的教室，这些教室支持并限定了在教师指导下开展集体教学。这些环境不能支持学生学习21世纪的技能,并将在未来几年被视为过时的学习空间,需要进行建筑改造。

随着学校规划师们对实施21世纪技能不断寄予厚望,他们将越来越多地将教学法和空间联系起来,寻找像哥伦布西格内彻学院、科佩尔新技术高中、大都会区域职业技术中心、高科技高中和新线学习学院等这样的典范。这些设计将被广泛模仿,学生或者说学习者在这些环境中的经验,将会影响下一代对21世纪学习环境的设计。

参考文献

Birkett, D. (2001, January 16). The school I'd like. *The Guardian*. Accessed at www.guardian.co.uk/guardianeducation/story/0, 3605, 422486, 00.html on January 3, 2009.

Blishen, E. (Ed.). (1969). *The school that I'd like*. Baltimore: Penguin.

Buck Institute of Education. (2003). *Project based learning handbook*. Accessed at http://www.bie.org/index.php/site/PBL/pbl_handbook_introduction/#standards on January 3, 2009.

Burke, C., & Grosvenor, I. (2003). *School I'd like: Children and young people's reflections on an education for the 21st century*. London: RoutledgeFalmer.

CSO Architects. (2008). *K-12 Education: Columbus Signature Academy New Tech High. Episode one, two, and three*. Accessed at www.csoinc.net/?q=node/172 on December 18, 2009.

Davidson, J. (2001). Innovative school design for small learning communities. *Horace*, 18(1). Accessed at www.essentialschools.org/cs/resources/view/ces_res/208 on January 3, 2009.

Fielding, R. (1999). The death of the classroom, learning cycles, and Roger Schank. Accessed at www.designshare.com/index.php/articles/death-of-the-classroom/ on January 3, 2009.

Fisher, K. (2005). *Linking pedagogy and space.* Melbourne, Victoria, Australia: Department of Education and Training. Accessed at www.eduweb.vic.gov.au/edulibrary/public/assetman/bf/Linking_Pedagogy_and_Space.pdf on January 3, 2009.

Gensler design firm. (2009). *Brief, design, and prototype: South Maidstone Acad-emies, Kent, UK.* London: Author.

Hertfordshire Grid for Learning. (2009). *Building schools for the future—Introduction.* Accessed at www.thegrid.org.uk/leadership/bsf/intro.shtml on January 3, 2009.

Kelly, F. S., McCain, T., & Jukes, I. (2009). *Teaching the digital generation: No more cookie-cutter high schools.* Thousand Oaks, CA: Corwin Press.

Long, G. (n.d.). Schools of the future. *Gareth Long—Education blog.* Accessed at http://garethl.com/29501.html on January 3, 2009.

Long, G. (2009, February 14). Student voice—thinking about learning environments. *Gareth Long—Education blog.* Accessed at http://blog.garethl.com/2009/02/student-voice-thinking-about-learning.html on December 18, 2009.

Nair, P., Fielding, R., & Lackney, J. (2005). *The language of school design: Design patterns for 21st century schools* (2nd ed.). Minneapolis, MN: DesignShare. Accessed at www.designshare.com/index.php/language-school-design on May 1, 2005.

Open Architecture Challenge. (2008). 2009 open architecture challenge: Classroom. Accessed at www.openarchitecturenetwork.org/competitions/challenge/2009 on December 18, 2009.

Partnership for 21st Century Skills. (2003). *Learning for the 21st century.* Tuscon, AZ: Author.

Paul Hamlyn Foundation and the Innovation Unit. (2008). *Learning futures: Next practice in learning and teaching.* London: Authors. Accessed at www.innovation-unit.co.uk/images/stories/files/pdf/learningfutures_booklet.pdf on January 3, 2009.

Pearlman, B. (2006). 21st century learning in schools: A case study of New Technology High School. *New Directions for Youth Development, 110.* Accessed at www. bobpearlman. org/Articles/21stCenturyLearning. htm on January 3，2009.

Prensky，M.（2001，October）. Digital natives，digital immigrants. *On the Horizon*，9（5），1–6. Accessed at www. marcprensky. com/writing/Prensky–Digital Natives，Digital Immigrants–Part1. pdf on January 3，2009.

Prensky，M.（2008，November/December）. The role of technology in teaching and the classroom. *Educational Technology*，48（6），64.

Secretary's Commission on Achieving Necessary Skills.（1991，June）. *What work requires of schools：A SCANS report for America 2000.* Washington，DC：U. S. Department of Labor.

School Works.（2005）. *Knowsley school design festival：Learning centres for the future—Final report.* Accessed at www. knowsley. gov. uk/PDF/Design _Festival_ Report. pdf on January 3，2009.

Tapscott，D.（1998）. *Growing up digital：The rise of the net generation.* New York：Mcgraw–Hill.

Wagner，T.（2008）. *The global achievement gap：Why even our best schools don't teach the new survival skills our children need—and what we can do about it.* New York：Basic Books.

Washor，E.（2003）. *Innovative pedagogy and school facilities.* Minneapolis，MN：DesignShare.

Watson，S. L.，& Reigeluth，C. M.（2008，September/October）. The learner-centered paradigm of education. *Educational Technology*，38（5），42–48.

作者简介

鲍勃·皮尔曼　Bob Pearlman

鲍勃·皮尔曼在其30年工作生涯中，无论是作为教师、计算机教育主任、教师工会领导者和谈判代表、基金会主席还是教育和劳动力发展部门主任，一直是国家教育改革工作的重要领导者。皮尔曼的经验和专长包括全区改革、新学校发展、商业教育合作伙伴关系和联盟、生涯教育和劳动力发展、工会学校区域谈判、学校重建技术、项目式学习、专业发展、教育财政和学校现场评估及问责。皮尔曼目前是21世纪学校和区域发展的战略顾问。

2002~2009年，他曾担任新技术基金会战略规划主任。除此之外，他还担任美国和英国的21世纪学习顾问，着重关注新学校发展和区域范围内21世纪技能的实施。

在本章中，皮尔曼带我们走进用于合作学习而设计的创新学校大楼，并提醒我们，目前大部分学校的建筑都是熟悉的盒型设计（box-based design），而这种设计仅适用于过时的工厂模式。皮尔曼向我们展示了这些创新型建筑的功能，这些功能目前体现在参与、问题解决和沟通交流上。

访问go. solution-tree. com/21stcenturyskills查看本章全彩色图片并获得工具和材料的在线链接。

第7章

支持21世纪技能的实施框架

杰伊·麦克蒂格 艾略特·赛夫

教育机构内外越来越多的声音呼吁要更加重视"21世纪成果"①，其中包括"学生在21世纪成功工作和生活所需掌握的知识、技能和专长"（Partnership for 21st Century Skills，2009）。这一全面关注21世纪成果的呼吁，给教育工作者提出了两个重要而实际的问题：

1. 我们如何有效地将这些成果纳入到已经拥挤不堪的课程中？

2. 目前的教育实践和学校结构中哪些有可能会支持21世纪成果的实现，哪些可能会阻碍它？

为了回答这些问题，我们提出一个支持21世纪学习的框架，该框架呈现了一种系统化的教育改革途径，改编自《基于设计的教育》（Schooling by Design，Wiggins & Mctighe，2007）中的一个发现。图7.1展示了这一框架，其中包含关键问题及与之相关的五个主要的、相互关联的要素：（1）学校教育的使命；（2）学习的原则；（3）课程和评价系统；（4）教学计划与实践；（5）系统支持。我们将对这些要素逐一进行研究，并为学校和学区提出切实可行的建议，以使他们能够实现自我转变，采用能够让所有学生具备21世纪技能的行之有效的教学方式。

---

① 为了澄清21世纪成果，详见肯·凯（本书前言）和戴德（本书第三章）。这些成果也在《21世纪技能框架的知识和政策基础》（The Intellectual and Policy Foundations of the 21st Century Skills Framework）中进行了深入研究，该框架由21世纪技能伙伴关系框架发展而来（www.21stcenturypartnership.com）。

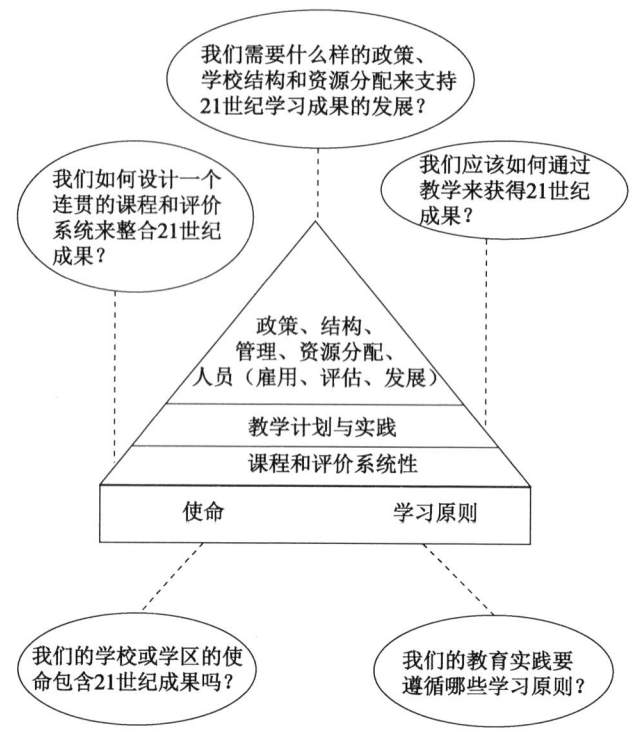

图7.1 基于设计的教育组织

学校教育的使命

学校或学区的使命包含21世纪成果吗？

学校的宗旨确定了学校教育的总体目标以及学校要努力培养什么样的人。最好的宗旨描述的教育目标是成果导向而非投入导向。相较于详细说明要提供什么样的课程、学习环境或课外活动，学校或学区的宗旨应该明确地阐明21世纪的知识、技能、思维习惯以及学习者需要培养的个人品质。

除了对主要学习成就缺乏关注外，许多学区和学校的宗旨很久以前就已起草好，并被搁置起来，它们存放在活页夹里、网站上，或通过墙壁艺术进行展示。这样的宣言只是空话，对学校教育的日常运作几乎没有影响。即使在教育使命存在且具有影响力的情况下，它也无法确定21世纪成果的全部范围。鉴于教育使命在教育机构的中心地位，我们建议学校和学区在主要选区的参与下仔细研究，并将关键性的21世纪成果纳入到他们的使命中。这些目标能力和技能（例如，企业家素养和全球意识）应该在操作上进行定义，因为恰当的课程、评估和教学实践的发展需要精确成果的指导，从而实现这些目标。

学习的原则

21世纪的教育实践应遵循哪些学习原则？

教育是一项致力于学习的事业。因此，作为教育工作者，我们的工作应以对学习过程的最新理解为指导。自20世纪90年代以来，认知心理学和神经科学的研究极大地扩展了我们对人类学习方式的理解（Bransford，Brown，& Cocking，2000；Willis，2006）。然而，教育实践并不总是能与这些新的知识保持同步。

为了更好地协调理论和实践，我们建议学校和学区发展或采纳一套基于研究和最佳实践的学习原则。一旦实施，这些原则将为所有学校的改革计划提供概念基础。随着教育工作者开始吸纳21世纪成果，学习原则将指导课程、评价系统的发展，以及教学实践和学习资源的选择（如教科书和技术）。

图7.2描述了我们对基于研究的学习原则的看法，以及每个原则对健全教育实践的一些影响。我们将以这些学习原则为指导，对适应21世纪成果的课程、评估和教学实践的变化进行深入讨论。

框架的前两个组成部分是基础性的且相互关联。学校使命定义了学校教育是什么，而学习原则告诉我们如何去做。

---

1. 学习具有目的性和情境性。因此，应该帮助学生了解他们的学习目的。学习应该由相关的问题、有意义的挑战和真实的应用来架构。

2. 专家们围绕可迁移的核心概念（"大观念"）组织他们的知识，以指导他们对领域的思考，并帮助他们整合新的知识。因此，教学内容应该以核心观念和可迁移的过程为框架，而不是分散的事实和技能。

3. 通过不同类型的思考可以调节和促进学习，如分层和分类、推理、分析、综合以及元认知。因此，学习项目应该让学生参与复杂性思考，以加深他们的学习和应用。

4. 学习者在面对新的情景和问题时，通过应用、迁移和调整他们所学的知识来展示他们的理解。因此，老师应该教学生学会迁移，而学生应该有多种机会以将他们的学习应用到具有意义和多样化的情境中。

5. 新的学习建立在原有知识的基础上。学习者利用自己的经验和背景知识积极构建自我及周围世界的意义。因此，必须帮助学生积极地将新的信息和观念与他们已知的内容联系起来。

6. 学习是社会性的。因此，教师应在支持性的环境中提供互动学习的机会。

7. 态度和价值观通过过滤经验和感知来调节学习。因此，教师应该帮助学生建立明确的态度和价值观，并理解它们是如何影响学习的。

8. 学习是非线性的，它随着时间的推移而发展和深化。因此，学生应该参与到重新审视核心观念和过程中去，以便随着时间的推移发展更深入、更复杂的学习。

9. 优秀的示范和持续的反馈可以促进学习和表现。因此，学习者需要看到优秀作品的示范，并得到定期、及时和用户友好的反馈，以便练习、重试、反思并修改他们的工作。

10. 有效地适应学习者偏好的学习方式、已有知识和兴趣可以促进学习。因此，教师应预先评估学生的已有知识、学习偏好和兴趣。他们应该通过差异化教学来解决发现的显著差异。

图7.2　学习原则

课程和评价系统

我们如何设计一个连贯的课程和评价系统来整合21世纪成果？

在对影响学习的诸多因素的元分析中，著名的教育研究者罗伯特·马扎诺（Robert Marzano，2003）发现，在学校层面，影响学生成就的最重要的因素是"有保证且可行的课程"。马扎诺强调了建立能够组织学生进行跨教室合作学习的课程的重要性。这对于21世纪成果的纳入来说尤其重要。如果没有精心的设计，对特定技能、过程和思维习惯的整合将会是随意的，也不太可能带来预期的结果。换句话说，心怀好意但却闭门工作的教师们无法保证21世纪学习的课程的一致性。

我们认为，如果21世纪成果能够有效地整合到教育体系中，则需要一个不同的课程和评价范式。这个新的课程和评价系统建立在三个操作指导原则之上：

1. 关注核心学科和21世纪技能的"大观念"；
2. 以适当的方式评价有价值的成果；
3. 从目标迁移能力中映射课程。

指导原则1：关注核心学科和21世纪技能的"大观念"

几乎从学前到大学层面的每位老师都面临着同样的挑战：内容太多，没有足够的时间来教授所有内容。在州和地方标准文件中发现的过量知识和技能似乎是压倒性的，而且在许多学科领域，内容过载的问题更加严重，教科书中充斥着内容广泛却挖掘不深的信息。

人们期望基于标准的教学，并推行指定的教科书，从而导致了对教学内容的肤浅"涵盖"。大量的研究表明，在美国教育中，涵盖是一种规则，而不是特例。这些研究中有许多都已经提到了这种涵盖的不良影响。例如，国际数学与科学研究趋势（Trends in International Mathematics and Science Study，TIMSS）的国际研究表明，美国八年级的数学和科学教师在学科教学方面涵盖的内容主题要比其他几个高成就国家多得多（Schmidt，McKnight，& Raizen，1997）。TIMSS的研究还显示，美国八年级数学教师更多地关注应用算法程序来解决问题，而不是帮助学习者了解基本的数学原理（National Center for Education Statistics，2003）。

类似地，皮安塔等人（Pianta et al，2007）进行的一项大规模研究显示，许多小学教学是围绕着特定的课程或任务单学习零散的技能。在他的研究中，大约观察了来自美国737间科学教室的1000名五年级学生。研究发现，这些五年级学生有91%的时间都在听老师讲课或独自学习，且通常都是在完成低水平的任务单。研究人员称，四分之三的课堂都是"枯燥乏味的"，没有任何对批判性推理或解决问题能力的强调。

我们在其他核心学术科目中也观察到了类似的情况。为什么这些模式如此普遍？TIMSS的研究（Schmidt，McKnight，& Raizen，1997）指出，并不是教师对学生的思考和深度学习没有兴趣，相反，问题在于要教什么。当前的课程仅包含了过多的主题，而且过于分散，往往没有从一个主题或一个层次到下一个主题或层次的清晰联系。

> 当前的课程仅包含了过多的主题，而且过于分散，往往没有从一个主题或一个层次到下一个主题或层次的清晰联系。

当考虑到21世纪成果时，尤其需要关注继续推行现行体制的代价。内容涵盖所带来的压力是牺牲了学习者的参与、对概念的深入探索以及对重要问题的调查。因此，在现代社会中取得成功所需的真正技能和过程都被挡在了课程之外。

那么，如何才能将21世纪成果添加到已经拥挤不堪的课程中呢？我们的建议很简单：把课程集中在每个学科领域和跨学科的核心观念和关键问题上。想想2003年流行的电影《蒙娜丽莎的微笑》（*Mana Lisa Smile*）。这部电影包含的两个场景说明了美国学校典型的基于信息的学习经验与基于侧重大观念和问题的宽松课程的经验之间的不同之处。在第一个场景中，初次担任艺术教师的凯瑟琳·安·沃森（Katherine Ann Waston），使用传统的艺术课本和幻灯片开设了艺术课程的入门课，课程围绕艺术家的信息展开。她很快发现，学生们已经读过课本，当使用这种方式教学时，学生们几乎没有什么可学的。经过一番苦思冥想，她采用了一种不同的教学方式。她从教学的两个重要问题开始："什么是艺术？"以及"'好'和'坏'的艺术之间有什么区别？"接下来，她展示了一组新的幻灯片（包括她自己儿时的作品），同时带着这些问题，她和学生共同经历了富有思想的辩论、讨论、争论。她从不同的视角审视艺术的卓越性，使本已厌倦的学生们开始对艺术的本质和意义感到好奇。当学生们在探索这些问题时，他们批判性地并富有创造性地思考"什么是艺术？"以及"什么是'好'的艺术？"他们分析并诠释绘画、交流观点、捍卫自身观点，并发展创造性地思考艺术的方式。随着对这些具有启发意义的问题的思考和讨论，学生们体验到了更为深刻、更富有意义的学习。

这个例子说明了我们所提倡的课程转变的一个关键特征：课程目标从对大量过于宽泛的学术知识和零散技能的关注，转变为专注几个大观念和关键问题，如表7.1中所示。之所以选择这些，是因为它们是学科的基础，能够启发思想，并能对新情境中的学习迁移提供支持。因为课程更加聚焦，所以学生们有更多的机会进行深度学习并获得21世纪技能。

> 课程目标从对大量过于宽泛的学术知识和零散技能的关注，转变为专注于几个大观念和关键问题……之所以选择这些，是因为它们是学科的基础，能够启发思想，并能对新情境中的学习迁移提供支持。

表7.1 大观念和关键问题的例子

大观念	关键问题
历史包括解释，个体对同样的事件会有不同的解释。	这是谁的故事？ 我们是怎样知道过去究竟发生了什么？
我们可以用不同的方式衡量和描述同样的事物。	我们怎样才能更好地呈现_____（距离，数量，尺寸，变化率，等等）？
科学家们试图重复实验结果来验证他们的观点。	我们怎样知道该相信哪些科学论点呢？
伟大的文学作品探索人类的共同主题和问题。	其他时期和地方的故事是怎样的？ 小说能够揭示哪些真理？

总而言之，要想疏通拥挤的内容驱动型的课程，关键要对一些真正重要的

观念和必要的问题提出清晰的概念，以便着重理解和整合21世纪技能。通过一套旨在深入探索和反思的简化的学习目标，21世纪技能可以被整合到课程中，跨学科的主题可以随着时间的推移在学科领域内和学科领域之间得到发展。由于课程更加聚焦，教师有时间去"挖掘"它，能够让学生真正参与分析问题、运用批判性和创造性思维来解决复杂问题、在探究和研究调查中共同合作、获取和评价信息、有效地运用技术，并且通过真实的长期项目来培养自主性。

指导原则2：以适当的方式评价有价值的成果

教育评价对教学和学习产生了巨大的影响，无论它们发生在哪里——在教室，或是在州和国家的机构中。专业的教育工作者、家长和学生都清楚地认识到，被评价预示着其价值与重要性。学生们经常会问："这会出现在考试中吗？"并相应地分配他们的学习精力。学校和学区倾向于强调那些在高风险的问责测试中被评价的科目，而通常以牺牲那些不参与评价的科目为代价。

此外，如何评价意味着应该如何去学。基于《不让一个孩子掉队》（No Child Left Behind）法案要求的越来越多的大规模标准化评估已经影响了教学实践。在美国，大多数标准化测试都依赖于选择题（selected-response）和简单的构造反应题（constructed-response）来评价知识和基本技能。这些形式可以很有诱惑力，可以有多项选择或者简答式教学，认为学习就是回忆和识别信息并做出低级推断的能力。即使是那些包括构造反应题目的标准化测验，也鼓励了公式化回答的教学，比如五段论。事实上，在备考中关注简答题（short-answer）的评价模式意味着这种考试在许多学校中越来越多地出现，取代了运用21世纪思维技能的更有意义的学习。

如果我们真正重视将21世纪技能与核心的学术目标相结合，那么在各个层面——课堂、学区和州——的评估应该相应地进行调整。我们不否认传统的评价方式在检验学生是否掌握词汇术语、程序、算法和基本事实方面有一定的作用。但我们也相信，如果要对21世纪的学习目标进行适当的评估，那么一种兼顾均衡的评价方式是至关重要的。大多数的评价应该是开放式的，并且是基于表现的，以揭示学生是否达到了21世纪的学习目标，如展示对大观念的理解、

> 测量学生对大观念的理解，促进思维运用、研究和调查、创造力等，诸如此类的评价的应用，将鼓励相伴而来的课程和教学变革，以实现21世纪技能的获得。

形成对关键问题的回答、反思和分析重要问题、解决真实问题、进行研究和调查、合作和使用技术。评价也应该揭示学生是否能够将他们的学习迁移并应用到新的情境中去，因为21世纪成果的基本目标之一是让学生为复杂多变的世界做好准备，以应对无法预测的挑战。测量学生对大观念的理解，促进思维运用、研究和调查、创造力等，诸如此类的评价的应用，将鼓励相伴而来的课程和教学变革，以实现21世纪技能的获得。

基石评价任务。以威金斯和麦克泰（Wiggins & McTighe，2007）提出的基石任务为代表，展现了21世纪技能与学术内容的大观念的自然融合：

传统学校课程中写作的最基本的缺陷是，它常常与所期望的最终成就背道而驰。因此，当我们建议教育工作首先设计评价系统时，我们并不是指单位掌握内容的典型测试。我们说的是有价值的真实表现，它们体现了使命和计划的目标。把它们看作是"基石"的表现——值得获得勋章——反映了学科中的关键挑战，以核心内容"做"为主题的本质。以下是在一些学科中面临这样的挑战的例子：

在科学中，对重大实验的设计和调试；
在历史中，建构对证据和论据的有效而深刻的叙述；
在数学中，对复杂或混乱的现实世界问题的量化和解决；
在沟通中，成功地为特定的、高要求的观众和目的而写作；
在艺术中，对高水平作品的创作/表演/评论。

就像运动中的游戏和戏剧中的表演一样，这些基石表现意在通过获得意义来体现关键学习目标，并迁移先前所学的内容。

基石任务具有以下特征：

• 它们反映了真实的、现实世界的成就，并被设定在真实的情境中。与在标准化测试和教科书或工作表中的大多数项目不同，基石任务是情境化的。这意味着他们创设了一个真实的或现实的情境，让学生在这个情境中运用他们的知识和技能。这些任务提供了有意义的学习目标，同时也给课堂带来了严谨性和相关性。因此，它们帮助老师回答了那些熟悉的学生提问："为什么我们要学这个？""谁会用这些东西？"

• 它们要求学生应用（换言之，迁移）他们的学习。如果学生真正理解了一个概念，他们就可以把他们的知识和技能运用到新的情境中去。基石任务需要迁移，从而提供一种理解的方法。它们还向学习者发出了一个信号，即教育的主要目标之一是使他们能够在课堂之外，以更为广阔的世界所提倡的方式来应用他们的学习。

• 它们自然地将21世纪技能与学术内容的大观念相结合。这些任务不是简单地要求回忆或识别，而是要求在真实的情境中自然地整合、有意义地应用知识和技能。因此，他们呼吁真正的思维运用（如创造性地问题解决）、技术（如信息获取）、沟通（书面、口述或图表）、团队合作和思维习惯（如坚持）——就像在现实世界一样。从本质上来说，基石任务需要21世纪成果。

> 基石任务需要迁移，从而提供了一种理解的方法。它们还向学习者发出了一个信号，即教育的主要目标之一是使他们能够在课堂之外，以更为广阔的世界所提倡的方式来应用他们的学习。

• 它们以越来越复杂的形式出现在各个年级。想想体育和艺术。六岁的孩子和高中、大学以及职业球员玩同样的足球比赛。同样地，小孩子用蜡笔描绘出带有他们的观察、想法和感受的图画；专业的艺术家也做着同样的事情，只不过他们使用的媒介更加多样和复杂。在这两种情况下，任务（足球和艺术创作）都是反复出现的，随着时间的推移，学生的表现越来越熟练和成熟。我们建议，基石任务也应周期性贯穿于整个课程中，在学科内和学科之间转向更为复杂的表现。当我们系统地将21世纪技能应用于周期性的基石任务中时，我们同时促进了批判性和创造性思维、技术、沟通和协作的更为复杂的应用。

周期性的任务看起来和听起来是什么样的？图7.3首先展示了一个基石任务框架（图7.3a），然后是相同的基本任务的两个周期版本（图7.3b和c），一个是小学水平，一个是中学水平。这两个任务都共享任务框架中的公共元素。需要注意的是，每个任务都创设了一个相关的情景，以让学生积极参与到收集、分析和展示数据中。这两项任务都要求基于观察到的模式进行预测。两者都要求将调查结果传达给目标受众。

小学版本。在三个二年级班级中，学生四人一组，轮流使用贴在教室墙上的卷尺测量每位成员的身高。身高的测量是在学年开始时和之后的每七周进行一次。刚开始，二年级的老师和班级助教会示范这一过程，并求助学生完成他们的测量和记录。随着时间的推移，学生们对这项任务的帮助需求就会减少，到学年末，许多小组将能够完全独立完成。

> a.
> 解读过去_____（时间段）关于_____的数据。为_____（观众）准备一个报告（口头的、书面的、图表的）来帮助他们理解：
> · 数据显示了什么
> · 什么样的模式或趋势是明显的
> · 未来可能会发生什么

> b.
> 解读二年级学生身高数据在过去一年中的变化。为一年级学生准备一张图表来帮助他们理解：
> · 今年班级是如何增长的
> · 他们明年有可能会怎样增长

> c.
> 解读过去十二个月内各大洲H1N1感染传播的数据。为同学准备一个网站、播客或报纸文章来帮助他们理解：
> · 传播速度与季节变化
> · 传播速度与国际旅游模式
> · 传播速度与政府政策

图7.3 基石任务：（a）任务框架案例，（b）小学案例，（c）高中案例

到五月中旬，二年级的每个班级都完成了六次身高测量。教师们演示了如何以英寸为高度，以学年的月份为坐标，绘制一个简单的图表，然后学生们绘制了自己的数据。通过使用标尺，他们将这些点连接起来，以看到"斜率"（一种它随时间增长的视觉表现）。

图表文件被张贴在教室里，学生们在走廊里走动，以观察不同小组的身高变化。然后，老师通过提出引导性问题，要求学生们对数据进行分析，如"我们今年增长最多的是哪几个月？""二年级男孩和女孩的成长有什么不同吗？""与二年级其他的班级相比，我们班级增长情况如何？"（老师们为所有二年级学生制作了一个班级平均增长图表）"根据数据，我们能为明年升到二年级的学生的成长做出怎样的预测？"随后，老师要求学生们以小组为单位，为现在的一年级学生做一次演示。

中学版本。高中生使用几个互联网搜索引擎查找来自世界卫生组织、国家

卫生研究院的数据，以及另外至少两种被记录在案的H1N1流感（又名猪流感）病例。学生们以小组为单位，进行以下任务活动：

- 至少从四个来源收集和记录H1N1病毒在不同国家传播的数据。
- 比较和评估这四个来源。（哪些资源是最全面的？哪些是最容易理解的？哪些是最可信的？）
- 分析数据。（你注意到年龄和性别有什么样的模式？出现了什么样的地理模式？相关的死亡情况如何？政府政策，例如旅行限制或检疫，对传染病的传播有什么影响？你对病毒的未来传播有什么预测吗？）
- 准备一份总结报告，通过使用适当的沟通媒介（如报纸文章、博客、网站、播客或电视新闻）有效地向目标受众（如国会委员会、公众或青少年）传达数据及分析报告，并给出未来爆发不同流感病毒株时的建议（如政府政策或个人预防措施）。

需要注意的是，该任务的中学版本还包含了21世纪的全球意识、保健和健康的主题，以及批判性思维、信息技术和沟通技巧。这两项任务中的所有技能和过程都是可迁移的；它们适用于数学、科学、历史和各种现实世界的情境。

现在想象一下，这些任务会在不同的年级中周期性出现，从同一个任务框架出发，但从日益真实的情境中获取更复杂的数据。再想象一下，在所有学术领域内和跨学术领域建立类似的任务框架，以指导其他的一系列周期性任务。这就是我们提倡的系统类型。

有了这样一个系统，学生们就能越来越熟练和自主地运用核心的学术知识和21世纪技能，就像青年足球或篮球运动员多年来一直磨练他们的知识和技能一样。基石评价有另一个优点——它们成为保存在学生数字档案袋（digital portfolio）中成就证明的来源。档案袋成为课程、评价系统的一个重要组成部分，是因为它实现了这样一种转变：从强调卡耐基单元（Carnegie units）和上课时间，到关注包含21世纪成果的有价值的任务成就的呈现。通过这种方式，学生们从高中毕业时就会获得一份带有真实成就的简历，并展现他们对核心观念的理解，以及他们运用21世纪技能的能力，而不仅仅是一份课程成绩单和平均绩点。

> 有了这样一个系统，学生们就能越来越熟练和自主地运用核心的学术知识和21世纪的技能，就像青年足球或篮球运动员多年来一直磨练他们的知识和技能一样。

指导原则3：回溯课程地图

> 当从幼儿园到高中的课程都按照大观念、关键问题、21世纪技能和基石评价任务进行设计时，一个更加连贯和注重结果的课程就会出现。

课程地图为编排课程的范围和顺序提供了一个完善的过程，以在不同年级之间建立起连贯性，避免不必要的冗余，并确保重要的知识和技能不会被遗漏。当从幼儿园到高中的课程都按照指导原则1和2（大观念、关键问题、21世纪技能和基石评价任务）进行设计时，一个更加连贯和注重结果的课程就会出现。通过牢记期望的表现（借助于螺旋式的基石评价任务），课程地图提醒教师们，他们的工作是发现重要的想法、探索关键问题、关注学习和运用21世纪技能，并让学生们将所学应用到新的情境中。

我们鼓励教育工作者，在他们制订基于21世纪成果的课程时，要考虑核心学科的基本概念，以及关键的、重复出现的21世纪技能，这些技能是从学科中发展而来的。我们之所以把科目领域称为学科，是因为它们需要有学科的思维和行为方式：

许多人错误地将学科视为"内容"，但这并不是学科本身。科学是一门"学科"，因为根据先有的观念而直接得出结论的习惯在人类（包括新的科学家）心中是根深蒂固的，只有通过尝试分离关键变量的"学科"，并对它们进行系统地测试，才能克服这些问题。你必须学会仔细观察，收集适当的证据，并在保持怀疑的同时权衡其有限的影响。所谓的科学方法不是一种"技能"，而是一系列在使用内容时的性情、技能和迁移能力，只有通过做才能学会。同样，学习"做"的历史，目的是避免以现在为中心和过于简单的因果推理。人必须学会像一位记者、策展人、历史学家一样思考和行动，学习历史这门"学科"。只学习事实的"内容"或高度脚本化的"技能"，不太可能让你"训练有素"，就像在篮球中只练习零散的动作一样，这很难使你成为一个成功的运动员（Wiggins & McTighe，2007）。

教学计划与实践

我们应该如何通过教学来获得21世纪成果？

目前的观点建议——制订21世纪的使命宣言；采用强调深入理解学科内容

和学习迁移的学习原则；以及围绕大观念、关键问题、开放结果、学习表现以及在所有学校层面实施的基石评价对课程和评价系统进行"回溯设计"——意味着日常教学行为需要发生重大变化。我们已经将我们的教学建议综合成一组指标，这些指标表明学生要想获得21世纪成果应该体验什么。

指标一：互动策略让学生积极地参与到发展对大观念的理解和应用21世纪技能中

理解核心观念是学习过程的中心，教师帮助学生与之前的知识建立联系，探索基本问题并解释核心观念。教师采用参与的、互动的策略，引导学习者发展并加深他们对21世纪关键技能的理解、发展和应用，例如：

- 问题式学习
- 科学实验与历史调查
- 苏格拉底式研讨会
- 合作项目与交流
- 创造性问题解决策略
- 帮助学生建立联系的可视化学习工具（例如图像组织）
- 交互式笔记本
- 关键问题，留有探索和等待时间

教师和学生的工作在概念上是严格的，学习者在智力上受到挑战。例如，学生常常被要求在信息和观念之间进行概念化并建立联系，总结他们的学习，撰写有说服力的、连贯的分析，或用实质性的论据来支持他们的观点。

指标二：在学术领域明确教授并应用21世纪技能

21世纪技能和基石任务被整合到学术性学习领域，并在各个年级的课程中明确地教授。随着这些技能被引入到在低年级中，教师将技能分解为关键组成部分，并定期给予学生练习和运用技能的机会，同时为学生提供辅导和反馈支持。随着时间的推移，我们看到学生们的技能熟练度以及自主将这些技能自动迁移到新情境的能力有了显著的提升。

指标三：学生有多种机会将学习迁移到新的情境中

学生们清楚地明白，迁移是学习的一个主要目标，并且他们有很多机会将他们的学习和理解运用到新的情境中去。学生定期参与相关的、真实的活动和评价工作，例如给编辑写信，对感兴趣的问题进行探究，研究当前的问题和争议，以及形成真实的作品和表现。教师不断地帮助学生们理解观念和技能与真实经历之间的联系。

指标四：教师使用持续性评价来监测学生对观念和技能的理解程度，并相应地调整教学节奏和难度

教师经常使用预评估来了解学生的已有知识、兴趣和偏好的学习方式。随着学习过程的深入，教师持续监测每位学生对学习目标中的大观念及21世纪技能的学习和理解程度，并根据需要对教学进行调整。采用形成性评价，例如在一小节结束时进行五分钟总结，用退出卡（exit card）、满分测试（no-fault quizzes）以及非正式的观察等来确定学习的水平和学习者的需要。教师提供及时的、可理解的反馈，并给予学生练习、反思和修改的机会。

指标五：教师建立一种重视学生参与的课堂文化和氛围；尊重学生的想法、问题和贡献；且鼓励学生产生想法、问题和猜想

致力于21世纪成果的课堂氛围鼓励知识挑战和积极的意义建构。错误被看作是成长机会，而非失败。学生参与学习过程，以建构个体和集体的意义。教师鼓励他们提出问题、说出自己的想法、讨论他们对原则的理解，互动反馈，以及创造并分享他们的想法和观点。学生们被鼓励定期反思自己的学习，教师是他们反思实践的典范。

教学资源

教学资源一直对教学实践有着重要的影响。我们认为，当我们更加关注21世纪成果时，必须考虑到这一因素。因此，教育工作者需要认真仔细地选择教学资源，包括与我们所描述的推荐课程、评价和教学实践相一致的已出版的课程和教材、技术及软件。为此，基于图7.2中的学习原则，我们提供了一套评审标准（见表7.2），可用来确定各种资源是否能够支持21世纪的学习。

表7.2 教学资源的评审标准

学习原则	评审标准 这些资源在多大程度上……
1	支持情境化的学习体验（如用相关的问题、有意义的挑战、真实的应用来架构学习）？ 结合21世纪的跨学科主题（如全球意识和企业家素养）？
2	确定数量有限的大观念——概念、原则、主题、问题——和/或包含有争议的关键问题，并基于此，对知识进行检验？
3	让学生参与高阶思维和相关的21世纪技能及过程（如问题解决、批判性和创造性思维、问题分析和研究调查）？
4	包括学生在有意义的和多样化的情境中应用学习的机会？ 包括与21世纪成果相一致的表现性评价？
5	包括有效的和具有吸引力的活动，以帮助学生建立联系和建构意义？ 包括预评估，以帮助教师检查先前的知识和学生对于新的学习的准备？
6	支持合作和交互学习？
7	支持学生讨论学习态度的机会？ 发展自主导向的态度和价值观？
8	不断审视并完善大观念和21世纪技能？ 螺旋发展并深化学生的理解和迁移能力？
9	支持教师为学生提供卓越的榜样和及时的反馈意见，并提供改进学习和表现的机会？
10	满足学生多样化的能力、兴趣和需求？ 针对学生多样的学习风格或智慧提供教学？

系统支持

需要什么样的政策、学校结构和资源分配来支持21世纪成果的发展？

我们提出的改进使命、学习原则、课程、评价和指导的建议，只有在系统政策和结构支持其实施的学区、学校和教室中才能落实。虽然我们无法解决面向21世纪成果的教育改革中的所有系统因素，但我们想强调的是，在系统的所有要素中保持一致的重要性。这些问题将有助于确保这种一致性：

• 当前学区和学校的政策、程序、操作和实践在多大程度上支持或阻碍了21世纪成果的实现？

- 教职人员、家长和学生在多大程度上知道，学区、学校的教育使命包含21世纪成果？
- 学区课程和评价体系在多大程度上强调21世纪成果？
- 课堂教学和评价实践在多大程度上反映了学习原则并支持21世纪成果的实现？
- 工作描述和教职人员的评价程序在多大程度上参考了21世纪成果？
- 分级和报告系统在多大程度上包含21世纪成果？
- 课程、评价和教职人员的发展在多大程度上促进了21世纪成果的持续开发和使用？
- 资源配置（包括资金和时间）在多大程度上表明21世纪成果是重中之重？
- 教职人员会议和专业发展的议程在多大程度上表明21世纪成果是重中之重？

21世纪学习框架

21世纪学习框架所提出的现行教育制度的变化总结在表7.3中。虽然我们倡导的变革不是一蹴而就的，也并不容易实施，但如果学校教育要继续发挥作用，并为我们的孩子在21世纪的生活和工作做好充分的准备，那么改变教育使命和教学方式的变化则是必要的。

表7.3 21世纪学习框架要点总结

宗旨	·成果导向 ·特别关注21世纪成果和教学理解与迁移 ·为主要利益相关者所熟知 ·定期审查并用于指导教育政策和实践
学习原则	·基于最新研究和最佳实践的明确的学习概念 ·认知/建构主义学习观点

续 表

课程	·专注于较少的主题和可迁移的大观念以及学术领域的关键问题 ·更强调深度学习、思考和理解 ·强调将21世纪成果融入到课程中 ·使用包括技术在内的多种资源
评价	·包含更多的表现性任务，包括将内容领域的大观念整合到21世纪技能中 ·周期性出现的表现性基石评价使课程得以围绕真实的、可迁移的任务建构 ·使用持续的评价为教师和学习者提供反馈
教学	·在一系列被认可的学习原则的指导下进行行动 ·强调主动学习和使用基于建构主义的策略 ·教学和培训是理解和迁移的重点
系统要素	·长期致力于实施21世纪成果 ·强化使用回溯设计模式进行课程规划和学校改进 ·教育系统的所有主要要素（使命、学习原则、政策、程序、资源分配、课程和教职人员发展实践等）都与21世纪成果的实现相一致 ·支持性的联邦和州指导原则、财政激励措施和内容标准，以实施21世纪成果和为理解而教的教学方法

参考文献

Bransford, J. D., Brown, A., & Cocking, R. (Eds.). (2000). *How people learn: Brain, mind, experience, and school.* Washington, DC: National Academy Press.

Covey, S. R. (1989). *The seven habits of highly effective people: Restoring the character ethic.* New York: Simon & Schuster.

Marzano, R. J. (2003). *What works in schools: Translating research into action.*

Alexandria, VA: Association for Supervision and Curriculum Development.

National Center for Education Statistics. (2003, March). *Teaching mathematics in seven countries: Results from the TIMSS 1999 video study.* Washington, DC: U. S. Department of Education. Accessed at http://nces.ed.gov/pubs2003/2003013.pdf on October 12, 2008.

Partnership for 21st Century Skills. (2009). *P21 framework definitions* document.

Washington, DC: Author. Accessed at www. 21stcenturyskills. org/documents/p21_framework_definitions_052909. pdf on August 14, 2009.

Partnership for 21st Century Skills. (n. d.) . *The intellectual and policy foundations of the 21st century skills framework.* Washington, DC: Author.

Pianta, R. C. , Belsky, J. , Houts, R. , Morrison, F. , & the National Institute of Child Health and Human Development. (2007, March) . Teaching: Opportunities to learn in America's elementary classrooms. *Science*, 315, 1795–1796.

Schmidt, W. H. , McKnight, C. C. , & Raizen, S. A. (with Jakwerth, P. M. , Valverde, G. A. , Wolfe, R. G. , Britton, E. D. , Bianchi, L. J. , & Houang, R. T.). (1997). *A splintered vision: An investigation of U. S. science and mathematics education.*

Boston: Kluwer Academic.

Weiss, I. R. , & Pasley, J. D. (2004, February). What is high quality instruction?

Educational Leadership, 61（5）, 24–28.

Wiggins, G. , & McTighe, J. (2007) . *Schooling by design: Mission, action, and achievement.* Alexandria, VA: Association for Supervision and Curriculum Development.

Willis, J. (2006) . *Research-based strategies to ignite student learning: Insights from a neurologist and classroom teacher.* Alexandria, VA: Association for Supervision and Curriculum Development.

作者简介

杰伊·麦克蒂格　Jay McTighe

杰伊·麦克蒂格，教育学博士，合著出版了十本著作，其中包括与格兰特·威金斯（Grant Wiggins）共同编写的《追求理解的教学设计》（*Understanding by Design*，UbD）畅销书系列。他撰写了30余篇文章和书籍的部分章节，并在一些主要期刊上发表，包括《教育领导力》（*Educational Leadership*）和《开发者》（*The Developer*）。他曾担任马里兰州评价协会主任，该协会与州学区合作，负责制定形成性和表现性评价。麦克蒂格以其对思维能力的研究而闻名，他在全州范围内努力制定教学策略、课程模型和评价程序，以提高学生的思维质量。

艾略特·赛夫　Elliott Seif

艾略特·赛夫博士目前是一名教育顾问，是美国监督和课程开发协会（ASCD）的一名成员、理解性教学设计（UbD）的骨干、培训者。他还对学区进行项目审查。艾略特·赛夫获得了哈佛大学社会科学教育学硕士学位和圣路易斯华盛顿大学的课程研究博士学位。赛夫是一名社会研究教师、坦普尔大学的教育学教授，也是雄鹿县（Buck County，宾夕法尼亚州）的中级单位（Intermediate Unit）的课程和教学服务主任。他的著作和文章以及对有效的学校实践、课程更新、思维技能发展、基于标准的教育以及基于理解的教学和学习方法的研究都十分著名。

在这一章，麦克蒂格和赛夫研究了如何以恰当的方法将21世纪成果融入到课程中，这些方法借鉴了《追求理解的教学设计》一书中的原则和实践。

第8章

问题式学习：培养21世纪技能的基础

约翰·巴雷尔

最近，我注意到几则杂志广告，它们阐明了为什么挑战当今的学生成为熟练的问题解决者是如此的重要。一则广告描绘的是一片宁静的南极风光：一座看起来像是一艘巨大船舶的冰山，船头高耸的斜桅迎着风，周遭的冰闪烁着美妙的蓝色和白色。广告是由德国的科勒公司，一家卫浴用品制造商制作的，这则广告的目的是想告诉消费者——如果用他们的产品取代如今人们在家中常用的喷头、淋浴喷头，所消耗的水将由原来的每分钟2.75加仑减少到每分钟1.75加仑。这样下来每年可以节省7700加仑的水（Kohler ad, 2009）。

这则广告开始让我思考一些在更广阔的世界范围内需要解决的关键问题，例如如何保护自然资源，如何减少美国对国外化石燃料的过度依赖，如何开发出清洁、可再生的替代能源等。

在美国的众多制造商广告中，我还注意到了以下几句广告语：

• "手术难以治愈"的说法现在已经基本不适用于脑肿瘤疾病了。（Cleveland Clinic ad, 2008）

• 全世界每年增长7000多万人，这是一个问题，还是一个机会？（Chevran ad, 2008）

• 我们怎样才能从雨水中获取更多的粮食呢？（Monsanto ad, 2009）

显然，这些公司是希望我们购买他们的产品或服务，可能只是为了利润而用这些广告来吸引我们的关注。但它们也确实让我们认识到，当今世界正面临的重大挑战，迫使我们去创新、变革、探索、认识问题，以及设想其他可能的未来。

在21世纪，我们需要人类拥有作为文化的创造者、维护者、技术创新者以及新的生活方式和管理方式的设计者所需具备的全部技能。因此以下这些技能又比以往任何时候都显得更加重要：批判性思维、问题解决能力、合作能力、创新能力、自我导向能力、领导能力、社会适应能力、责任意识和全球意识（Walser，2008）。除此之外，我还要加上探究这一重要技能。

但是21世纪与众不同的地方在哪儿

诚然，人类一直以来都在不断地解决问题，进行批判性与创造性的思考。历史上有很多这样的例子：

- 早期人类用石器来捕捉、杀死并吃掉比他们大得多的猎物。
- 苏格拉底在面对雅典青年时，用"困惑"来激发他们的思考。
- 达·芬奇和米开朗基罗的杰作，彻底改变了古老中世纪的观察方式。
- 1955年12月1日，在亚拉巴马州的蒙哥马利，罗莎·帕克斯（Rosa Parks）通过拒绝坐到公共汽车后部来抵制种族隔离。
- 萨莉·K·赖德（Sally K. Ride），美国第一位女性宇航员，对2003年2月1日哥伦比亚号航天飞机爆炸案的原因进行调查。

但是，是什么使21世纪真正显得与众不同？我们面临哪些国内外的新问题与威胁？哪些是我们现在需要迫切思考和解决的问题？其实这样的问题有很多，如：能源的生产和保护问题、全球环境问题、打击恐怖主义等，都是我们需要面对的棘手问题。除此之外，提供医疗保障，确保我们的教育和司法系统的公平性，以及在经历了自大萧条以来前所未有的糟糕状况后如何来保护金融市场的问题。

这些挑战日益复杂，为了应对这种局面，把学生培养成良好的问题解决能手就显得非常重要了。我们必须为学生提供改进策略以帮助他们提升问题解决能力，这是我们教育系统最有希望获得突破的地方。"问题式学习"（PBL）就是这样一种策略。

对于初次了解PBL方法的人来说，他们通常会提出以下几个重要问题：

1. 什么是PBL？

2. PBL的关键要素是什么？
3. PBL在课堂上是如何实施的？
4. 为什么要从一个问题情境开始？
5. 为什么探究在PBL中是重要的？
6. 我们如何开发PBL课程？
7. 如何利用21世纪技术加强PBL教学？
8. 我们对PBL的有效性了解多少？

PBL是什么

在探讨"问题式学习"时，我们必须首先探讨"问题"这个词的意义。"问题式学习"与当今学生通过回答课本章节后的习题的学习方式有所不同，但也不是相差十万八千里。在数学和科学科目的学习中，学生经常回答一个个问题，而且在书本后面通常也有答案。在一个更广泛的教学情境下，学生面对的是需要他们自己去寻找解决方案的"问题"，比如如何才能更好地利用学校操场，或如何来改善附近的一个池塘或一条小溪的水质。

我看到过有些教师在文学和历史课上利用问题情境来组织教学。例如，在一个三年级的课堂上，两位优秀的老师朗读宝莱特·布尔乔亚（Paulette Bourgecis）在1986年写的《黑暗中的富兰克林》（*Franklin in the Dark*）。这篇文章讲的是一只叫富兰克林的小海龟的故事：富兰克林害怕像它的龟壳里面那种"狭小而黑暗的地方"，所以它开始寻求问题解决的方案。故事结束前，老师问学生："你认为富兰克林遇到了什么问题？""如果让你来解决，你有什么办法？"这些"问题"可以促使学生不仅思考了富兰克林的解决方法也思考了自己的解决方法。

"问题式学习"要比这些短时间的教学或简单的问题解决要复杂得多，它需要教师对整个课程进行反思，鼓励教师围绕复杂的、"结构不良"的问题场景来设计单元教学，以保证学生能掌握和理解主要的学科概念。

"问题式学习"要比这些短时间的教学或简单的问题解决要复杂得多，它需要教师对整个课程进行反思，鼓励教师围绕复杂的、"结构不良"的问题场景来设计单元教学，以保证学生能掌握和理解主要的学科概念。我所指的"结构不良"或者"定义不明确",是指课堂上所呈现的问题是来自现实生活中的真实问题。比如"如果汽车以每小时60英里的速度行驶3.5小时,它会开出多远?"这一类问题,就是一个"定义明确"的问题,因为它们有正确的答案。而对于全球环境污染和饥饿人口这一类问题,它们是如此的复杂,以至于学生都无法简单地用正确或错误来回答。

当学生置身于学习单元中时,他们会提出很多很好的问题,开展有针对性的调查,运用批判性思维,最后得出结论,而且还需要不断地对过程和结果进行反思,直到问题得到圆满解决。此外,这样的单元学习将不再局限于能力强的孩子,而是针对所有学生,包括那些有特殊需要的孩子。

从这个角度看,PBL已经开始促使教师重新思考对"问题解决"这一概念的理解。通过具有前瞻性的目标,学生将不再抱着在一节课上来解决问题的念想,而是在一个围绕深入解决问题而设计的单元使用高级思维技能来研究和解决问题。要做到这一点,不仅需要重新思考教师和学生的角色,还需要重新思考教学项目的目标。PBL教师不仅仅是信息的提供者,他们还与学生共同学习,帮助学生成为更善于解决问题的人。这样一来,学生就不再是被动的知识接受者,而是"问题式学习单元"中性质和结构的决策者。

PBL的关键要素是什么

谢丽尔·霍珀(Cheryl Hopper)曾经在新泽西州的帕拉默斯(Paramus)教九年级,她设计了一个包含"问题式学习"十大关键要素的单元案例。这十大关键要素是:

1. 现实问题。它能促进探究和对"变化""平等"和"环境"等核心概念的学习。

2. 内容的选择以及学习与分享的方式。

3. 能体现最高智力水平的目标。这一目标应包括提出问题、有目的的探究、批判性思考、决策、得出有理有据的结论等。

4. 小组合作经验。如倾听、相互辩论、相互借鉴等。

5. 在呈现探究结论时,同学和教师给出反馈。类似的反馈——"我们所喜欢的是什么""我们的问题是什么"等——最有帮助,反映了真实生活中所发生的事情。

6. 修正、修改和阐述探究结论的机会。

7. 全程参与教学设计、监控和自我反思。
8. 能够获得有关预评估、形成性评价和终结性评价的信息。
9. 有简单、清晰、可推广并以探究和真实问题为中心的课程框架。
10. 师生共同参与教学决策。

PBL课堂是什么样子

谢丽尔·霍珀的九年级课堂对她的学生来说是非同寻常的经历。谢丽尔在第一天就向她的学生宣布:"这里没有规矩,对每一个人都有很高的期望。"学生们马上意识到,他们要通过学习世界历史和地理,经历一次激动人心且充满挑战的旅行。但他们不知道的是,他们很快就会体验到"问题式学习"的关键要素,尤其是现实的问题、探究和评估反馈,这些要素将会让他们完全投入到学习中去。

问题情境

在一个探究非洲地理、政治、经济、历史、艺术和宗教的跨学科单元里,谢丽尔让她的学生扮演问题解决者的角色。她设计了以下场景:

假如你们是一个渴望从世界银行得到大笔贷款的非洲国家代表,你们的目标是说服世界银行,表明你们国家的贷款需求是巨大的,应该得到贷款。但是世界银行的贷款额度有限,而且还有其他国家也正在申请贷款。因此,为了申请到这笔贷款,你必须要有充分的理由。(Barell, 2003, p. 145)

想象一下:作为一个学生,他不仅要去了解一个所选择的非洲国家,还要对这个国家的自然资源、历史与文化进行广泛的研究;不仅要找出这个国家最迫切的经济、政治和健康需求,还要设计一个方案来解决这些问题,然后把他的方案提交给世界银行。这不是被动学习。

谢丽尔指导下的探究

在这个单元的教学中,谢丽尔使用了结构化的KWHLAQ探究方法(图8.1)。这一框架可以作为一种工具,帮助学生解决单元学习中自己发现的问题。

> K　我们觉得自己已经知道了哪些知识？搜索先前的知识。
> W　我们想要并且需要什么知识？
> H　我们将如何来探究我们的问题？我们应该如何去管理时间、获取资源并形成报告？我们将如何对我们的进展进行自我评估（比如说用打分表）？
> L　我们每天都学到了什么？在调查的最后，我们学到了什么？
> A　在这门学科中，在其他学科中还有在我们日常生活中，我们如何以及在何处应用我们的探究成果？
> Q　我们还有没有什么新问题？我们在下面的单元中如何去解决这些问题？
>
> 资料来源：Barell, 2007a, p. 85。

图8.1　KWHLAQ探究方法

通过两天的幻灯片放映，谢丽尔给学生们呈现了与非洲有关的文化、地理和政府管理方面的素材。谢丽尔要求学生用证据来证明他们对非洲已经有所了解。他们把评论做成一个图形网络，以反映他们之前的知识以及他们在幻灯片中看到的内容。例如，学生制作的展示"我们觉得自己已经知道了哪些知识"的图表，包括诸如语言（具有多样性特点）、种族隔离、沙漠、艺术（主要是音乐）、水煮法和"地球上第二大大陆"的概念等内容。谢丽尔尽可能用幻灯片来唤醒学生们脑海里有关非洲的背景知识，并尽可能启发学生开启新的学习，尽可能激发学生的好奇心。

当学生们把他们认为自己已经知道的东西展现出来后，谢丽尔进一步激励学生去发现如果真的要深入了解这个大陆，包括它的国家和不同的文化，还应该知道什么。

以下是谢丽尔的学生的一些问题：

- 强大的王国如何以及为什么在非洲出现，尤其是在西非？
- 地理特征是如何解释非洲大陆文化的多样性的？
- 欧洲的统治对非洲有什么影响？是不是产生种族隔离的原因？
- 传统的生活方式是如何保存下来的？它们有没有什么变化？
- 非洲的艺术是如何来反映文化多样性这一特点的？
- 什么是帝国主义？
- 为什么欧洲把非洲变成殖民地？
- 欧洲统治下的影响有哪些？（Barell, 2003, p. 139）

当我们给学生提供机会来回答"我们想要并且需要什么知识"的时候,其实我们就是在给他们创造想象自己是年轻的历史学家、文化人类学家、语言学家、艺术家、社会科学家、地理学家和经济学家的机会。让学生扮演这些角色,增强了问题情境的真实性。有的老师也提到,"有些学生不想知道太多",这也是可能的。因此,我们就要求他们把自己当作需要去解决问题的专业人士。

接着,谢丽尔帮助学生分析和整理这些问题,寻找这些问题的共性以及能把彼此相互关联的方法。这样做的一个结果是,学生的具体问题开始越来越靠近本单元的一些基本核心问题——殖民历史(帝国主义是如何对当地进行殖民化统治的?)、多文化的发展(什么因素会影响不同文化的发展?)以及地缘影响(地理位置是如何影响该大陆、国家的历史和文化的?)。当学生完成这些探究任务后,谢丽尔基于他们的反馈来指导后续的教学设计。通过借鉴KWHLAQ探究法中的问题,她接着问:"为了找到问题的答案,我们接下来该怎么办?""我们将如何充分利用我们的课堂时间来获取相关资料并解决问题?"(见图8.1)

一旦对问题进行了分类和重新组织,他们便开始有选择地开展探究,并组成不同的研究团队。谢丽尔要求每个小组都要为她上一课,并为她设计一个角色。于是学生就以团队的形式开始准备每天上课的内容,让老师参与研究并为她设计适当的角色。谢丽尔仍然需要负责整个单元的教学,但学生们的角色在发生着变化。通过各种活动,如担任非洲某艺术博物馆的解说员,学生在尝试解答自己的和本单元的问题时,对自己的学习过程逐渐有了更多的自主权。

在观察谢丽尔与她的学生在开发他们的课程过程中的互动时,我看到了PBL探究方法的另一个主要好处:学生在思考如何才能最大限度地与同龄人分享新知识时,他们开始进行合作。通过运用这种方法,学生开始知道如何运用知识才更有意义,开始意识到自己在学习中承担着更多的责任。他们不仅仅是坐下来学习一些在单元学习结束后的总结评价中会出现的事实性知识,而是开始进行合作研究,对结果进行批判性的分析,并得出个人和团队的研究结论,所有这些都是很有意义的经历。

终结性评价

因为有像谢丽尔老师这样设计得很好的问题情境,老师们就有可能在最终评估中,为学生提供多种机会和方式来展示他们学到的主要观点和概念。谢丽尔开发的单元案例中最精彩的片段发生在"国际开发者"小团队身上，该团队需要为建造医院或其他需要的建筑物制作提案。他们使用了书面及口头汇报、PPT、面谈、报刊文章以及各种表现形式（如图片、地图、创作的作品等类似材料）——而不仅仅是五段式说明文。

> 因为有像谢丽尔老师这样设计得很好的问题情境，老师们就有可能在最终评估中，为学生提供多种机会和方式来展示他们学到的主要观点和概念。

在学生以小组形式展现了他们的最初提案之后，谢丽尔提供了一个提问和直接反馈的机会，这是现实评估中的一个基本要素（Wiggins，1998）。谢丽尔在学生进行最后陈述之前，也协助学生进行了必要的调整和改进。为了给自己的反馈提供指导，谢丽尔使用了一个她与学生一起开发的评分标准。这个标准强调问题解决、良好的决策、以合乎逻辑并令人信服的方式组织并呈现案例，以及回答问题。

谢丽尔提供的反馈从不放水。举例来说，在一个学生做了关于修建医疗设施的陈述后，有同学们评论道："我觉得你太不切实际了。我觉得你不可能用提供给你的钱建成一所医院。你是否考虑过其他因素，例如削减森林消耗所需的能源、供给和人员配备的费用？"这些评论和反馈反映了他们的认识和理解逐步深入。如此看来，反馈过程发挥了对学生在整个探究过程中理解了什么以及还不理解什么的评估作用。而且，这种挑刺式的反馈，确实能给年轻人提供帮助，从而使最后的陈述尽可能完美。

陈述结束后，谢丽尔要求所有学生反思自己的学习过程（KWHLAQ探究法中的"Q"）。下面是一些他们的回答：

- 当我将所研究的国家与美国的一个州，或者另一个规模大致相同的发达国家进行类比时，世界银行更容易理解我们的问题。
- 信息很容易获得，但我们必须把注意力放在问题身上，而这是很难的。
- 我在研究结束时问了这样一个问题：他们的生活如此艰难，为什么还要生养下一代。（Barell，2003，p.146）

这些反思显示，学生完成了KWHLAQ探究法的最后两个关键要素（见图8.1）。此时，学生们正在应用他们学到的东西，并继续讨论未来的问题。而在一个设计良好的PBL单元里，对复杂问题仍留有进一步疑问是再正常不过的了。

谢丽尔的非洲单元的教学对学生的智力水平提出了很高的挑战。在六周时间里，她的学生不仅收获了大量有意义的东西，而且也做出了关键的选择，因为他们理解到了一个国家真正的需要，以及如何才能更好地解决问题。正如她后来告诉我的："他们的问题说明他们的学习达到了当初设计的目标（包含了表格中的基本问题）。"

现在你可以想象一下：上面的单元学习与传统的"打开你的课本，让我们开始学习"有多么不同！

为什么要从问题情境开始

> 精心设计的问题情境通常包括两个重要因素，这两个重要因素能确保学生从PBL单元学习中有所收获。第一个因素是：设计的问题是一个嵌入了学生将要学习的核心概念的复杂问题。第二个因素是：规定了学生要理解哪些概念的真实性评价框架。

精心设计的问题情境通常包括两个重要因素，这两个重要因素能确保学生从PBL单元学习中有所收获。第一个因素是：设计的问题是一个嵌入了学生将要学习的核心概念的复杂问题。第二个因素是：规定了学生要理解哪些概念的真实性评价框架。需要记住的是，教师设计的问题（也许是与学生一起设计的）应该是清晰的，而且也应该能反映现实困境的复杂性、不确定性及混乱性特征。

一个问题情境应该包含本单元学习的基本要素，这样，当学生进行探究和分析时，他们自然会深入思考老师所希望他们掌握的观念和概念。这个过程的体验是设计该问题情境的核心目的。这里有几个问题情境的例子，虽然来自不同的年级，但都反映了这些设计原则。

海洋生物：三年级

如果由你来负责寻找一种方法（或几种方法）来阻止对海洋的破坏，使你所选择和研究的动物或植物的生命可以安全地成为海洋群落的一部分。你必须找到一种方式来证明你的方法不仅有助于拯救海洋中你选择的物种，也将有助于保护所有海洋生物或非生命物种所赖以生存的环境，所有的一切都是这一环境的一部分（相互依存）。（Catrupi, as Cited in Barell, 2007b, p. 46）

这个问题情境可以引发几个不同的主题单元如海洋生命、生态、人类行为或环境。注意上文中的第一句话：找出问题的关键，并寻找解决问题的方法。学生应该先熟悉当前的海洋状况——珊瑚礁正在逐步白化和死亡，然后确定研究的重点并努力解决这个问题。

在问题情境教学的第二句话，教师挑战学生陈述他们所理解的信息——所有的生物都是如何互相依存的。教师接下来要对探究的过程与标准、最后的总结提出要求。这样学生从研究的第一天开始，他们就对自己要做什么和要学习什么了然于胸了。

社区建设：6~8年级，有特殊需求

一家大型装饰品厂已经宣布，他们打算在一个经济欠发达地区进行投资。该厂将在那里建设一个多元化的社区。你是一名委员会成员，有责任决定和发展社区以及建设必要的设施来使工厂功能化。例如执法、教育、健康、应急服务。（Desotelle & Lierman，2000，p. 2）

这个面向中学生提出的、有特殊需要的社区建设项目需要学生对社区的概念、应提供的服务、长远规划进行广泛而深入的研究。这些学生必须在严格的预算内制订该社区的发展计划。在他们做出陈述后，教师和同伴必须对探究的结论进行提问并提供反馈。这种形式与往常有特殊需要的、但充满重复和枯燥练习的经历多么不同呀！

高中：文学

如果你是一部介绍有关19世纪女作家贡献的书的作者，现在有读者对安东尼、伍尔夫、奥斯丁、蔡平、勃朗特、斯坦顿、斯托等人思想的重要性很有兴趣，并且还想知道她们对今天的问题的看法。读者对你的下述能力非常看重：能清晰地阐述这些19世纪作者的观点，分析它们的重要性并与当前某个重要问题进行比较，能指出它们对解决当前问题的可借鉴之处。这种比较的合理性在于逻辑、适切性，并能权衡各种关系，最后得出你自己的结论。（Adapted from Royer，2000）

在这种问题情境中，教师要求学生对上述所列出的其中一位作家进行深入研究，分析她的作品，预测（基于上下文的证据）她对当代问题可能采取的立场。在问题研究的最后部分，学生还得到了用来衡量作家的每一篇文章的一系列标准。一般来说，在结构良好的问题中，这一标准对内容的好坏评定都有清

晰的界定。

上面所列举的每一个问题情境都提出了一个有意义的、明确的要求：要求学生熟悉主题，提出有意义的问题，然后进行批判性思考，并得出合理的结论。根据基姆·诺丁（Kim Nordin）的说法，这些问题情境"可以让学生对单元的学习更专注、更有激情、更有动力"（Perscomal Communication，January 15，2007）。

为什么探究在PBL中是重要的

在让学生解决问题的过程中，如果没有把重点放在探究上，这样的实践就很可能是不完美的。如前所述，探究是复杂思考过程的引导者，这是人类有意识劳动以来我们一直在从事的事情：山那边有什么？我们将如何解决吃饭、穿衣和个人安全问题？天空中的那些光意味着什么？今天，我们在如何提供平等的教育机会，如何提供更好的就业、卫生、能源、安全、营养保障以及更多的发展机会等方面面临着挑战。为了较好地解决这些问题，我们对探究作用的强调似乎是合乎逻辑的。

康涅狄格州格林尼治市的公立学校董事会就是这样做的。他们在研究生项目的愿景中宣称，学生必须具备以下几种能力：

- 提出和研究实质性问题
- 批判性地解释、评估和综合分析信息
- 探索、定义和解决复杂问题
- 为达到目的进行有效的沟通
- 对有意义的思想、动机和行动的倡导与辩护
- 富有革新精神，能提出富有创意的想法或提供有创意的产品
- 为了一个共同的事业而与他人合作，并加深理解（Greenwich Public Schools，2006）

如果学生从这所学校或其他学校毕业，他们将为未来升入大学并成为负责任的公民做好准备。

纽约巴德学院校长里昂·波茨坦（Leon Botstein）在下面的陈述中说明了大学生具有较强的问题解决能力的重要性：

（大学学习到的）基本技能应该是分析解释和探究的技能。换句话说，就是知道如何提出问题……你不应该依赖于政府或媒体提供的现成的资料，而是要能独立地提出问题并对解决方案进行评价。（as Cited in Flaherty，2002，p. 4A27）

波茨坦认为，高等院校应该专注于一个单一的、明确的目标，即不断激发学生的求知欲。他最后总结道："大学教育必须培养学生终身探究的习惯，而不是使他们相信自己就是权威人士"。（as Cited in Flaherty，2002，p. 4A27）

探究在PBL教学中的作用是什么

PBL探究方法的好处之一是，运用这里列出的问题情境为学生检查他们的先验知识的准确性提供机会："对于这一情况我认为自己了解多少？"使用"认为"这个词是要让学生认识到他们"所知道的"可能还包括一些他们不是很确定的信息。因此，承认哪些是正确的与承认哪些是令人怀疑的同样重要。

作者亚瑟·科斯塔（Arthur Costa）在谈到询问我们认为自己知道什么的重要性时说："我们的记忆是事实和虚构的混合体，是基于事实和误解所形成的混合体。"（Personal Communication，June 25，1998）

第二个好处是与KWHLAQ探究方法中的W有关："我们想要并且需要什么知识？"这个问题要求学生明确他们的知识和理解的差距，并激发他们的好奇心。它能告诉他们需要知道和发现什么来应对问题情境中的挑战。同样，当我们问自己问题时，我们将以一个年轻的科学家、文学批评家、艺术家、历史学家、数学家、营养学家和体育工作者的专业人才角色来回答。

探究和批判性思维

要解决"我们需要做出什么决定？"这一问题，要求学生退后一步，深呼一口气，然后提出问题。这个问题可能会提供重要的信息，它能引导学生朝着问题解决的方向迈进。这时PBL教师应该罗列出关键要素，并张贴在教室中，以便每个人能在新的班级、新的环境或个人生活中遇到问题需要解决时都可以参考，这时它的意义就凸显出来了。

例如，我们可以看一看以下这些言论：

- 我们马上就会出现财政赤字。

- 全球性变暖在很大程度上是人类造成的。
- 人工甜味剂阿斯巴甜已被证明会导致癌变、脑肿瘤和多硬化症。

(Mikkelson & Mikkelson, 2007)

我们应该问哪些本质的问题?对每一个言论,我们需要了解多少,才能够接受或相信它?

我们应该询问来源、证据、假设、定义、偏见。当学生遇到更多的这类主张和判断时,他们在得出自己的结论之前应该问更多的问题以便更为广泛地了解(Barell,2009)。用这种方式,PBL不仅能提高学生的质疑技巧,而且还能将那些技能超越当前的学习单元,迁移到其他问题情境中。

图8.2所示的问题框架提出了一个用于促进四年级以上学生探究能力的问题模型。这个框架像KWHLAQ探究法一样,也为复杂、混乱的情境提供了一组一般性的问题。它使教师通过提问来帮助学生理解每一个奇怪或令人困惑的问题情境。上部:是对基本信息的评估;左边:要求学生寻找原因;底部:要求他们进行横向比较;右边:要求他们对未来的影响进行预测。最后,他们需要提出自己研究后得出的初步结论。

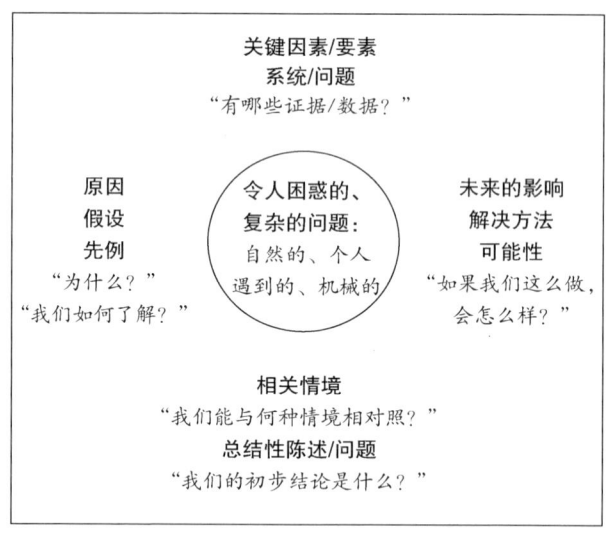

图8.2　问题模型

我们如何开发PBL课程

教师经常会问:"对于学生的问题,我们应该如何准备与应对?"这个问题促使我开始考虑我自己开发课程的根源。我制订了这个循序渐进的过程,帮助澄清教师应该如何组织问题解决和研究的单元。

以下可以在计划期间单独完成,也可以与同事一起完成:

1. 确定主题。教师参考他们所在学区以及州或省的课程标准,确定他们需要教授的概念和观点。

2. 绘制概念图。例如,如果研究主题是美国宪法,教师可以如图8.3所示进行绘制。

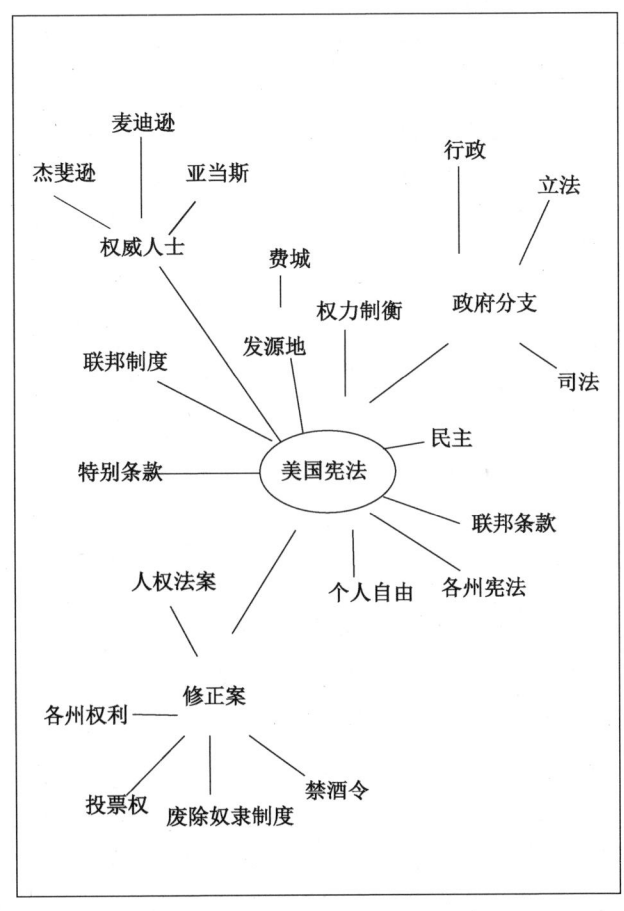

图8.3 美国宪法概念图

3. 参考州和地方标准，确定那些你需要或必须涵盖的次要主题。在纽约州的中学阶段，学生应该学习和理解宪法起草的起源和原因、美国政府的三个分支机构的构成和职能、《权利法案》、作为"动态文件"的"宪法"概念（纽约州州立标准，出版日期未注）。

4. 为你的学习单元设置一个可预期的结果或目标，并列出基本问题。例如，纽约州认为以下内容是七年级和八年级学生学习美国宪法单元的基本问题：为什么宪法是必要的？它是如何体现《独立宣言》的原则的？在宪法及其各项修正案中联邦制与分权制如何有效融合（纽约州州立标准，出版日期未注明）？

以下这些具体的做法就能检验学生理解该单元的学习内容的结果，还可以训练他们的思维：

- 定义和解释美国宪法所有主要的条款、分权制以及类似的概念。
- 解释起草宪法的原因。
- 比较民主与共和或议会制度。
- 把美国的宪法和别国的做比较。
- 为你的班级、学校、州或一个虚构的国家制订一部新宪法，然后比较异同，并进行总结。

有基本的问题是很好的，但若不具体确定学生要明白什么、做什么，教师就不能确定学生理解问题的程度和质量。要达到这些成果需要学生运用21世纪技能，如质疑、问题解决能力、批判性与创造性思维、假设和反思。特别是学生要综合运用"解释""比较"和"总结"等复杂的思维技能。

5. 设计一个能激发学生兴趣的问题情境，并为整个单元的研究设计一个研究框架。当创设这样的问题情境时，教师必须将本单元（美国宪法）要学习的基本概念纳入本单元学习的目标中。下面是一个可能的问题情境：

假定你是某个新成立国家的国民代表团的成员。你们需要起草自己国家的宪法，但不能简单地复制美国的模式。你们国家的宪法委员会希望你能介绍一下美国宪法，并提出改进的批评和建议。你无需为美国宪法框架所束缚，但你需要准确理解"联邦制""权力制衡""决策""国家和公民的权利""修正案的权力"等这些关键的概念。此外，在给你的国家的宪法委员会演示时，你需要为提出的改进建议给出合理解释。

这个问题情境对学生的挑战是，不仅仅要尽可能多地了解美国宪法，还要使用学到的新知识来制订自己国家的宪法。要做到这一点，他们需要好好研读美国的历史。当然，教师也可以修改这个问题情境，比如可以让学生进入宪法修订委员会，分析美国宪法这种"动态文件"，并对它的改进提出自己的建议。

6. 制订策略。像KWHLAQ探究法这类问题探究模型，就有助于学生进行观察和质疑。运用这些策略时，学生应根据自己的需要、问题的主次和自己的能力水平来制订研究的策略。在PBL中，学生可以批判性地审视自己调查结果的可靠性、偏差、可验证的假设等，然后教师与学生一起来商量如何更好地运用研究成果。

7. 将问题情境作为终结评价的材料来使用。有许多不同的方法可以让学生来分享他们对宪法的理解。如：他们可以像谢丽尔的学生那样进行陈述；在一些公民面前介绍他们的想法；制作视频和PPT来演示；参与辩论；撰写研究反思和论文等。

在单元学习过程中，教师可运用简答题测试、小论文、研究报告，尤其是研究日志中的随笔来评估学生的理解程度。这些研究日志应包含学生最初提出的问题，研究过程记录，后续提出的问题，以及每天、每周或最后阶段他们的体悟，新知识在其他学科的迁移应用，新知识对自己生活的影响，探究过程中的新思考等。

如何利用21世纪技术加强PBL教学

我们可以通过运用一系列的21世纪技能来增强"问题式学习"的有效性。此外，让学生在各种国际观点中建立自己的联系，也可以使学生对学习内容的探究更有意义，加深学生对生活、生存、经济全球化的理解。下面这些例子可以用来参考：

> 我们可以通过运用一系列的21世纪技能来增强"问题式学习"的有效性。

• 南卡罗来纳州洛克山红木小学（Rosewood Elementary, Rock-Hill）一名二年级的老师丹尼尔，用独创性的活动板（Promethean Activ-Board）帮助学生理解"气候"和"气候变化"等概念。结果，用他自己的话说，就是"问题在泛滥"。当学生被吸引到这个主题的学习中来时，丹尼尔不仅利用互联网展示了冷暖气流前锋的动态图，还呈现了他以前扫描的一本关于北极浮冰的书中的几页。（Personal Communication，January 15，2009）

- 北卡罗来纳夏洛特市（Charlotte）的五年级学生正在规划他们的研究问题，为在国际文凭学校的最后展示做准备。他们一提出问题，老师不仅能在电子白板上把它们录下来，而且也能同时记录下他们的随笔和对研究主题细节的讨论。（Personal Communication，March 30，2009）
- 加利福尼亚凡奈斯（Van Nuys）和加拿大曼尼托巴省温尼伯（Winnipeg，Manitoba）两地的距离超过1500英里，两地的中学生"几乎每天通过博客、维基论坛、Skype网络视频和其他通讯工具来讨论文学与时事"。（Richardson，2008，p.37）
- 纽约州韦伯斯特镇（Webster）的学生在调查他们学校周边河流的环境状况时，使用基于网络的交流工具（如博客、维基论坛、Skype网络视频和其他通讯工具）"创建了自己的网站"（Richardson，2008，p.37）。通过他们的努力，他们了解到：在21世纪这个高度相互依存和高度竞争的世界中，"全球合作与交流"是生存的关键因素。（Richardson，2008）
- 在加利福尼亚圣地亚哥的高科技高中（High Tech High），学生可以与社区内外的专家讨论跨学科的研究项目。例如，艺术、媒体和生物学的学生聚集在一起制作能解决与血液有关的健康问题的DVD。学习人文科学、化学和数学的学生一起合作，研究"非洲因自然资源的匮乏引发的政治斗争"这一主题，他们拍摄了纪录片，并设计了水净化工厂模拟装置，然后"在同伴、教师、家长和社区居民面前进行展示"。（Rubenstein，2008，p.44）

我们对PBL的有效性了解多少

一些研究者一直强调，我们需要加强PBL的研究（Strobel & van Barneveld，2009，p.44）。其他研究者也指出，通过问题情境鼓励学生思考，"在学生的长时记忆、技能的发展和师生的满意度方面都是'卓越的'"（Strobel & van Barneveld，2009，p.44）。

从调查的效果来看，我们得到了更为有力的支持。2009年的一项研究得出结论："研究已证实了好奇心驱动智力发展的观点……当一个问题情境能激发孩子们的好奇心时，他们的学习成绩也会更好。"（Engel & Randall，2009，p.184）

其他研究也表明，当所有学生被鼓励运用"组织、综合和解释"的方法来解决一个复杂的问题时，探究和研究的方式对学习会有积极的影响（Newmann & Associates，1996，p.29）。

> "研究已证实了好奇心驱动智力发展的观点……当一个问题情境能激发孩子们的好奇心时，他们的学习成绩也会更好。"（Engel & Randall，2009，p.184）

其他有效的证据来自使用过这种方式的教师，他们认为强调探究的"问题式学习"这一方法非常有效。例如，基姆·诺丁老师告诉我们，这种结构使她的学生"专注、有动力与激情……允许他们成为探究者……（他们）觉得自己对自己的项目有了自主权"（Personal Communication，January 15，2009）。国际文凭学校的班主任苏西·奥哈拉（Suzy O'Hara）指出，使用PBL"为我们的教师提供了切实可行的方法，能提升学生搜集信息的能力。它在基本技能与解决问题、创造性思维之间起到了桥梁作用"，这些都是我们在这个不断变化的世界中取得成功所必需的（Personal Communication，July 16，2009）。对PBL的热情并不局限于低年级。安大略省滑铁卢大学知识统整中心的主任艾德·乔尼根（Ed Jernigan）主要研究学生如何解决真实世界的问题。他说：

> 我们围绕一系列真实世界的问题开发了我们的一年级课程，让学生解决有意义的、开放性的社会与环境问题。我在滑铁卢33年的工作经历中，基于案例研究，实际设计作品展示以及反思深度表明他们的参与度与持续性是独一无二的。（Personal Communication，July 20，2009）

显然，我们需要更多的时间去研究这种贴近真实世界的教学方法，以便能够为提升其有效性提供更深入的洞见。虽然教师在运用PBL方面确实越来越专业，但我们希望，正式的和非正式的研究结果不仅能清晰地解释它的影响，而且还能展示出其积极的一面。从我们自己的实践来看，通过参与这样的项目，确实能激发学生的好奇心和想象力，使他们在面对21世纪的问题时，能大胆思考、大胆创新，并最终推动问题的解决。

最后的思考

本篇文章写到这里的时候，美国正在努力解决大萧条以来最严重的经济危机问题。随着全球变暖，它还在努力做到能源独立。在这一背景下，贝拉克·奥巴马（Barack Obama）提出了一个教育目标：

我呼吁我们国家的州长和国家教育负责人制订标准和评估方案，不只是简单地评价学生是否能在考试中回答问题，而是要能看出他们是否具备解决问题、进行批判性思考、富有创业精神和创造力等这些21世纪的技能。（as Cited in Henderson，2009，p. 4）

为了应对这么紧迫的挑战，我们需要像加拿大阿尔伯塔省埃德蒙顿的教育者克里·费伯（Kerry Faber）一样，他所教的六年级学生都觉得提好的问题对解决真实问题非常重要。有些人会急切地说："当你会质疑的时候，会觉得你能够学到更多……你的头脑将会变得更强大、更敏锐，能够更好地应对现实世界的挑战……你开始用批判的眼光进行思考……如果你能提出更好的问题，你就能让人思考。"（Personal Communication，March 15，2009）

在这个新的世纪我们所面临的挑战是帮助我们的学生建立对自然、生活、工作、游戏、创造和生存的内在好奇心。提出与追求实质性问题是我们在学校和作为共和国好公民都应该做的事情。1787年，当本·富兰克林被问到和其他人在费城的制宪会议上的理想时，他回答说："就是建立一个共和政体，并尽可能维护这一国体。"（Platt，1992）

为了保卫我们的共和政体，我们需要教育，从而使学生能够富有智慧地面对任何挑战。

参考文献

Barell，J.（2003）. *Developing more curious minds*. Alexandria，VA：Association for Supervision and Curriculum Development.

Barell，J.（2007a）. *Problem-based learning—An inquiry approach*（2nd ed.）. Thousand Oaks，CA：Corwin Press. Barell，J.（2007b）. *Why are school buses always yellow？Teaching for inquiry，preK-5*. Thousand Oaks，CA：Corwin Press.

Barell，J.（2009）.［Professional development materials］. Unpublished raw data.

Belland，B. R.，French，B. F.，& Ertmer，P. A.（2009）. Validity and problem-based learning research：A review of instruments used to assess intended learning outcomes. *Interdisciplinary Journal of Problem-Based Learning*, 3（1）, 59–89.

Bourgeois, P.（1986）. *Franklin in the dark*. New York: Scholastic Press.

Chevron advertisement.（2008, September）. *The Atlantic Monthly*, 302（2）, 36.

Cleveland Clinic advertisement.（2009, November）. *The Atlantic Monthly*, 304（4）, 19.

Desotelle, J., & Lierman, L.（2000, Summer）. *The lego community*. Paper submitted at the Facilitating the Future professional development workshop, Ashland, WI.

Engel, S., & Randall, K.（2009, March）. How teachers respond to children's inquiry. *American Educational Research Journal*, 46, 183–202.

Flaherty, J.（2002, August 4）. What should you get out of college? *The New York Times*, p. 4A27.

Greenwich Public Schools.（2006）. *Vision of the graduate*. Accessed at www. greenwichschools. org/page. cfm? p=61 on December 4, 2009.

Henderson, J.（2009, June）. Educating emerging entrepreneurs. *Education Update*, 51（6）. Accessed at www. ascd. org/publications/newsletters/education _ update/jun09/vol51/num06/Educating_Emerging_Entrepreneurs. aspx on December 30, 2009.

Kohler advertisement.（2009, May）. *Vanity Fair*, 585, 20.

Mikkelson, B., & Mikkelson, D. P.（2007）. *Kiss my aspartame*. Accessed at www. snopes. com/medical/toxins/aspartame. asp on December 5, 2009.

Monsanto advertisement.（2009, November 9）. *The New Yorker*, 3.

Newmann, F. M., & Associates.（1996）. *Authentic achievement: Restructuring schools for intellectual quality*. San Francisco: Jossey-Bass.

New York State Standards.（n. d.）. *Social studies core curriculum*. Accessed at www. emsc. nysed. gov/ciai/socst/pub/sscore1. pdf on July 7, 2009.

Platt, S.（1992）. *Respectfully quoted: A dictionary of quotations*. Accessed at www. bartleby. com/73/1593. htmlpn December 5, 2009.

Richardson, W.（2008, December）. World without walls: Learning well with others. *Edutopia*, 4（6）, 36–38.

Royer, C. (2000, Fall). *Undaunted—19th/early 20th century women writers, the need to be heard*. Paper submitted for Principles of Curriculum Development course, Montclair State University, Montclair, NJ.

Rubenstein, G. (2008, December). Real world, San Diego: Hands-on learning at High Tech High. *Edutopia*, 4(6), 40-44.

Strobel, J., & van Barneveld, A. (2009, Spring). When is PBL more effective? A meta-synthesis of meta-analyses comparing PBL to conventional classrooms. *Interdisciplinary Journal of Problem-Based Learning*, 3(1), 44-58.

Walser, N. (2008, September/October). Teaching 21st century skills: What does it look like in practice? *Harvard Education Letter*, 24(5), 2.

Wiggins, G. (1998). *Educative assessment: Designing assessments to inform and improve student performance*. San Francisco: Josscy-Bass.

作者简介

约翰·巴雷尔 John Barell

约翰·巴雷尔，教育学博士，蒙特克莱尔州立大学课程与教学系荣誉教授，曾任纽约市公立学校教师。自2000年起，他曾与国际文凭组织合作，在纽约美国自然历史博物馆担任探询指导和科学、社会研究网络的创建顾问。在他的教育生涯的大部分时间中，他曾与全国范围内的学校合作，促进探究、问题式学习、批判性思考和反思。他撰写了多部著作，包括《思考教学：促进智力发展的策略》(*Teaching for Thoughtfulness: Strategies to Enhance Intellectual Development*)，《培养更多好奇心，问题式学习———种探究方法》(*Developing More Curious Minds, Problem-Based Learning—An Inquiry Approach*)，还有《为什么校车总是黄色的？》(*Why Are School Buses Always Yellow?*)。

在这一章中，巴雷尔指出，问题式学习是培养21世纪技能的理想方式。他描述了教师基于标准的课程教学是如何从以往直接指导学生进行被动学习向学生成为积极的问题解决者和问题提出者转变的。他的具体例子说明了基于问题的探究方式适用于任何年龄、智商以及面临任何挑战的学生。

第9章

合作学习和冲突解决：21世纪必备技能

大卫·W·约翰逊　罗杰·T·约翰逊

在动荡不安的21世纪中生存，学生需要学会如何有效地进行合作和建设性地化解冲突。有意识地增强与培养学生的合作交流与冲突化解技能有益于提升学生合作学习质量，以及深化他们在校园中面对面的互动学习和网络中的在线学习。

本章将讨论21世纪的四个重要挑战，并提出合作学习和建设性地冲突管理（建设性争论和综合协商）是如何成为应对这些挑战的关键。

应对21世纪四个重大挑战的方式

合作交流和建设性地化解冲突在应对21世纪四个重大挑战方面发挥了关键性的作用：（1）与日俱增的全球相互依存关系将会导致地区差异逐渐扩大，与此同时产生的冲突也更加频繁且更为激烈；（2）世界各地会产生越来越多的民主国家；（3）创新型企业家的需求；（4）影响个人认同的人际关系日趋重要。应对这些挑战的方式包括合作学习、建设性争论和问题解决（综合的）协商。

合作学习

合作学习是用在小组教学中，促使学生们能够最大程度地促进他们个人和集体的学习（Johnson，Johnson，& Holubec，2008）。任何年龄段的学生都可以合作完成任何课程中的任何任务。当每个个体开展合作时，他们将致力于达成共同的目标，每个人对成功承担着共同的责任。依据合作的差异可以分出三种类型的合作学习：正式的合作学习、非正式的合作学习以及常规小组。

正式的合作学习包括学生在一节课到几周的时间内的合作和工作实现共同的学习目标并合作完成特定的任务与作业。非正式的合作学习是学生在短时间内合作达成一个共同的学习目标，时间跨度可从几分钟到一节课。常规小组是长期的，并且小组成员是稳定且异质的，组员们为了实现学习进步，彼此给予支持、鼓励和帮助。他们也以有益的方式帮助组员实现认知发展和社会发展，同时也负有监督组员持续学习的责任。自20世纪早期的研究就强有力地表明合作学习（与竞争性学习和个体学习相比）会产生如下结果（Johnson & Johnson, 1989，2005）：

• 付出更大的努力（比如，更高的成就和产出；高阶思维的频繁运用；新观点和问题解决方法的不断涌现；更强的内驱力；更长期的记忆存储；更高投入度；以及更多的学习迁移行为，即将所学的知识从一个情境转移到其他情境中去）。

• 参与者之间形成高质量的合作关系（比如，更大范围的人际互动，注重异质性，任务导向与个体支持）。

• 更强的心理适应能力（比如，更加健全良好的心理健康、社会能力、自尊感、身份认同以及应对压力和逆境的能力）。

由于研究的数量及一致性对运用合作学习的支持，合作学习将始终会在21世纪教育实践中出现。那些不运用合作学习或者仅仅依赖于告诉学生去合作的老师可能会被认为是不完全称职的。

> 那些不运用合作学习或者仅仅依赖于告诉学生去合作的老师可能会被认为是不完全称职的。

随着研究逐渐增多，合作学习的运用变得愈加必要和重要，由此，学生学业成就也得到了提升。

随之而来，合作学习也引发了冲突。积极的相互依存关系通常会引发两种类型的冲突，分别是建设性争论和综合性的协商谈判。

建设性争论

个体促进彼此成功的关键之一就是意见分歧和讨论——建设性争论——存在于组员需要做出决定或者需要达成共识的时候。当一个人的想法、观点、信息、理论或者结论与另一个人不一致，并且双方需要达成一致时，争论就会产生（Johnson & Johnson, 2007，2009b）。建设性争论包括亚里士多德所言的"深思熟虑的论述"（即关于所倡导的行动优缺点的讨论）意在生成新的解决方法（即创新性的问题解决方法）。

伴随着建设性争论的出现，教师们有意识地将一定的时间用于让学生更有效地解决分歧上，但与此同时也可能存在浪费学生时间或者引发课堂秩序混乱的风险。因此在随机分派学生进入由四人组成的异质小组前，教师们需要教学生如何正确地参与到争议—化解进程中去（Johnson & Johnson，1989，2007，2009b）。每个小组都会获得一个议题，需要通过撰写报告或是测试的方式完成。每个合作小组分成两队，一队在议题上持反方立场，另一队在议题上持正方立场。每一队都会获得明确自身的立场以及提供了支持性信息的教学材料。这些材料强调在议题上达成一致并撰写高质量小组报告的合作学习目标（通过整合双方最佳逻辑）。然后，学生们（1）研究、学习和准备他们被分配到的立场；（2）呈现一个具有说服性的案例来证明立场的合理性；（3）参与一个意见多样的开放性讨论；（4）批判反方观点，并呈现反对该观点的最佳案例；（5）就双方观点的最佳整合达成一致；（6）反思进程，进而从经验中学习。

总而言之，研究表明建设性争论会带来更高的成就、更好的记忆、更具创造性的问题解决、更频繁地运用高阶思维和元认知思维、更广泛的视角、更长久的学习动机、更积极的学习态度、更积极的人际关系、更多的社会支持以及更高的自我效能感（Johnson & Johnson，1989，2007，2009b）。参与建设性争论也可以是愉快的、享受的和激动人心的。建设性争论的理论、与之相关的研究和争论程序为政治话语和学生在课内外多样化环境下的合作中做出集体决策提供了经验基础。

综合性协商

为了在21世纪有效地行使职责，个体需要知道如何通过协商来建设性地化解利益冲突。利益冲突通常存在于个体尝试最大化个人需求和收益，却对另一个个体的需求和收益形成阻碍或干涉时。在人们开展合作工作时，利益冲突就会时常发生。如何化解冲突，将会对合作质量的提升和合作机制的长期健康发展产生重要的影响。21世纪的教师们能够让学生参与到调解和协商分歧意见的行动中去，进而使学生能够更有质量地解决相关问题。

例如，教师能够运用"教学生成为和平缔造者"项目（Johnson & Johnson，2005b）让学生为解决问题做准备。学生们在解决问题和调解冲突的准备中，需学会如下步骤：

1. 认识到什么是冲突、什么不是冲突，以及冲突潜在的积极影响。
2. 理解冲突管理的基本策略（比如让步、施压、缓和、妥协以及致力于问题解决和综合性协商）。
3. 参与问题解决和综合性协商需要通过（a）描述他们想要什么，（b）描述他们感受如何，（c）描述他们产生这些想法和感受的原因,（d）接纳别人的观点，（e）提供三个可供选择的计划来解决冲突，使共同利益最大化，以及（f）选择一个计划，并握手达成一致意见。
4. 调解学生间冲突通过（a）破除敌对的遭遇和让学生以冷静的方式来结束敌对的行动，（b）确保争论双方都参与到调解进程中来，（c）帮助争论双方成功运用问题解决协商的方法，（d）将达成的意见形成一份合约。
5. 实施同伴中介的调解项目（教师每天选择两位班级成员作为官方调解员。调解员将会定期更换，以确保所有的成员都能够有平等的机会来承担这一角色）。

这个项目带来的结果是多种多样的。让学生学会问题解决协商和同伴调解过程的益处在于掌握协商和调解的程序，使技能延续到整个学年和更长的实践中，运用程序来化解他们和其他学生的冲突，将所学的程序应用到非教室情境（如游乐场和午餐室）和非校园情境（如家庭）中去。与未参与学习的学生相比，参与的学生更倾向于运用建设性策略，比如综合性协商，同时对待冲突的态度也更积极。最终，当项目被整合进学习单元，冲突解决训练就会促进学习成绩的持续提高和知识的长期记忆。

21世纪的四个重大挑战

合作学习、建设性争论和综合性协商是应对21世纪四个重大挑战的必要方法。这些策略提供给学生必要的技能来应对在更具合作性的学校和工作环境中的每个挑战。

挑战1：全球依赖

21世纪的特征是个体、社区、国家和全球地区之间在科技、经济、生态和政治领域形成了日益紧密的依赖。托马斯·弗里德曼（Thomas Friedman）在《地球是平的》(The World Is Flat)一书中指出,这个世界必须要"联结与合作"。英国前首相布朗指出,全球各民族和地区需要摒弃利益争夺的心态,取而代之的是寻求共同的利益和展开合作性努力,从而在新的全球范围内建立新的国际准则和组织。学校正是个体学习如何去这样做的重要环境。

在2002年《洛杉矶时报》的社论中,比尔·克林顿(Bill Clinton)曾问道,日益增强的全球依赖对人类来说将是好还是坏。全球依赖通过日益加强的世界贸易,加速了城市的发展,增加收入并改善了生活标准。相反,全球依赖也暴露了每一个国家的弱点。这些国家的经济不再具有自主性,一个国家内部经济的中断会对许多国家的经济产生影响。通货膨胀会跨越国界。一个国家过激的行动将迅速导致其他国家的困境。因此,当全球依赖创造了更高水平的世界繁荣和生产力的同时,也增加了每个城市影响其他国家的可能性。影响的范围更加广泛,因而产生了更多的冲突需要进行调节。理解全球依赖系统的本质、如何有效运作全球依赖并调节冲突,是未来公民和领导者必备的能力。

> 合作学习、建设性争论和综合性协商是应对21世纪四个重大挑战的必要方法。这些策略提供给学生必要的技能来应对在更具合作性的学校和工作环境中的每个挑战。

全球依赖同样意味着国家个体面临的重大问题(如消除疾病、世界饥荒、环境污染、全球变暖、国际恐怖主义、核扩散)越来越不能仅仅依靠国家层面的行动解决。这种国际化的问题模糊了国内问题和国际问题的界限。一个国家的国际事务就是其他国家的内部事务。国家更容易受到外部经济动荡的影响。因此,未来公民和领导人必须了解全球依赖系统的本质以及如何有效地运作和应对。

差异性和多元化。源于交通工具和移动通讯的进步,日益加强的全球依赖正在增强地区间的差异性和多样性。共同合作并解决不同个体间的冲突将会变成更为普遍的需求。合作学习对于多样性价值的利用是极为有益的(Johnson & Johnson, 1989),并能确保所有的学生投入到有意义的、积极的学习之中。积极参与的学生往往不会做出排斥、欺凌和偏见的行为。合作学习保证所有的学生发挥自己的潜能并体验心理上的成功,从而在学习上更有动力且更为持久地投入精力和努力。经历过学业失败的学生存在不受关注和滋生事端的风险,往往会对其他同学产生身体或言语上的伤害。合作学习能够促进学生之间,包括主流学生群体和弱势学生群体之间，形成相互关心和相互信任的关系。那些被同伴孤立、疏远以及没有朋友的学生可能会成为受攻击的目标，将会遭受心理或者言语伤害。孤立的负面影响在少数弱势学生中可能会更加严重。

合作学习小组提供了一个发展有效合作所必需的人际关系技能和小组合作技能的平台。这些人际关系技能能够让

> 合作学习对于多样性价值的利用是极为有益的。

学生参与讨论，在讨论过程中分享并解决个人问题。最终，逐渐增强学生应对逆境和压力的能力。不懂得如何解决问题，也未获得关心和支持性帮助的儿童，更有可能向其他同学发起心理或者言语伤害。在合作学习小组中，学生们会帮助和支持不同的组员，并为组员的幸福感和生活质量做出贡献。这种行为有助于体验到意义感、自豪感和自尊感。最终，合作学习的系统运用提供了以建设性的方式化解冲突的情境，这对于不同个体间形成积极的关系是必要的。

国际、国家、群体和个体间的冲突解决。当国际、国家、群体和个体间的依赖水平逐渐加强，冲突的频繁度和紧张度也会随之提升。这些冲突包括集体决策冲突和利益冲突。破坏性冲突倾向于竞争性的，一个团队试图去战胜另一个团队。建设性冲突倾向于合作性的，团队在共同利益上寻求达成一致。冲突致使国家和组织共同致力于解决相同的或者全球性的问题。持反对意见的团队可以对问题的本质和原因有不同看法，可以对结果和方法持不同的价值观和目的，也可以对每个人在问题解决中的贡献量存在不同看法。如何建设性地解决冲突，成为如何有效管理全球依赖的核心议题。

关于环境保护的争议是一个理解互相依赖需要和运用这些知识建设性地化解全球冲突的案例。据估计，到2050年全球将会有超过90亿人口，尤其是在人类持续耗费自然资源、污染环境以及生物多样性减少的情况下，地球的生态系统将无法容纳如此庞大的人口数量。伴随着人口的逐渐增加将会引发经济和社会矛盾，这些将会毁灭人类当下和未来的健康与福祉。世界环境与发展委员会在1987年意识到这些问题，并表明"地球就一个，但世界不是"。学生需要学习有效处理争议和冲突的能力，这些都蕴藏在建设性争论和综合性协商中。教师能够帮助学生从集体决策引发的冲突中学习，而不是采用惩罚性举措结束这些冲突，教师能够让学生学习这些技能，以及在课外应用所学去解决更大程度的冲突。

挑战2：越来越多的民主政体

随着全球依赖程度的加强，21世纪全球范围内，科技与信息的传播愈加普及，类似联合国等跨国组织的力量也在逐渐增强，同时也会增加许多民主政体。1748年，孟德斯鸠发表《论法的精神》，在书中探讨了人与不同形式政府间的关系，并得出结论，即专制独裁存在于人们的恐惧之中，君主制度存在于人们的忠诚之中，一个自由民主政体（三个政治制度中最脆弱的）存在于人们的美德之中。美德反映出一个人平衡其自身需求与整个社会需求的方式。美德的动力源于一种归属感、对整体的关切和社会的道德纽带。这个道德纽带是可以通过与亲密的同胞讨论共同利益、帮助改进政治社会的命运来培育的。

成为合作学习小组的有效成员和成为民主社会的合格公民之间存在许多重要的共通之处（Johnson & Johnson，2010）。一个合作学习小组就是一个民主社会的缩影。民主社会首先也是最关键的是合作系统，公民可以共同努力从而达成目标并决定未来的发展。同样，在合作学习小组中，个体致力于实现共同的目标，并对小组工作负责，有权利和义务去表达自己的观点，有义务去提供领导建议并确保做出有力的决定。所有的组员之间都是平等的。最终的决定源自于对所有不同观点的仔细考量。组员形成共同的价值观，包括为组员的幸福和共同利益做贡献。这些都是真实的民主社会所具有的特征。

托马斯·杰弗逊、詹姆斯·麦迪逊等美利坚合众国的创立者共同认为，政治话语将会成为民主社会的核心：正式地交换合理的观点，基于此，采取一些可供选择的行动方针来解决相应的社会问题。在一个民主社会中，政治话语是进行集体决策的一种方法。政治话语的本意在于让所有人参与决策，说服其他人（借助有效的信息和合理的逻辑），辨别什么样的行动能够最有效地解决问题，比如贫困、犯罪、药物滥用、经济状况不佳和种族歧视。目的是期望公民为自己的立场做好准备，坚持并坚定地维护自己的观点、批判性地分析对方的观点，从各个角度对问题进行审视和评论，然后对社会采取的行动方针做出合理的判断。对立观点的冲突意在提升公民对议题的理解和决策的质量，确保公民能够保持一个开放的心态，在符合逻辑的情况下，适时地转变自身的观点。对政治话语的关注，包括短期的和长期的积极的相互依赖。短期的积极依赖是居民要立即达成共识，采取行动从而更好地解决问题；长期的积极依赖是对政治进程的改善和民主健康的维护。在美国、阿塞拜疆、捷克共和国和立陶宛等国家中，合作学习和建设性争论被用于教育中小学生如何成为一名民主社会的公民（Avery, Freeman, Greenwalt, & Trout, 2006; Hovhannisyan, Varrella, Johnson, & Johnson, 2005）。

数字公民技能。除了成为民主社会中富有生产力和责任感的公民所需要的技能外，个体还需要发展数字公民技能。数字公民技能能够确保个体以安全和负责任的方式使用科技。像所有的技能一样，数字化公民对于科技负责任和高效率的运用应该有相应的态度，比如倡导合作和规避竞争。在互联网领域成为一个好的公民和成为一个好的合作者在很多方面是相似的。大多数技术是用来实现共同目标的，因此是一种合作的努力。科技最基本的目的在于让一个团队、组织、社会或者跨国集团中的每个成员能够更加有效地达成共同目标。科技使得来自世界各地的研究团队即时协调他们的行动。同一组织但在不同地方的成员能够同时接收到合作性任务的指令。

科技使丰富的资源可用于合作性事情，例如大型多人在线游戏，同时也为大量潜在的合作者提供了访问通道和完成合作任务的共享空间。此外，人们的网络行为可以界定他们在网络关系中的身份。社交网络的下一波浪潮将会把科技系统从限制用户转向有会员资格的少数网站，比如脸书，在许多生态社区中实现一种更加开放和灵活的共享。这将会帮助个体看到他们的社交图谱，也能了解别人的网络社交情况。因此，数字公民技能将会成为21世纪个体生存的必要组成部分。

挑战3：创造型企业家的需求

社会经济发展的未来取决于其培养、吸引并支持有才华、有创意和有创造力的企业家的能力（Florida, 2007）。因此有创造力的企业家是高度流动的，生活质量高的城市将会吸引到最多的创造型企业家。每个国家教育系统面对的挑战就是培育能够为国家未来经济健康发展做出贡献的创造型企业家。

国家必须确保教育系统能够让学生们在社交过程中成为一个有创造力和生产力的人，并且使他们相信，通过成为富有创造力的企业家能够改善他们自己的生活。国家也需要确保他们的生活质量足够吸引和留住创造型企业家。决定生活质量的两大关键因素是摆脱贫困及由贫困引发的社会问题，个体通过努力成为创造型企业家将可能实现更好的生活。教育是实现个体从一个社会阶层向另一个社会阶层升迁的关键机制。因此，学校有责任教育学生如何成为创造性的问题解决者，尤其是提升低社会经济水平群体的学生的成就感，确保他们都能够进入大学并顺利毕业。

在过去，大部分学校并没能成功地教会学生创新。创造力是一种创造或者发现新事物的能力，或者形成解决议题与问题的独特方法（Johnson & Johnson，1989，2005a，2009a）。创造力是一个社会化产品，它通过在合作情境中考量不同的观点而形成，很少会在竞争或个体情境中出现。合作学习和建设性争论（即学生不赞同其他人的观点和质疑别人的结论与理论）往往会增加观点数量，提升观点质量，激发灵感和产生快乐，并且富有创造性地解决问题。

研究显示，与竞争性学习和个体学习相比，合作学习增加了新的解决方法，形成了更多合理的策略，生成了更多创造性的观点，产生了更多创造性的问题解决方法。除此之外，合作学习和建设性争论鼓励小组成员能够深入地讨论问题与提出问题，并且在更多的观点里显示问题解决的价值，产生高度的情感参与并致力于问题解决（Johnson & Johnson，2005a）。

在建设性争论中，参与者往往会提出更多创新性的问题解决方法，有更多原创性的思考，形成和利用大量的观点，产生更加高质量的观点，更深水平的分析，提出更多的问题，体验更多的刺激感和愉快感，投入更多的情感并致力于问题解决，并且对最终的决定更加满意（Johnson & Johnson，2005a）。

高质量的推理能力。除了创造力外，更多的探索和高质量的认知推理策略都发生在合作环境中，而非竞争性和个体环境（Johnson & Johnson，1989，2005a）。皮亚杰认知发展理论和科尔伯格道德发展理论研究表明，与竞争性和个体学习体验相比，合作学习体验更能促进高水平认知的迁移并提升道德推理的质量。此外，根据皮亚杰和争论理论，当合作学习小组成员的观点产生分歧时，他们能够提升认知和道德推理的水平与质量。最后，在合作情境中，相比于竞争性和个体情境而言，学生倾向于提出更多的且更加准确的观点。这些确切的观点能够促进组员以更强的同理心和支持的态度回应他人需求。

挑战4：人际关系的改变

在21世纪，随着社交网络普及率的提高，人们对友谊的形成和积极的人际互动日益重视。这些关系将会在两种情境中越来越频繁地发生：面对面互动和网络互动。合作和建设性地化解冲突将对每个情境中积极关系的建立起着重要作用，与之相对的竞争性和个体情境则容易导致消极关系。合作成果将会促进个体间形成更多的尊重。在主流群体与少数弱势群体的关系中是这样，在有特殊需求的学生和没有特殊需求的学生中亦是如此。

网络关系。目前的趋势似乎表明，在21世纪，人际关系可能更多地开始或发展于网络之中。通过邮件或像脸书、推特、博客、短消息等网络途径可以发展和维持人际关系，

> 在21世纪，随着社交网络普及率的提高，人们对友谊的形成和积极的人际互动日益重视。

大规模的网络游戏能够促进同龄人之间的联系。网络互动可以作为对面对面互动的有益补充，当转移到不同的地理位置时，可以维持先前的面对面互动的关系，或者是在特定情境下形成新的关系。

网络关系通常是建立在共同目标的基础上，它们往往不是随机的。人们为达成某种目的阅读一篇博客，因为某种原因寻找兴趣相似的人，玩游戏是为了寻找乐趣并测试他们的游戏水平。网络关系建立在一个共同的目标上，也正是由此定义了其合作性。人们愈加能够了解合作的重要性并具备合作技能，就越愈加能够在网络关系中获得成功。

极其重要的一点是，人们意识到网络关系就是真实的关系，真实的人阅读邮件信息、在博客中回应评论、收发推特信息，在脸书中发布帖子等。它们不仅是真实的，更是重要的。关系的建立基于个体与其他人互动的时间，因此越来越多的联系时间花在了网络上。与面对面交流相比，越来越多的人在网上进行交流。

电子媒介以非常快捷和便利的方式扩充了个体所建立关系的数量。进入网络建立联系几乎是没有障碍的，这样做的可能性也是很大的。一个人能够在互联网上轻松地找到在兴趣和信念上相似的人。进入一个网站，可以与几十个有共同兴趣的人进行互动。这在面对面互动的情境下是很难实现的。在线建立联系的便捷性增强了个体寻找合作者以及寻找那些具有完成合作项目所需资源的人的能力。

在网络关系中，个体的地理位置往往无关紧要。无论一个人在哪里生活，都能够在世界范围内找到朋友。因此，地区的差异性对许多人来说并不重要，无论他们的邻居是谁，他们都能够在网络中寻找到志同道合的人。或者，如果一个社区对个人来说过于单一，他（她）也可以通过网络寻找到那些具有不同兴趣爱好或持不同观点的朋友。因为不同的观点和资源能够增强合作和建设性争论，网络关系能够在很大程度上提升合作和建设性争论的质量。在网络上同

时与很多人进行互动是容易的。同一个邮件能够发给几十人，甚至数百人。一个人在脸书上发布信息，全世界范围内的朋友都可以进行访问并给予回应。相反，大多数面对面关系就是一对一的。网络的信息沟通速度能够在大多数情况下增强合作和协商效果。如果竞争性信息发出，信息交流的速度能够使更多的人在短时间内变得疏远。

在网络关系中，人们了解其他人的主要方式就是通过他人透露了什么。对他人在网络上的话语持怀疑态度是可以理解的。在合作情境中，信任度可能会更高，同时个体在他们的交流和展现时，会更加公开、准确和诚实。但是，总的来说，21世纪将会毫无疑问地出现评估个体网络形象和诚信的新方式，如评价输入和回应的速度、语言措辞的合理程度、措辞的方式、幽默感和写作的创造性，等等。网络关系可能是非常积极的和充实的。收到邮件能够带来欢乐。坦诚地说出自己的想法与感受是一种解脱。同时来自网友的支持是非常强大的。然而，并不是所有的网络关系都是积极的，网络欺凌和其他负面的相互作用也会发生在网上。尽管如此，绝大多数网络关系看起来是非常积极的，给我们带来了笑声、幽默、愉快、喜悦和乐趣。这种行为反映了积极的关系。

发布在互联网上的材料迅速而广泛地传播，并可能供相关各方在数年内都可以获得。这就意味着，人们必须要更多地考量在网络上发布的内容，以及他们的隐私在社会中以及面对面关系中产生的影响。例如，个人的行为能够通过手机记录，发送给几十个人，甚至发布在油管中。十几岁时在派对上的照片可能会在20年后出现在公司网站上。最终，网络关系关注道德规范、行为态度和价值观。当人们发展网络关系时，基于科技的性质，他们也要同步发展道德规范和行为态度的体系。例如对礼貌和粗鲁行为的定义，在网络关系和面对面关系中就会有所不同。网络关系同样能够影响个人的价值系统。近期的研究发现，在美国、日本、新加坡和马来西亚，当人们玩亲社会的网络游戏时间越长，他们就会产生更多的亲社会行为；而当他们玩暴力游戏较多时，他们就会有更多的竞争性和妨碍性行为。

网络互动对现实关系的影响

在21世纪建立和维护网络关系变得日益方便，将会对现实中面对面的关系形成影响。首先，个体大量的面对面互动体验都发生在学校。其次，面对面互动时间的减少，使得面对面互动中的肢体接触增多。通过网络聊天和视频聊天发展的网络关系提供了更多的形式，如语音语调和面部表情，但是他们不能提供触觉（尽管触觉科技正在开发中）。触觉是人类社会生活的核心。一出生，触觉就是最发达的感官，在婴儿期和儿童期触觉有助于认知、大脑和社会情感的发展。个体触觉的剥夺可能会产生严重的心理和发展方面的问题。触摸对关系的情感体验是至关重要的，因为它可以交流和强化情感。肢体接触对于积极情绪的交流是十分重要的，比如爱、仁慈、关怀、感激、共情和同情。当一个人在现实中面对面的互动越来越少时，每次互动中肢体接触次数可能就会增加。肢体接触在合作关系和建设性冲突化解中极为重要。

身份认同

一个人的身份认同与对"我是谁"界定是一致的（Johnson & Johnson，1989）。它是对自我的概括，源自于个体与他人的关系和互动，以及在某些团体、社区和文化中的成员身份。我们的个体身份是由多个方面形成的，包括我们的身体体征、社会角色、参与的活动、态度和兴趣、性别、文化、种族和年龄。除此之外，还包括我们将要实现的梦想和期望达到的目标。个体身份的所有方面都是依据动态的而非静态的层次结构安排的。个体身份的每一个方面都有积极或者消极的意蕴。一个人对他（她）的行为与特征赞同或反对的总和被称为自尊。

对身份的认同，包括把自己看成是道德共同体的一员，拥有共同身份并参与亲社会行为。道德共同体倾向于平等主义（即世界上万物平等的信念）和相互尊重。相反，在一个竞争性环境中，个人身份被界定为争取胜利的独立个体。

> 对身份的认同，包括把自己看成是道德共同体的一员，拥有共同身份并参与亲社会行为。

一个竞争者可能有涉及不平等观念、成为胜利者和蔑视失败者的品性。

合作体验能够提升个体参与亲社会行为的频率，而竞争体验能够提升反社会行为的频率，比如有伤害意图的欺凌和侵害。成为亲社会的人是有益处的，亲社会的儿童倾向于建立积极的关系和享受积极的幸福感。参与亲社会行为能够影响个体身份。例如，大屠杀期间拯救犹太人的人由于其良好的行为，在50年后仍享有良好的声誉；那些愿意放弃休息时间为住院儿童服务的小学生在当下以及一个月后会认为自己是无私的。

网络身份

在21世纪，人们的身份是与他们在网络关系中被别人怎样看待联系在一起的。网络身份不同于在面对面情境中形成的身份。在互联网上，个体外在通常是随意的，身份的建立更多依据的是个体的遣词造句，看他（她）发布了什么、回复的速度与洞察力，以及他（她）的洞见、观点和贡献的独特性。然而，为了使自我身份是积极正面的，网络互动需要合作努力，进而建设性地解决冲突。有了这些条件，积极、强大的身份认同才会形成。

应对挑战

21世纪公民所面临的挑战来自于经济的增长、科技的进步和全球依赖。全球化依赖将会增加地方的多样性，以及国家和区域，个体和团体间频繁且激烈的冲突。越来越多的国家将会变得更加民主。为了使国家经济繁荣，必须培养、吸引和支持有创造性的企业家。高质量的关系将会持续发挥重要的作用，但是围绕合作性努力所形成的网络关系将会越来越占据主导地位。互联网将会影响个体身份的认同。面对所有挑战，合作学习、建设性争论和问题解决协商将在教育儿童、青少年和青年应对21世纪挑战、开创高效而充实的人生所需要的能力和价值观方面发挥至关重要的作用。

参考文献

Avery, P., Freeman, C., Greenwalt, K., & Trout, M.(2006, April). *The "deliberating in a democracy project."* Paper presented at the annual meeting of the American Educational Research Association, San Francisco.

Cialdini, R. B., Eisenberg, N., Shell, R., & McCreath, H.(1987). Commitments to help by children: Effects on subsequent prosocial self-attributions. *British Journal of Social Psychology*, 26, 237–245.

Florida, R. L.(2007). *The flight of the creative class: The new global competition for talent*. New York: Collins Business.

Friedman. T.(2005). *The world is flat*. New York: Farrar, Straus and Giroux.

Hovhannisyan, A., Varrella, G., Johnson, D. W., & Johnson, R.(2005). Cooperative learning and building democracies. *The Cooperative Link*, 20(1), 1–3.

Johnson, D. W., & Johnson, R. T.（1989）. *Cooperation and competition: Theory and research*. Edina, MN: Interaction Book Company.

Johnson, D. W., & Johnson, R. T.（2005a）. New developments in social interdependence theory. *Genetic, Social, and General Psychology Monographs*, 131（4）, 285–358.

Johnson, D. W., & Johnson, R. T.（2005b）. *Teaching students to be peacemakers*（4th ed.）. Edina, MN: Interaction Book Company.

Johnson, D. W., & Johnson, R. T.（2007）. *Creative controversy: Intellectual challenge in the classroom*（4th ed.）. Edina, MN: Interaction Book Company.

Johnson, D. W., & Johnson, R. T.（2009a）. An educational psychology success story: Social interdependence theory and cooperative learning. *Educational Researcher*, 38（5）, 365–379.

Johnson, D. W., & Johnson, R. T.（2009b）. Energizing learning: The instructional power of conflict. *Educational Researcher*, 38（1）, 37–51.

Johnson, D. W., & Johnson, R. T.（2010）. Teaching students how to live in a democracy. In F. Salidi & R. Hoosain（Eds.）, Democracy and multicultural education（pp. 201–234）. Charlotte, NC: Information Age Publishing.

Johnson, D. W., Johnson, R. T., & Holubec, E.（2008）. *Cooperation in the classroom*（7th ed.）. Edina, MN: Interaction Book Company.

de Montesquieu, C.（1748/2004）. *The spirit of laws*. New York: Kessinger World Commission on Environment and Development.（1987）. *Report of the World Commission on Environment and Development: Our common future*. New York: United Nations Documents.

作者简介

大卫·W·约翰逊　David W. Johnson

大卫·W·约翰逊，教育学博士，明尼苏达大学合作学习中心主任，于2008年获得由美国教育研究协会（AERA）颁发的教育研究杰出贡献奖。他合作撰写了500多篇研究论文和图书，并出版50多本著作。他是美国教育研究杂志（*American Educational Research Journal*，AERJ）的前任编辑，同时还在世界范围内的诸多学校和企业中担任组织顾问。

罗杰·T·约翰逊　Roger T. Johnson

罗杰·T·约翰逊，教育学博士，明尼苏达大学课程教学系科学教育专业方向教授。约翰逊获得了多项国家级奖项，包括由国家社会学研究委员会颁发的社会学研究典范奖、美国工程教育学会颁发的海伦·普朗斯奖，以及由社会问题的心理研究学会颁发的戈登·阿波特团体关系奖。他是合作学习中心的主任，除了发表众多研究文章外，还合作撰写了50多本关于合作学习、冲突解决与积极协商等方面的书籍。

在这一章节中，大卫·W·约翰逊和罗杰·T·约翰逊指出了21世纪面临的四个重大挑战，探讨合作学习、建设性争论与问题解决协商是如何在培养学生应对挑战的能力和价值观上发挥关键作用的。

第10章

培养学生的21世纪技能

道格拉斯·费舍尔 南希·弗雷

一名颇有好奇心的少年站在教室前面,注视着黑板,问道:"它能用么?"

在我们这些"老年人"看来理所当然的东西——黑板,却引起了青年人的困惑和疑问。我们不喜欢承认自己变老了,但是同一块黑板却让我们觉得自己真的变老了。我们需要解释一下,导致这个问题的原因是什么。

在以"为所有学习者提供高质量教学"为主题的专业发展会议中,南茜被安排与附近社区的学校校长们进行交谈。尽可能地邀请工作范围内的高中生参与我们的汇报展示,以为听众带来学生的观点,这已成为我们的工作惯例。科莱玛、苏珊娜和玛丽安娜三位十年级的学生,配合南茜进行了本次汇报。当她们四个人走进会场,女孩们停下来,发出惊讶声。

科莱玛问:"它能用么?"

南茜向会场前面看了看,想知道科莱玛说的是什么,然后静静地思考接下来该怎么办。科莱玛指的就是会场前面的黑板。

如果说手头上有一支粉笔,南茜的回答将是肯定的。南茜看着三个学生走向黑板,依次用粉笔试写了一下。"它很软",玛丽安娜说。

南茜此时意识到女孩们从来没有在教室里使用过黑板,仅仅用过白板和可擦马克笔。而最近,她们又慢慢习惯于交互智能板和实物投影仪。她们对于粉笔的唯一体验就是街头涂鸦,即在粗糙的表面上,需要施加更多力量,要更用力地划动。作为数字化时代的一员,女孩们的话语反映出一种世界观:交流工具是主动的,而非被动的。

我们并不是说白板或智能板的出现代表着科技发展的前沿,而是想表明现在的学生有着和他

> 现在的学生有着和他们老师不一样的经验。

们老师不一样的经验。这本身不是一件新鲜事,但它确实提醒我们,教育技术能够促使教学发生巨变。例如,200多年前,黑板的发明使个体学习转向大规模教学成为可能,学校教育因此发生了变革(Krause,2000)。

南茜和女孩们在会议当天全程使用科技,这表明新技术形式是如何无处不在的。她们用手机为自己拍摄了照片,并把照片发送给她们的一位老师,以此记录她们这次的经历。其中一个女孩还有一部数码相机,当南茜完成汇报时,女孩们拍摄了自己对着口型假唱流行歌的视频,之后她们将这个视频上传到了油管上。她们给朋友、父母发送信息,在推特上更新自己这一天的动态,还将一些以后可能用到的照片放在聚友网的页面上。这些事情中,最引人注目的是——女孩手中的这些工具是如何存在的?对这些青少年而言,关键点不在于为了技术本身而使用技术,而是这些工具都是用来满足交流、分享、合作和表达的原始需求。我们甚至能在政治漫画中发现这一演变。在图10.1中,这位漫画家同时也是公众议题评论员,认识到了人的沟通需求是普遍一致的,但是沟通形式已经发生了变化。与此同时,他对新的沟通方式及其潜在的局限表现出担忧。

图10.1　关于沟通演变的看法,经迈克·基夫(Mike Keefe)、《丹佛邮报》及InToon.com允许后转载

就像我们学生时代的黑板,最好的技术也会逐渐融入时代背景中——"它们编织着我们每天的生活,直到我们习以为常"(Weiser,1991)。工具本身也在进化,我们作为教育者的任务就是与科技发展保持同步,使沟通一直处于技术前沿。如果我们的关注点是工具,却忽视了使用工具的目的,就注定将永远追

赶迅速变化着的技术。还记得传呼机么？它们在20世纪90年代曾一度流行，但是随着手机的广泛使用而被淘汰。现在几乎没有人再使用寻呼设备了，因为新的技术完全可以有效地实现类似的功能。仅关注工具而忽略目的，意味着我们亏待了学生。21世纪的学习者能够更好地适应新科技，因为他们知道团结协作、彼此交流才是工具的存在基础，而我们却正面临着培养失败的风险。就像建筑师弗兰克·劳埃德·赖特（Frank Lloyd Wright）所指出的，"功能决定形势"。当我们将功能牢记于心，形式就承担了"自然技术"的角色，成为我们完成教学计划的工具（Krause，2000，p.6）。

> 作为城市的教育从业者，我们也很关心学生接触技术的机会。

作为城市的教育从业者，我们也很关心学生接触技术的机会。上述提到的三个女孩就读的小学是Title I项目的一所学校，学校所有学生都可以获得免费午餐或经济午餐。除此之外，包括这三位女孩在内的72%的学生，都被认定为英语（作为第二外语）学习者。然而，即使是来自低收入家庭的学生，也都拥有手机和相机，并且知道如何上网，虽然他们没有笔记本电脑。这些学生们真正拥有的一系列在校学习的经历，而这一系列经历为数字化学习提供了保障。

21世纪的形式与功能

本书的其他作者指出，教育者正在面临的一个重大挑战是让学生为未来的经济发展和科技进步做好准备。通信交流工具很可能助长竞争的多元化和全球化，而学生也很有可能需要加入这些竞争领域，通过使用通信工具来回应社会变化。越来越多的专业组织已经就这一点制订了立场文件，并作说明。例如，全国英语教师委员会（NCTE）建议21世纪的读者和作者具备以下能力：

- 熟练运用技术工具；
- 与他人建立关系，以合作和跨文化的方式提出问题和解决问题；
- 为全球各地的社区设计和分享信息，以满足多样化需求；
- 管理、分析和综合不同来源的同步信息；
- 创造、批判、分析和评价多媒体文本；
- 承担起复杂环境下的道德责任（NCTE，2009）。

我们先前已表明，我们试图将学生视角纳入我们的工作范畴。因此，我们现在的做法似乎是公平的。我们可以看看，通过调查收集到的超过28万名学生关于如何运用奖励金来改善他们学校的建议：

52%的学生建议为每个学生配备一台笔记本电脑；

51%的学生要求对概念的教学有更多的游戏和模拟；

44%的学生要求使用数字媒体工具；

43%的学生希望安装交互式电子白板；

42%的学生想要有电子教科书；

40%的学生反映电子邮件、即时通信和短信工具能够促进他们的学习。

通过对学生反馈做粗浅的分析，可能会得出这样的结论：这只不过是一些产品的购物清单，但如果仅这样考虑，将会对学生参与者造成伤害。学生无法命名功能，但是他们能够命名形式。我们作为教育者的责任就是发现各种形式、各种工具背后的功能。学生的各种要求所蕴含的深义是：一种对沟通和合作的根本需要，一种白天黑夜、随时能够获取到信息的需要，一些能用于整合、评价和创造信息的工具。因此在我们的教学中，我们在教授与沟通交流相关的功能的同时，也必须为学生提供接触技术的机会。

教师如何回应

有许多办法可以让我们的学生拥有21世纪思维方式。我们心存感激，因为我们并不是在教学方法上进行概念转变的第一人，这些转变正在加速，技术正也在以惊人的速度发展。话虽如此，教师们仍然有一些回应方式，我们在此聚焦三个方面：（1）考虑功能性而非工具性，（2）修订技术政策，（3）通过有目的的教学发展学生的思维。

考虑功能性而非工具性

我们此刻必须坦言：要和21世纪的创新保持同步，我们倍感压力。不久前，我们被邀请加入Ning，但我们不知道那是什么。我们也不知道推特是什么，直到最近有学生想在推特上圈我们。当我们在2008年的全国英语教师委员会的会议上，听到马克·普伦斯基（Marc Prensky）的主题发言时，这种压力才有所缓解。马克·普伦斯基建议我们必须停止用名词，而要从动词（展示、分享和交流）的角度来进行思考。换句话说，作为教师，我们应该聚焦技术的功能性，而非工具性和外部形式。幸运的是，这些功能都是我们所熟悉的。我们永远做不到与所有的工具（形式）保持同步。我们只需要了解每个工具所开发的功能，这样我们就能成为明智的消费者，能够选出符合我们教学需求的工具。这曾是一场意识的解放。

我们在表10.1中列出了一些功能和与这些功能相关的工具。我们在写这一部分的时候，感觉有些困难，因为我们知道在这本书出版之前，工具极有可能已经发生改变。因此，我们将这个清单作为一个历史提醒者，当发现新工具的功能时，可以随时将新工具加进这一功能清单。我们希望，认识到工具发生改变而功能得到保留，将会缓解压力并使教育者可以选择新的教学工具，让学习者参与进来。这些工具也会越来越少地关注设备本身，而越来越多地转向对目的的持续关注。

表10.1　现有工具的技术功能

功能	工具
交流	短信，推特，掘客，视频会议
倾听	播客，iTunes，流媒体，RSS 订阅
网络社交	聚友网，脸书，Ning
展示	PowerPoint, Keynote, Wimba
制作	GarageBand, iMovie
搜索	谷歌，雅虎，Lycos
分享	油管，博客，视频博客，Flickr，协作，维基百科，VoiceThread，谷歌文档
储存	MP3 播放器，闪存盘，服务器，CD/DVD

修订技术政策

一旦我们意识到学生可以将技术用在有益的地方（学习），而不是无益的地方（分心）时，我们就必须考虑有关技术政策的问题了。就像大多数学校那样，我们最初禁止使用科技。此时此刻，仍有很多学校禁止使用科技。正如道格拉斯在一所学校看到，每个走廊的海报上都写着"如果让我们看到，你就会失去它"，并配有MP3播放器和手机的图片。当然，大多数走过走廊的老师腰带上都挂着手机，但那却是另一回事。

当思考技术禁令的影响时，我们意识到我们正在伤害学生。他们并没有在慢慢成长为一名理解技术力量和技术职责的全球化公民。今天的一款普通移动手机比十年前很多电脑的功能都要强大，但是大部分学生不知道如何将手机作为一个学习工具。此外，人们常常对使用科技产品的人很粗鲁。他们在看电影时打电话，在用餐时接电话，在开车时发信息……他们有过各种各样危险的或不当的行为。我们扪心自问，要做些什么来解决这些问题，以及教会年轻人礼貌地运用技术。毕竟，他们将进入一个与我们截然不同的工作世界——那是一个用科技解决问题和获取信息的世界。

我们思考的结果就是结束技术禁令，关注礼貌问题。我们正在积极地教给学生如何以适合环境的方式使用技术。表10.2呈现了我们建议的礼貌策略。该政策经过几年的推行后，我们很高兴地说，技术不再是我们遇到的问题。我们不会再没收手机，也不会再浪费宝贵的教学时间来强制执行在20世纪行之有效的政策，当时几乎没有学生携带现在这些类型的设备。当然，偶尔也会发生一些违规行为，但是我们完全能够处理。学生们知道他们有机会在某个时间、某个地点正当地使用技术，也知道在教师讲课或者小组合作时，听音乐或发信息给朋友都是不礼貌的行为。

礼貌是支配社会行为期望的准则，每个共同体、每种文化都为共同体或文化内部的公民界定了礼貌和期望。作为一个学习共同体，我们有责任去界定礼貌，并遵守这一定义。作为一个学校共同体，我们必须让他人和自己在互动过程中承担起促进尊重和信任的责任。无礼的行为会损害共同体，也会伤害情感，产生愤怒，带来另外的糟糕结果。

一般来说，礼貌意味着我们与他人进行互动的方式是积极的、尊重的。在表10.2中，我们区分了礼貌的和无礼的行为表现。

表10.2　礼貌策略

礼貌行为	无礼行为
·说"请"和"谢谢你" ·上课专心听讲 ·在休息时间和午餐时间开展朋友间的社交 ·提出问题，与同伴和教师互动 ·以亲切友好的方式请求、接受、提供或者辞谢帮助 ·不打断教师和同伴说话 ·午饭后扔掉垃圾 ·清理自己的工作区 ·提醒工作人员注意安全或其他问题	·使用粗鲁的、污秽的、辱骂的或攻击性的语言 ·在正式学习场合下，例如在上课、完成小组任务时听iPod ·上课时发信息、打电话聊天 ·欺负、戏弄或骚扰别人 ·占用带宽、超时使用电脑 ·爽约活动或者不完成任务 ·不来学校时，未提前联系

在我们学校，我们希望学生用尊重的、礼貌的、合作的方式对待其他学生、教职员工、行政领导以及任何成年人，也希望教师用礼貌的方式对待其他教师、学生及其家庭、学校管理者。

无礼的行为被看作是一次学习机会。一般来说，当学生犯错误和做出无礼的行为时，他们会得到反馈、咨询和指导。如果学生反复做出无礼行为，惩罚结果就会逐渐加重，包括赔偿、修复环境、与教职员工谈心、与行政领导交流、签订行为条约、解除权限、暂时停课或者从学校开除。

今天，学生常常利用技术来查找信息。例如，我们曾接触的一位英语教师，会对她的学生说："有哪位同学的网络服务不受限吗？能不能查到安德鲁的后裔，并且说说后裔的含义？"这两句话体现出在21世纪学校能做出的概念转变。首先，技术能够运用于学校；其次，技术能够用于学习和查找信息；再者，我们应该互帮互助，互相学习，变得富有创造性。

诚然，学校的技术政策不是唯一要改变的事情。我们也要改变互联网准入政策。不妨想想油管，作为有史以来最大的免费的视频共享平台，却受到了大多数学校的禁令。在我们的学校，我们每天都在使用油管。说实话，我们不确定自己是否能设计出一堂不需要使用视频片段的课。当我们需要去找一些素材，我们不会找不到——油管真的很不可思议。例如，我们曾经想跟学生讨论记忆形成的问题，了解学生如何运用他们现有的人类大脑方面的知识来更有效地学习。我们在油管上搜索，进而发现了一些涵盖重要信息的资源。

但是，我们不能迷恋工具。虽然油管很了不起，但最终将会出现其他工具来满足这些需求。我们的问题在于，大多数老师根本无法访问这一信息宝库。我们相信通过技术宣传和推广应用，教育者会愈加了解技术，伴随着这一趋势，目前的问题将会发生改变。

通过有目的的教学发展学生思维

我们工作的重要部分在于通过有目的的教学，关注学生思维能力的培养（Fisher & Frey，2008b）。我们的目标是将学习责任交还给学生，并且给他们提供成功解决问题所需要的支持。我们发现，渐进释放责任的模式最有利于目标达成。该模式建议，教师有意识地从提供宽泛的支持转向运用同伴支持乃至不提供支持。或者像杜克（Duke）和皮尔森（Pearson，2002）所建议的，责任转变须是由教师承担"执行任务的所有责任……走向学生承担所有责任"。

在这一方面，教学在提供技术方面发挥了重要作用。我们的许多学生没有笔记本电脑或者其他昂贵的工具，但是几乎每个人都有手机、照相机或者MP3播放器。然而，他们在家中很少有机会接触到第二代互联网，因此难以完善他们的技能。这就意味着，在学校期间他们需要通过教学以及运用这些工具，进行读写学习。渐进释放责任的模式使学生能够通过教师和同学的示范、指导和协作，掌握专业知识。

不幸的是，许多课堂在将学习责任交给学生时，做得过于突然且缺乏计划，从而导致误解和失败。想一想学生听了一节课，就被期望能够通过测试；或是学生按照要求，在家阅读课文后能在课堂上进行讨论；又或是在教师示范如何解决问题的20分钟后，分配给学生一项任务。在以上任何一种情况下，学生都没有做好充分准备，却被要求独立完成任务。此外，也没有利用现代科技工具来促进学生思维发展。

我们认为渐进释放责任的模式包括四个方面：焦点课堂、引导式教学、合作任务和自主学习（Fisher & Frey，2008a）。就教学和研究而言，我们的研究表明，教学框架的实施能够显著提高学生的参与和学习成就。然而，需要强调的是，这不是一个线性的过程，教师能够以实现目标的有效方式来实施教学。我们的标准是师生每次都能实现该模式的四个方面。那么，让我们探讨一下该模式的每个部分。教师在课堂中使用这个框架时所需要的一系列内容都包含在表10.3中。

焦点课堂。典型的焦点课堂会持续十到十五分钟。其目的在于两点：（1）确定一个目标，（2）为学生提供一个示范。通常教师将目标写在黑板上，并与学生们进行简要讨论。一些教师要求学生将目标写在笔记中。还有一些教师会在班会课上以口头形式多次提及该目标。我们不太关注列出来的目标在哪里以及怎么列，而是让学生知道我们对他们的期待，以及为什么他们要学习现在所学的内容。

焦点课堂的第二部分就是示范。尽管书中已经写到要进行示范，但是中学课堂中很少这么做。相反，初中和高中教师习惯于对程序进行解释，强调如何做，而不是为什么这么做。另一方面，示范是一种元认知，即对思考的再思考。当学生了解到一位专家的想法时，他们就会趋向于某种行为。比方说，理工科学生听到教师对原子的理解，或者历史系学生看到教师关于信息来源问题的内部辩论，包括在网上搜索确凿证据。我们提供给学生的示范使得学生能够获得专业术语和学术思考，了解如何像专家一样解决和思考问题。日常的示范对于学生理解复杂情境中的内容是非常关键的。

表10.3 渐进释放责任模式下课堂的组成部分

焦点课堂
教师用"我"作主语，示范如何思考。
教师用提问来搭建教学支架，而不是审问学生。
课堂包括一个何时运用技巧或者策略的决策框架。
课堂培养元认知意识，尤其是指向成功的元认知意识。
焦点课堂向引导式教学发展，而不是立刻进行独立学习。
引导式教学
教师安排小组合作。
多样化的分组贯穿整个学期。
教师在引导式教学中扮演积极的角色；他（她）要做的不仅仅是传授知识和帮助个别学生。
在师生开始运用技能或者策略时，师生之间进行对话。
当一个学生产生错误时，教师运用提示帮助学生理解，而非立即告诉学生正确的答案。
合作任务
教师安排小组合作。
多样化的分组贯穿整个学期。
学生完成合作任务所需的概念已经由教师示范。
学生完成合作任务所需的概念已经得到教师的指导。
学生们对小组贡献负有责任。
合作任务给学生提供互动交流的机会。
自主学习
关于独立完成任务所需的概念，学生已经历了示范、引导和合作学习。
独立任务从实践延伸到应用和新知识学习。
教师与个别学生当面讨论独立学习任务。

资料来源：改编自《通过结构化教学更好地学习：渐进释放责任的框架》（*Better Learning Through Structured Teaching: A Framework for the Gradual Release of Responsibility*），Fisher & Frey, 2008a, pp. 127-128。经允许后转载。更多关于ASCD的信息，请参见www.ascd.org。

为了发挥作用和满足需求，我们已经看到教师运用科技进行示范的经典案例。例如，我们观察到一位历史老师在词语解释思考方面的示范。当他碰到"批准"（ratify）这个词时，就会拿出手机，给朋友发一条短信以澄清这个词的含义。我们观察到一位科学教师使用可以控制的变量，从而产生不同结果的交互式网站，示范了她对化学反应的思考。我们看到一位美术教师运用数码摄像机和电脑示范了他对光线和透视的理解。我们还观察到一位向作者提问的英语教师，示范了运用iChat直接将她的问题发送给作者。在这些例子中，教师们示范了他（她）的思维方式，这些思维方式为我们接触21世纪科技——也就是我们的学生每天使用的科技——提供了一个真实的理由。

引导式教学。目标和示范不足以确保持久的理解。学习者的思维也需要引导。我们将引导式教学界定为，有策略地运用线索、提示或者问题，鼓励学生进行认知活动。这一定义的后半部分是至关重要的——引导式教学旨在促进大多数学生的理解，而不是简单地复述焦点课堂中提供的信息。不论是在整个班级还是小组中，都要对引导式教学活动进行有策略的规划，这样，教师才能够了解学生的思维，进而提供精确的教学支架。

> 引导式教学旨在促进大多数学生的理解，而不是简单地复述焦点课堂中提供的信息。

我们的教师同行运用科技辅助引导式教学的做法，给我们留下了深刻的印象。我们经常看到，一位生物教师给需要教学支架的学生发送即时消息和短信。我们认识的一位历史教师，使用推特给学生发送信息，提供给他们解决手上任务的线索。我们的一位英语教师同事将她和学生的写作讨论用数字化的方式记录下来，然后上传到一个课程网站上（每个学生都知道密码），以便学生在写作时能够使用他们个人的访谈内容。这些技术工具服务于特定的教学目的，促进了学习责任从教师到学生的转移，为学生发展思维能力提供了的必要支架。

合作任务。为了学习——为了真正的学习——学生必须参与有效的合作任务，这种合作任务需要他们进行互动沟通。他们必须与同伴们一同运用学科的语言和思维，从而真正地掌握它。他们必须为小组任务做出个人贡献，这样教师就能了解到哪些学生已经理解了，哪些学生还需要帮助。许多合作任务是富有成效的，包括以下这些：

合作式写作任务。我们有位英语教师同事，使用谷歌文档为学生提供了写作和接收同伴反馈的平台。还有一位英语教师，运用维基科技（www.writingwiki.org）提供给学生进行学习活动的公共空间。通过这些形式，学生们学会了与他人合作，学会了分享建设性的反馈，学会了批判性地思考他们阅读的内容，因为他们的写作没有经过任何正式的检查和修改。

网络交互式教学。在网络交互式教学中，小组的每位成员都对知识理解（推断、提问、总结或者澄清）的某方面负有责任，并在浏览网站的同时评估其中的信息。我们认识的一位科学老师，为学生提供主题后，学生查找与主题相关的文章进行阅读。唐纳德·列伊（Donald Leu）和他的同事在康涅狄格大学的新素养研究团队中已经开发了一套标准，用于评估网络交互教学小组中学生讨论的质量（见表10.4）。

表10.4 网络交互式教学对话评分表

交互教学策略	开始（1分）	发展（2分）	达成（3分）	示范（4分）	得分
提问	提出简单的记忆问题，这类题目能够根据在网站首页上找到的事实和信息直接进行回答。	提出有关主要观点的问题，这类题目能够通过网站的一个或多个链接，收集相关信息进行回答。	提出需要推论的问题。事实和信息必须要综合网站的一个或多个链接上的内容才能获得，也要结合先前的知识。	灵活地提出不同类型的问题，题目基于阅读的内容和对话的走向而提出。	
澄清	把澄清作为一种促进理解的工具，当时机恰当时发起澄清对话。	结合对话情境，确定澄清所需的适当词汇。	基于情境线索来帮助小组澄清确定的词汇。	运用的词汇澄清策略能够应用于其他阅读情境中。	
总结	总结是由零散的且关联的观点组成。	总结是由一些主要观点和许多细节组成。	总结由主要观点整合而成，是完整的、准确的和简明的。	总结是完整的、准确的和简明的，吸收了文本中的内容词汇。	
推断	将推断知识作为一种积极的阅读策略。	引导小组推断，建立一个清晰的阅读目标。	合逻辑地表达基于情境的推断。	基于文本中确切的信息，提供推断和确认的证据，或重新明确目标。	

资料来源：经允许后转载。吉尔·嘉泰克（Jill Castek），新素养研究团队，网络交互式教学（IRT）资料包，出版日期未知，第6—7页。

绘本作品。我们有一位历史老师邀请学生制作iMovies和数字绘本，用以展现他们对不同历史观点的理解。最让我们印象深刻的是一本20页的绘本，这本绘本采用漫画绘人生的方式，描绘出法国大革命时期的生活景象。创作该作品的学生还在每一页上设计了一个博客，用以提供一种叙述功能，同时也为所描绘的历史事件提供了准确的历史信息。图10.2是一页示例。

图10.2 采用漫画绘人生的方式创作的绘本
作者玛丽娜·鲍蒂斯塔（Marina Bautista），经允许后转载

不论合作任务使用的教学流程如何，都有两个关键点使其奏效。第一，它必须提供给学生运用学科语言和学科内容与其他学生进行互动的机会。第二，每个学生都负有为小组做贡献的责任。这些因素共同提高学生的参与度，也为教师提供了有效的形成性评价信息以用于未来的教学计划。

自主学习。学生必须学以致用，这是教学的一部分。在理想的情况下，知识应用是在布置作业之前的课堂时间里，由教师指导完成。帮助学生掌握内容的课堂独立任务有许许多多。例如，速写任务能让学生阐明对某个主题的想法，学生完全可以在笔记本电脑上完成，速写任务也让教师有机会了解学生的想法。

至于课外自主学习——作业——我们应该将其保留至学生充分掌握了知识内容。简而言之，有了一定的练习基础，我们才能要求学生独立完成任务。然而，许多课堂布置给学生的作业都是还没有教过的内容。如同MetLife（2008）调查所显示的，中学教师承认他们是因为课堂上没时间了，才"经常或者时常"布置作业。如果课堂上的内容还没有完成就布置作业，这将无助于学生的理解。事实上，由于在多数情况下，学生进行的多是无效或错误的练习，反而很有可能强化学生的误解。

在技术支持的独立学习任务中，我们常看到使用播客来促进理解。例如，英语教师使用的"经典故事广播"（www.theclassictales.com），它使听众能免费听到经典的叙事小说。网上有数千个免费的在线播客，都能够拓展学生对内容的理解，比如历史频道、国家地理杂志、60秒科学、科学美国人、现代艺术博物馆和美国国立博物馆出品的那些播客。除此之外，在讨论区里，学生有机会独立参与学习内容。关于《罗密欧与朱丽叶》的讨论是其中一个例子，不管是否来自同一所学校，同一个英语课堂，所有学生都可以就这部戏剧发表自己的观点，提出自己的质疑。

我们见证了一名十年级的学生——伊迪丝，在英语课堂项目中使用"旧的"和"新的"素养能力的学习变化。伊迪丝是一个英语学习者，家中虽没有电脑，但她可以在学校获得技术和指导。我们的学生在每个季度都要解决一个学校范围内的关键问题，一位关注伊迪丝学习的老师曾问道："年龄有关系么？"因为伊迪丝大声朗读詹姆斯·巴里（J. M. Barrie）创作的《彼得·潘》（*Peter Pan*，2003）的片段时，她的英语老师就会示范她的思维方式。伊迪丝还阅读了《长路漫漫：一个少年士兵的回忆录》（*A Long Way Gone：Memoirs of a Boy Soldier*，Beah，2007），她见到其他同学时就会讨论这本书，写一些相关的文字。这本书动人地描述了一个儿童被迫加入塞拉利昂反抗军的故事，促使伊迪丝更多地了解世界范围内儿童士兵和受害者遭遇的困境。伊迪丝不仅撰写了一篇论文来陈述这个关键问题，她还通过完成另一项任务来表明相似的观点。为了谱写一首原创乐曲，伊迪丝与另一个学生一起学习GarageBand。她的英语教师教她如何在Flickr上搜索符合"知识共享"认证、可以合法使用的图片，这样她就可以在学校技术人员的帮助下，把图片用在iMovie制作中。她邀请另一位教师来审阅她的报告初稿，同时从几位值得信赖的伙伴那里收集反馈意见。最终呈现出一个四分钟的视频，里面展现了近100年间发生的战争，涉及儿童士兵、腐败等问题，讨论了中东、美国中部、非洲、亚洲发生战争时，儿童所要付出的沉重代价。我们最关注的是伊迪丝在以领导者的方式完成这个项目。她汇集了人力资源和数字资源，对一个全球性重要议题做出了个人的独特回应。仅仅为她提供技术是远远不够的，她需要高明的教师的指导，也需要同伴和其他成年人的配合。对伊迪丝来说，技术已经成为一种工具，满足了她对一项复杂议题的观点进行创作和表达的需求。

一个邀请

技术禁令已经失效，且技术创新正持续加速，因此我们是时候考虑使用21世纪的工具来发挥那些早已存在的功能了。人类作为生物物种之一，有交流、分享、存储和创造的需求，且使用这些功能已经有几个世纪的时间了。这些功能并没有什么新意，更新的是形式，或者说是工具，学生可以用这些形式或工具满足交流、分享、存储和创造的需求。作为教师，我们有责任去了解这些工具。我们肩负着指导下一代的使命，这就要求我们向他们传授成功所需要的功能。下一代的成功会用到我们还想象不到的工具，但我们不再忧心忡忡；我们很高兴能和学生一起学习，因为他们教我们使用工具，我们帮助他们理解工具的功能。

参考文献

Barrie, J. M. (2003). Peter Pan (100th anniversary ed.). New York: Henry Holt.

Beah, I. (2007). A long way gone: Memoirs of a boy soldier. New York: Farrar, Straus and Giroux.

Castek, J. (2006, April). Adapting reciprocal teaching to the Internet using telecollaborative projects. Symposium presented at the annual meeting of the American Educational Research Association (AERA), San Francisco.

Duke, N. K., & Pearson, P. D. (2002). Effective practices for developing reading comprehension. In A. E. Farstrup & S. J. Samuels (Eds.), What research has to say about reading instruction (3rd ed., pp. 205-242). Newark, DE: International

Reading Association.

Fisher, D., & Frey, N. (2008a). Better learning through structured teaching: A framework for the gradual release of responsibility. Alexandria, VA: Association for Supervision and Curriculum Development.

Fisher, D., & Frey, N. (2008b, November). Releasing responsibility. Educational Leadership, 66(3), 32–37.

Krause, S. D. (2000, Spring). Among the greatest benefactors of mankind: What the success of chalkboards tells us about the future of computers in the classroom. The Journal of the Midwest Modern Language Association, 33(2), 6–16.

Leu, D., & the University of Connecticut New Literacies Research Team. (n. d.). Protocol for Internet reciprocal teaching (IRT). Accessed at www. newliteracies. uconn. edu/carnegie/documents/IRT. pdf on November 10, 2009.

MetLife. (2008). The MetLife survey of the American teacher: The homework experience. Accessed at www. ced. org/docs/report/report_metlife2008. pdf on August 29, 2008.

National Council of Teachers of English. (2009, March). Literacy learning in the 21st century: A policy brief produced by the National Council of Teachers of English. Council Chronicle, 18(3), 15–16.

Prensky, M. (2008, November). Homo sapiens digital: Technology is their birth? right. Keynote presentation at the annual meeting of the National Council of Teachers of English, San Antonio, TX.

Project Tomorrow. (2009). Speak up 2008 congressional briefing. Accessed at www. tomorrow. org/speakup/speakup_congress. html on April 5, 2009.

Weiser, M. (1991, September). The computer for the 21st century. Scientific American, 265(3), 94–104.

作者简介

道格拉斯·费舍尔　Douglas Fisher

道格拉斯·费舍尔博士是圣地亚哥州立大学教师教育学院语言与文学教育方向的教授，也是健康科学高等专科学校的教师领袖。他获得过国际阅读协会扫盲奖,还由于写作上的杰出成就获得了全国英语教师委员会园丁奖,也因教师教育工作方面的卓越贡献获得了美国公立大学联合会设立的卓越教师教育奖。在阅读和读写、差异化教学、课程设计等方面,他发表了许多文章和著作。

南希·弗雷 Nancy Frey

南希·弗雷博士是圣地亚哥州立大学教师教育学院语言与文学教育方向的教授,也是健康科学高等专科学校的教师领袖。弗雷曾在佛罗里达州布罗沃德公立学校担任中小学教师,后来她参与了佛罗里达教育厅的一个全州项目,该项目是为佛罗里达州有不同学习需求的学生提供普通教育课程。由于在教师教育工作上具有卓越贡献,南希·弗雷获得了美国公立大学联合会设立的卓越教师教育奖。她发表了很多语言读写方面的著作。

在本章中,费希尔和弗雷描述了面对21世纪科技进步和学生需求的巨变期,教师如何应对的三种方式:(1)考量功能性而非工具性;(2)修订技术政策;(3)通过有目的的教学发展学生的思维。

第11章

经由技术的革新

谢丽尔·莱姆克

时代总是一往无前。互联网已然与21世纪的生活融为一体，工作、娱乐、交往和学习都能在互联网上完成。我们很容易忽视它融入生活的程度究竟有多高，也很容易忽视世界经济是如何基于知识而发展的。但是有些时候，人类智慧与数字工具的结合所带来的革新却是病毒式的（Foray & Lundvall，1998）。这里有一些数据足以令人震惊：2009年，移动通信领域庆祝了第40亿个链接的建立（Global System for Mobile Communications，2009）；在谷歌注册的网址已经超过一万亿个（The Official Google Blog，2008）；油管最受欢迎的视频《吉他》（*Guitar*）已有将近6100万的观看量（Jeonghyun，n. d.；Shah，2005）；平均每24小时有90万个博客发帖（Singer，2009）；推文发布量已经超过25亿（Reed，2008）；谷歌公司于2006年以16.5亿美元收购了油管（Associated Press，2006）；每天有超过1亿的用户登录脸书；将35种不同语言版本的脸书日使用时间相加，全球每天使用脸书的时长将近26亿分钟（Singer，2009）。

不论你认为这些数据是激动人心还是不可抗拒，毫无疑问的是：数字虚拟生活和真实物质生活的界限正变得模糊不清。

在校外，96%的9~17岁青年都不同程度地使用了Web 2.0文化下的互联网社交、博客、推特、GPS定位和虚拟交互游戏（National School Board Association，2007）。他们通过短信、即时通话和共享媒体文件实现实时交流。据全国学校董事协会（National School Board Association，2007）的报告，这些青年一般每周用于网络社交的课外时间大约是九小时，每周看电视的课外时间大约是十小时。而事实上，就数字媒体的使用类型和使用频率来看，全国情况存在显著差异（Jerkins，2007）。州范围内不同学校的媒体技术使用类型和使用频率也大不相同

（Education Week, Editorial Projects in Education Research Center, 2009b）。尼尔森（Nielsen）公司在2009年6月的调查报告中指出，虽然儿童和青少年们每天使用电子产品的时间超过六小时，其中有23%的时间同时使用一种以上的媒体，但是他们也很喜欢阅读书本、杂志和报纸。尼尔森公司发现，美国77%的青少年有自己专用的手机，83%的青少年使用短信，56%的青少年使用彩信。青少年的短信发送量平均每月达2899条，是他们平均每月通话次数（191次）的15倍。由此可见，邮件和通话在青少年看来是"老一辈"的数字交流方式，而不是他们的交流方式（Nielsen Company, 2009）。

教育者的职责在于确保今日的学生能做好在高科技、全球化、高度参与式的世界中生活、学习、工作和繁衍的准备。而美国的学校系统显然已与当今的社会文化相脱节（U.S. Department of Education, 2009）。

目前，进步教育者正在抓住这一历史时机，在学前及中小学教育中发动一场静悄悄的Web 2.0革命，其他大多数人却还未曾行动起来。2009年，学校互联网联合会（Consortium on School Networking, CoSN）组织的一项全国性调查表明：美国大多数学区正处于Web 2.0的十字路口。尽管学区管理者清楚地认识到Web 2.0作为学习工具的潜力，但大多学区还没有将这一潜力转变为学生的优势。根据管理者在CoSN调查中的回答，学校使用Web 2.0的最主要三个原因是：（1）让学生保持学校学习兴趣，并参与到学校学习中；（2）满足不同学习者的需要；（3）发展学生的批判性思维能力。时至今日，Web 2.0作为学习工具的潜力仍未得到开发。与之背道而驰的是，很多学区还在校门口检查学生是否携带了智能手机、ipod、iTouch之类的电子产品（Lemke, Coughlin, Garcia, Reifsneider, & Baas, 2009）。

> 教育者的职责在于确保今日的学生能做好在高科技、全球化、高度参与式的世界中生活、学习、工作和繁衍的准备。而美国的学校系统显然已与当今的社会文化相脱节。

与此同时，美国教育部原部长阿恩·邓肯（Arne Duncan）正大力呼吁各学区使用创新技术。2009年，阿恩·邓肯在一所全国性机构中指出："技术会带来巨大的契机，优秀的教师能运用新技术推动学习，为学生提供更多的学习机会。"他还说："我们必须利用好这次历史机遇，借助《美国复苏和再投资法案》的基金，让宽带访问、在线学习在更多社区普及。"（U.S. Department of Education, 2009）

学前及中小学教育领域里正响起"为智慧、创新、明智而行动"的21世纪领导力学习的全国性号召。美国建国已有200多年,在这200多年里,危机与希望的共存已经不止一次为美国带来益处。而现在摆在美国面前的危机是全球经济低迷,问题就在于政策领导人能否提出一个明智的、共同的21世纪学习愿景,将此次危机转化为机遇,进而为美国教育翻开新的篇章。

创新:点燃知识经济

经济学家宣称,创新是今天全球性知识经济及其复苏的燃料。按照这一说法,创新在美国学前及中小学教育系统里必然具备双重作用:一是作为新教育系统的基本原则;二是作为专业人才和学生必备21世纪的技能。在这里,创新的定义是一种得到社会或专业足够认可的创造性想法,它会推动创造和改变持续地进行(Drucker, 2002)。以麦尔坎·葛拉威尔(Malcolm Gladwell, 2000)的观点为基础,创新是一种已经生发的理念,并且随着它病毒般的传播,而对整个系统产生影响。

21世纪学习与学生参与

如今在重大转折事件中,商业领袖和政府领导人已经意识到学前及中小学教育之于美国经济前景的关键性意义。政府领导人还倡导把学前及中小学教育纳入到21世纪学习环境中。结合本章意

> 如今在重大转折事件中,商业领袖和政府领导人已经意识到学前及中小学教育之于美国经济前景的关键性意义。

图,"21世纪学习"指的是:依据当下新兴的关于人们最佳学习方式的认知科学研究,通过数字创新将各种具体的21世纪技能(如批判性思维、合作能力、信息素养等)与学业标准结合起来。

本文接下来将讨论贯穿社会的三类创新,以此显现出美国对21世纪学习的新愿景。当下美国学校缺乏学生参与,导致学生辍学率在全国范围内居高不下,这是驱动提出新愿景的重要现实原因。进入中学的九年级学生中,有将近30%没有毕业(Education Week and the Editorial Projects in Education Research Center, 2009a)。有学者用"心流"的概念来解释学生与学习的分离,"心

流"是指：当学习者处于游戏的顶峰时，学习状态随学习强度增加而改变（Csikszentmihalyi，1990）。教师通过权衡学习任务的复杂度与学生现有的学习策略，使学生有机会参与到学习"心流"中。任务太复杂，又没有相应的学习策略，学生就会因自己完不成任务而感到沮丧。另一方面，如果给能力高、善于运用学习策略的学生布置太简单的任务，学生很快会感到无聊。图11.1展现的正是"心流"的概念。（改编自Csikszentmihalyi，1990；Schwartz，Bransford，& Sears，2006）

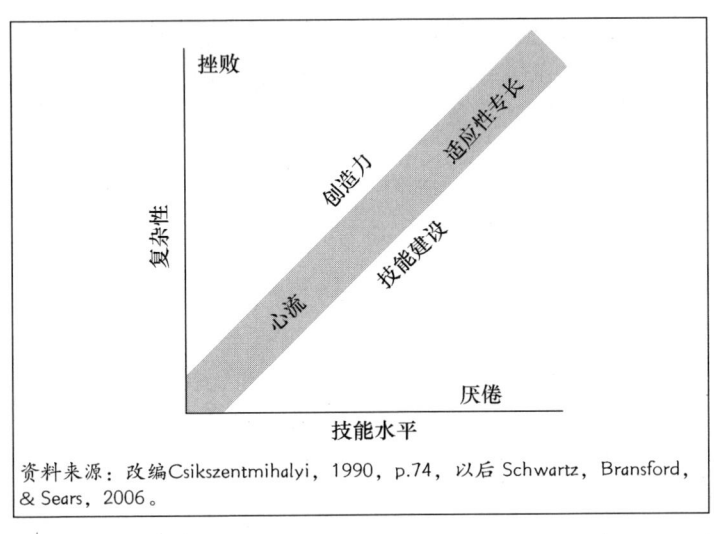

图11.1　发展适应性技能："心流"

奇克森特米海伊（Csikszentmihalyi，1990，2002）的研究显示，当学习任务的复杂度与学生现有的学习策略之间完全平衡时，学生会进入"心流"体验，此时他们全然参与到学习中，学习动机源于内在，能为学习付出110%的投入。许多学生称，在"心流"体验中，他们感觉时间好像是静止的。认知科学研究的前沿学者认为，积极的"心流"体验能够平衡学生的能力水平（改变学习效率）和任务复杂度（催生创造力和创新）。他们还称，这一平衡会让学习者形成面对复杂的21世纪生活所必需的专业技能，即适应性技能。

图11.2展现了关于学生深度学习的框架（Fredricks，Blumenfeld，& Paris，2004；Lemke & Coughlin，2008；Schlechty，2002）。为了充分参与到深度学习中，学生需要在课堂上成为有动机的、富有好奇心的学习者，课堂应为学生搭建起知识可视化、知识民主化和参与式学习的支架。

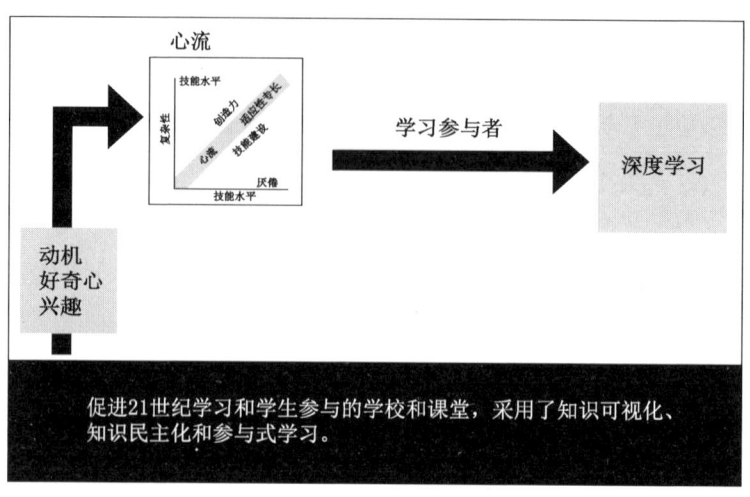

图11.2 学生参与深度学习的框架

第一类创新：可视化

"意识建构"是可视化和学习之间产生联系的最佳描述。我们能从生理上对图像进行迅速加工，这种加工不同于我们对声音和文本的加工。最近，借助功能性核磁共振成像仪（fMRI）取得的科技进展已经确认：我们的编码系统是双面的，视觉、文本及听觉输入分别在不同的频道里加工，这就表明可以从不同方面同时促进学习。我们的工作记忆可以处理所有思维过程，也就可以有所区别地加工图像、文本或者声音。各加工频道自身的容量是非常有限的。

上述的加工系统给了我们诸多教育启示。首要的是，我们要承认，学习资源的安排如果遵从一定的多媒体原则，人们综合使用视觉、文本和声音进行学习，其效果比单独使用任一方式要好得多（Mayer & Moreno，2003）。

基于理查德·迈耶（Richard Mayer）、罗克珊·莫雷诺（Roxanne Moreno）以及其他研究者的成果，提出以下七条与多媒体及其形式相关的原则（Chan & Black，2006；Ginns，2005；Mayer，2001；Mayer & Moreno，2003）。

1. 多种媒体原则：在不包含任何冗余内容时，比起单独使用言语，学生综合地使用言语（口头或书面）与图像，记忆更为持久。

2. 空间连续原则：与分开呈现相比，当相互对应的文本和图像作为整体呈现时，学生学得更好。

3. 时间连续原则：与分时呈现相比，当相互对应的文本和图像同时呈现时，学生学得更好。

4. 注意分散原则：与包含多余信息相比，当学习内容排除多余的言语、图片和声音时，学生学得更好。

5. 表现形态原则：与呈现屏幕文字相比，当文本以语音形式播放给学生听时，学生学得更好。

6. 个体差异原则：与高知识储备学生相比，这些原则对低知识储备学生更有用；与空间能力弱的学生相比，这些原则对空间能力强的学生更有用。

7. 直接操作原则：学习材料越复杂，直接操作学习材料（动画、定调）对迁移的影响越大。

平均来说，使用高质量的多通道设计进行学习的学生，比以往只使用一种通道的学生表现得更为优异。最近的一项元分析研究证实，当遵循了多种媒体原则，多通道（文本或声音与视觉的综合使用）能实现学习成就的积极变化。这项元分析研究还发现，在非交互型多通道学习的帮助下，比如配有插图的文本、结合图像的讲课，水平本来在50个百分点上的学生平均会提高到71个百分点（提高了21%）。借由交互型多通道活动，如模拟、模型搭建、真实情景体验，水平本来在50个百分点上的学生平均会提高至82个百分点的水平（提高了32%）（Lemke，2008）。

> 平均来说，使用高质量的多通道设计进行学习的学生，比以往只使用一种通道的学生表现得更为优异。

课堂之外，我们从21世纪的众多科技设备中接触到了大量以多媒体为载体的视觉图像，其速度在人类历史上前所未有。这样的例子有很多（如果有兴趣了解下面的例子，以及想阅览本章内容的彩色版本，请链接到go.solution-tree.com/21stcenturyskills）。

• 纽约时报搭建了以经济危机为主题的互动媒体平台，平台用户能探讨以往历史上的经济衰退，并将它们与2009年的经济危机做比较。（Quealy, Roth, & Schneiderman, 2009）

• 在2008年总统竞选辩论期间，从辩论开始一直到爱荷华州党团会议之前，只要总统候选人提及其他候选人，纽约时报的交互图像平台就能显示被提及候

选人的姓名。(Corum & Hossain,2007)

在线游戏是可视化学习的另一互动场所。它能让参与者加入到世界各地的多用户小组,以竞争或合作的方式参与游戏,这样的游戏有《文明》《魔兽世界》及《第二生命》,通过使用虚拟化身进行互动。视觉媒体使我们能够在Wii上玩交互视频游戏;能借助GPS地图联络朋友;能拍摄图像和视频,并发布到油管上;能实时获取全球的新闻信息。近期运用视觉媒体的最佳范例是,2009年伊拉克举行选举之后,媒体对抗议活动和政府反应进行报道,通过智能手机查看推特发帖、CNN新闻、油管视频以及其他图像,人们能实时了解现场情况。

在电视广告和节目、多媒体网站、通信工具、互动游戏、Web 2.0工具及其他平台上,图像、视频、动画无处不在,学生用户每天都置于这些图像、视频、动画的环境之中。与主流看法相悖,学生并不是生来就具备各种能力,比如理解能力、思考能力,以及包括图像、文本、声音在内的简单或复杂的多媒体交流能力。他们需要学着成为明智的多媒体观众、批判者、思考者以及制造者。就像文本读写素养要求语法和句法能力一样,视觉或多通道素养也需要相应的能力。老师辅助学生学习的另一方式就是采用可视化。

教师使用技术发挥可视化的作用,培养学生的视觉读写素养时,可以借鉴以下三种策略:

1. 培养学生成为明智的信息消费者;
2. 让学生进行批判性思考及创造性地运用视觉工具;
3. 让学生运用视觉工具进行交流。

培养学生成为明智的信息消费者

学生需要成为明智的视觉消费者。达成这一目的的方法之一是帮助学生分析广告商是如何运作图像的。西雅图KCTS第九频道创办了一个网站,中学生可以在这个网站上了解广告商处理图像的过程。其中有个节目,名为"别买它:让智能媒体网站揭开杂志封面模特的秘密",讲述了如何把一位平凡女生改造为一名时尚模特(KCTS Television, 2004; http://pbskids.org/dontbuyit/entertainment/covermodel_1.html)。图11.3是这一改造过程的屏幕截图。这类节目帮助青少年了解广告中常用的数字化处理手段。尤其重要的是,我们需要认识到如果消费者普遍将模特的身材视为理想化身材，那么可能会导致孩子、青少年和成年人产生自卑心理，并造成饮食失调。认识到媒体运作的潜在影响是具备媒体素养的首要一步。一个明智的消费者需要认识到人们在情感上、心理上和认知上都会受到视觉的影响，并相应地去解读媒体。

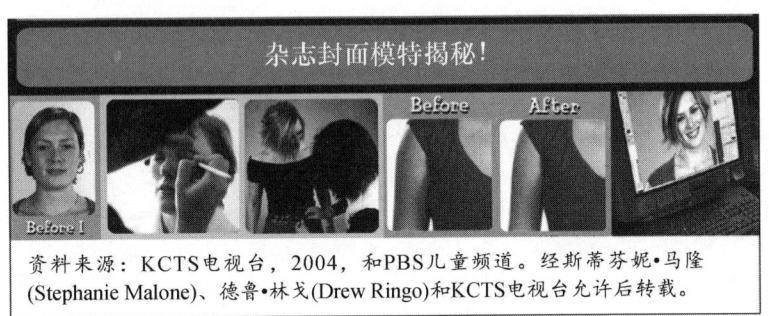

资料来源：KCTS电视台，2004，和PBS儿童频道。经斯蒂芬妮•马隆(Stephanie Malone)、德鲁•林戈(Drew Ringo)和KCTS电视台允许后转载。

图11.3 从"邻家女孩"到时装模特

让学生进行批判性思考及创造性地运用视觉工具

可视化也能成为培养学生批判性、创造性思维的优质工具。越真实的可视化会带来越好的效果。教师和学生都可以使用易于获取的公共数据库参与到各种话题的真实调查中，调查由开放式问题组成。示例比比皆是。有个网站叫做Gapminder（www.gapminder.org），它是一个免费使用的数字工具，特别受学校欢迎。这一可视化工具以联合国某个数据库为基础，数据库里囊括了世界各地的人口、健康、能源、政治、安全和其他关键内容（Gapminder Foundation，2009）。每个国家在屏幕上都用一个点表示，每个大洲都有一个专属的颜色。用户决定每条轴上要绘制什么数据集，然后使用工具观看各国的逐年变化情况。图11.4的两个图表分别记录了1983年和2007年世界各国HIV成人患者占比与国家人均收入的关系。学生可以使用可视化工具追踪某些国家的艾滋病毒感染情况，同时可以选择查找这些国家具体的人口统计信息和收入信息。全部数据集都可以导出以做进一步的分析（Gapminder Foundation，2009；访问go.solution-tree.com/21stcenturyskills浏览本章图片的彩色版）。

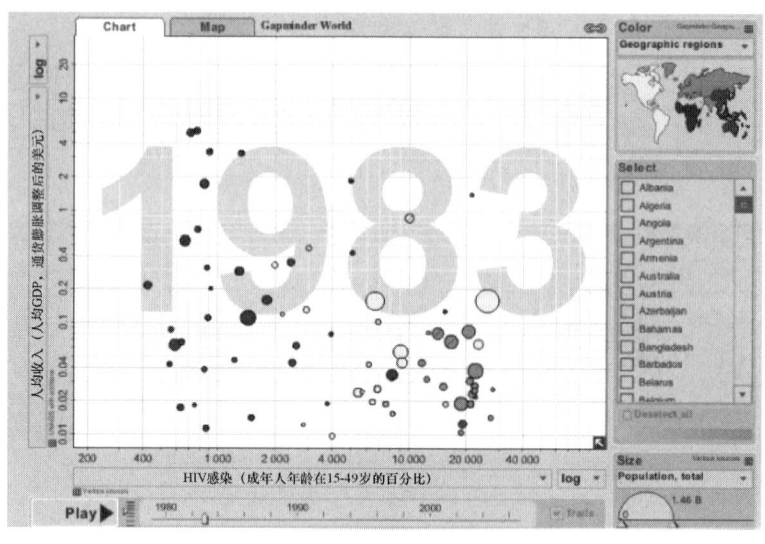

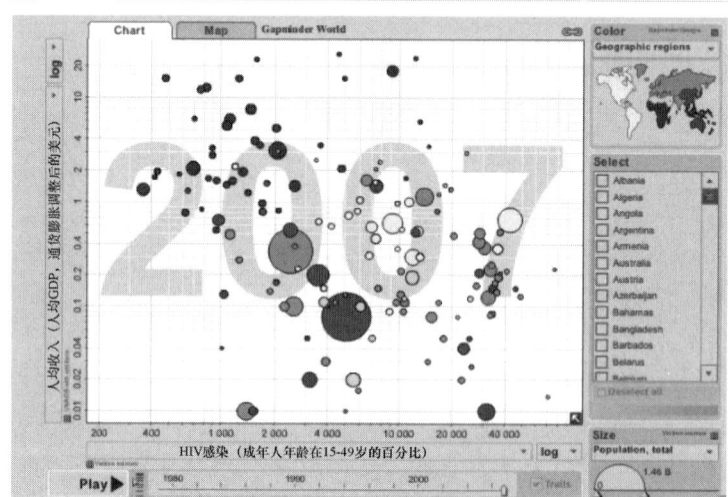

资料来源：可视化图片来自Gapminder World，由Trendalyzer授权www.gapminder.org。

图11.4　世界各国HIV成人患者占比与国家人均收入的关系

使用这一工具可以创造出无限多的教学时刻。我们的第二个示例请参见图11.5，这是关于南非公民的平均期望寿命与人均收入的关系随时间变化的三次数据截图。图11.5显示，在南非，人均收入与平均期望寿命从1932年到1980年一直呈强增长趋势。在1980年，人均收入开始回落，但是期望寿命持续攀升。

1991年，人均期望寿命不再增长，开始缓慢下降。然而与此同时，人均收入开始缓慢提高。这种趋势一直持续到2007年。学生看到这些可视化数据，马上就问为什么在那些特定的年份会发生逆转，以及导致逆转的原因是什么。他们可能会推断，是因为一场战争、一次饥荒或海啸等自然灾害，再或者是工业化造成的。学生还可以增加邻国数据、将某些年份的数据归零、绘制新的数据单元，或者借助网络和书本以及专家支持来扩充背景知识，之后再运行一次。这便为培养学生的批判性思维能力和问题解决能力提供了非常丰富的机会。

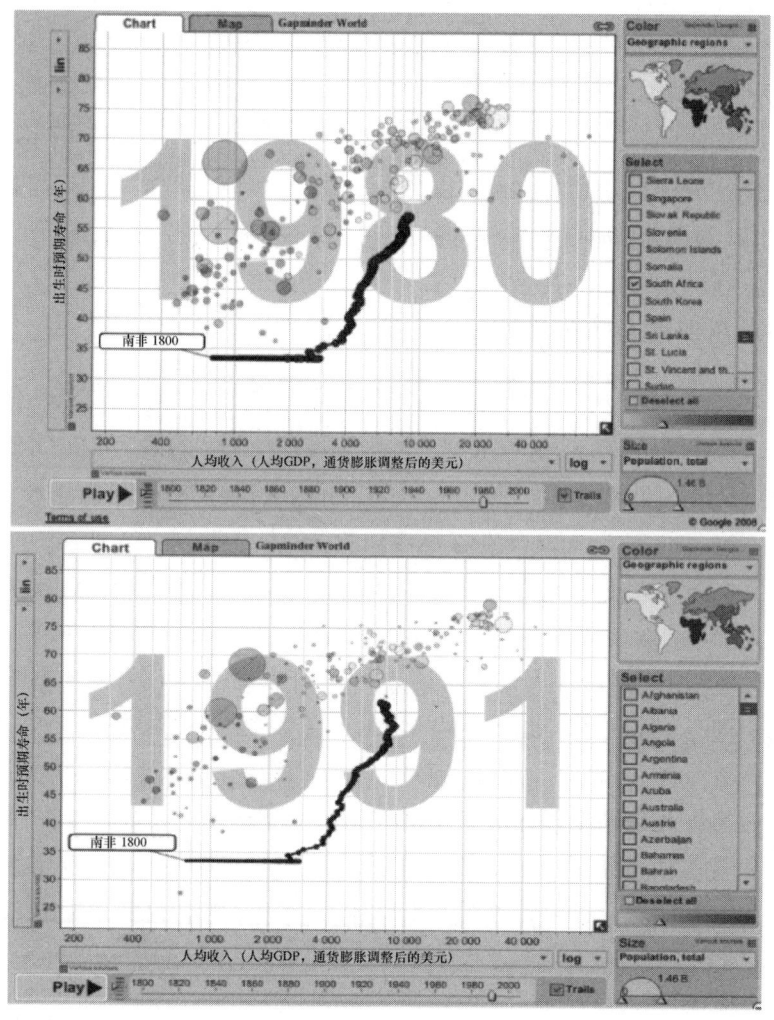

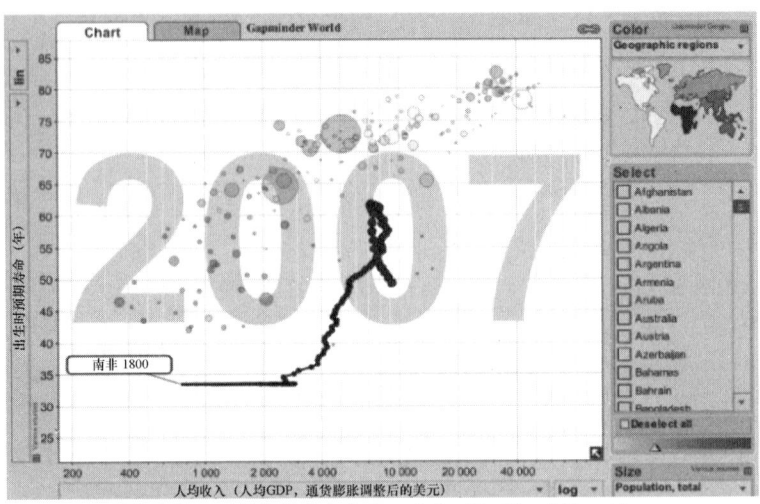

资料来源：可视化图片来自Gapminder World，由Trendalyzer
授权www.gapminder.org。

图11.5　1800年至2007年南非公民的平均期望寿命与人均收入的关系

让学生运用视觉工具进行交流

除了解释图像外学生还应该了解如何创生图像来交流想法、表现数据和叙述故事。有些网站会说明哪种类型的图表呈现各种类型的数据集时最有效，教师可以点击进入这些网站（访问www. juiceanalytics. com/chartchooser/；访问go. solution-tree. com/21stcenturyskills获取本章图片的彩色版）。不论使用哪一种视觉产品，学生都需要遵守先前列出的多通道设计原则。比如说空间连续原则，在可行的情况下，应该尽量将文本和设计一体化，而非使用图例。在图11.6中，工作记忆的认知负荷在非一体化时是更高的，这是因为看图者要在饼图和图例之间来回逡巡。而在一体化的示例中，由于文本被置于图表之中，认知负荷得到降低。

通过可视化辅助学习的关键策略在于建立和使用一套以高标准要求学生工作的视觉品质的指导方针。很多设计者至少会使用四条重要的设计标准：反差性、重复性、一致性和邻近性（Williams，2003），这四条标准与之前列出的多媒体原则彼此呼应。数字产品的视觉设计可能会增强，也有可能减弱沟通效果：

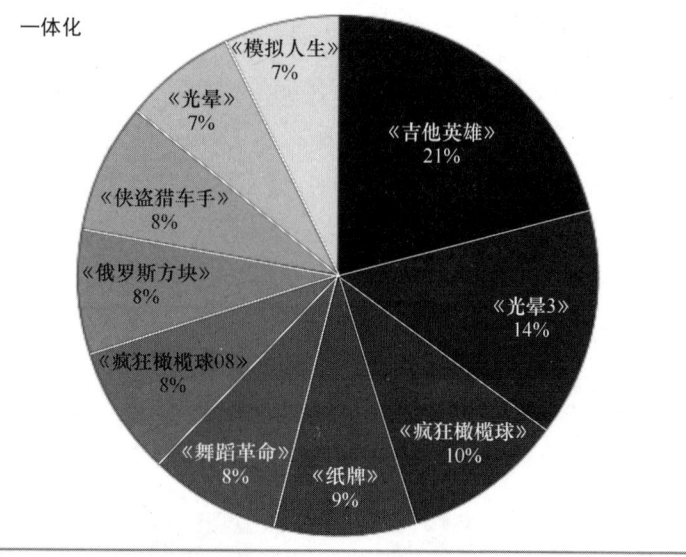

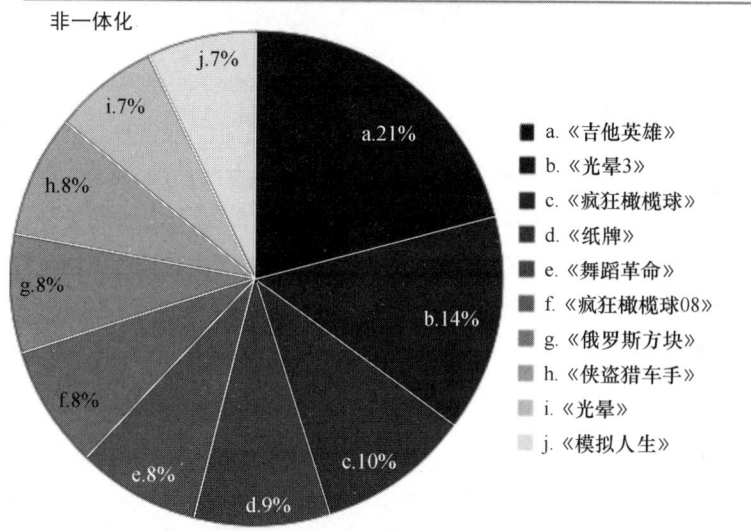

资料来源：转自Lenhart，Kahne，Middaugh，Macgill，Evans，& Vitak，2008. 数据来自the Gaming and Civic Engagement Survey of Teens and Parents，November 2007-February 2008. 误差范围在±3%。

图11.6 青少年玩得最多的十款游戏

反差性。反差性意味着要确保视觉设计的每一元素之间能相互显著区分。人的眼睛容易关注差异，正是差异吸引着读者。举例来说，使用了两种或两种以上的字体大小，就像下面这两个明显不同的尺寸：

9分18分

重复性。设计元素的重复会增强整体的统一性。重复可以是字体、形状、颜色、厚度、空间关系等。图11.7展示了一个从TED网站上摘录的示例（www.ted.com/talks/list），可以看到所有入口的标题风格和形式都是一样的。

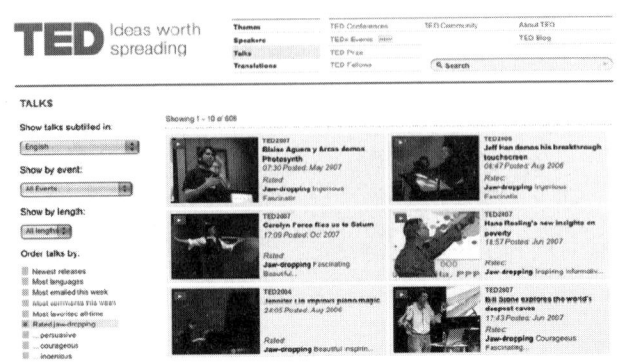

资料来源：技术娱乐设计，未标注时间，www.ted.com，已获转载许可。

图11.7 重复性和一致性的示例

一致性。页面上各个元素的归置方式会影响读者的阅览顺序。因此，每个元素都应跟另一元素有视觉联系。看到图11.7，我们立马会被最上面的标题吸引，然后目光才落到那六个演讲上。每个演讲的图片和文本放在相近位置，文本在图片的右边，眼睛是从图片移到文本，这里符合人们（阅读英语）的自然习惯——从页面的左边到页面的右边。眼睛自然倾向于看到视觉图片，但因为眼睛从左向右移动，所以目光又会落到文本上，并重复多次进行这种眼球运动。（因此，这种设计带动了眼球运动，能保证文本和图片里的所有信息都被加工。）

邻近性。眼睛更喜欢简单的景观。在可能的情况下彼此关联的东西应该放在足够接近的地方，告诉眼睛它们是同一视觉元素。这样就有一个清晰的结构，信息会被组织在一起，视觉噪音相应减少。图11.8是美国教育委员会网站的标题，如图底部的灰色阴影所示，有四个主要元素。

视觉读写能力是21世纪素养的一个关键组成部分。它能增强和开拓学生的批判性思维，加深他们对科学、数学、

> 视觉读写能力是21世纪素养的一个关键组成部分。

社会科学和其他核心学科的理解，还能建立起艺术与科学的紧密联系，为表达

自己所知和所能创造大量机会,也有助于他们成为媒体消费者中的有识之士。

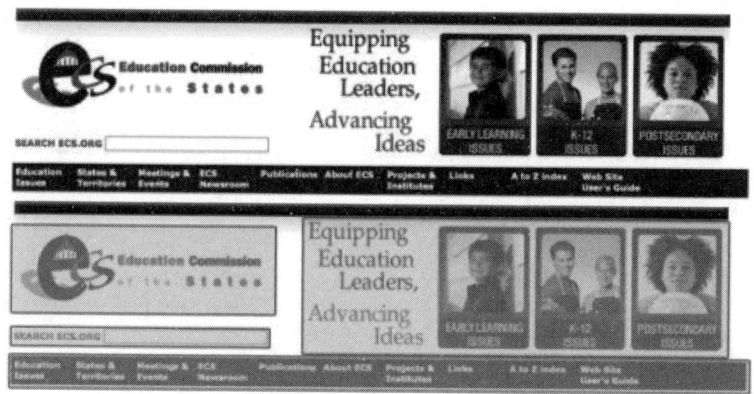

资料来源:美国教育委员会,2010,http://www.ecs.org.已获转载许可。

图11.8 邻近性的示例

第二类创新:知识民主化

网络开启了人们终身学习的新大门,无论是正式还是非正式的环境,无论以个人形式还是小组形式,学习都可以发生。现在,科技设备连接高速宽带的价格很低,大多数人都购买得起。很多社区正致力于解决宽带普及的问题,目的就是让所有社区成员都有宽带可用。虽然宽带在社区和家庭中日益普及,但学校在确保所有学生都能够获取网络方面仍起到重要作用——至少在校期间是这样。

学习生态在不断演进。人们正基于个人、职业、家庭、工作和社区的需要、兴趣或者职责,从事非正式学习。布丽姬·巴伦(Bridget Barron)是斯坦福大学的一位研究员,他提议青少年的学习应根据现在提供给学生的非正式学习机会来重新进行考虑(Barron,2006)。根据巴伦的研究,图11.9记述了学前及中小学教育阶段学生可能卷入到的一系列正式或非正式的学习情境。

这给学校带来的启示很明显。学校不过是学生接触到的众多学习环境中的一种,教育者应该积极思考如何将正式学习从学校扩大到其他环境中。此外,为了把学生的兴趣整合到正式学习中,教育者应该对学生在校外主动参加的非正式学习有足够的了解。目的就在于增加正式的课堂学习的相关性,提高学生对课堂学习的兴趣,一定程度上还整合了学生的正式和非正式学习。学校的另一职责是保证学生在数字环境里学习、互动、发展时，能获得知识和专业技能。我们可以从以下几个分类上思考知识民主化：

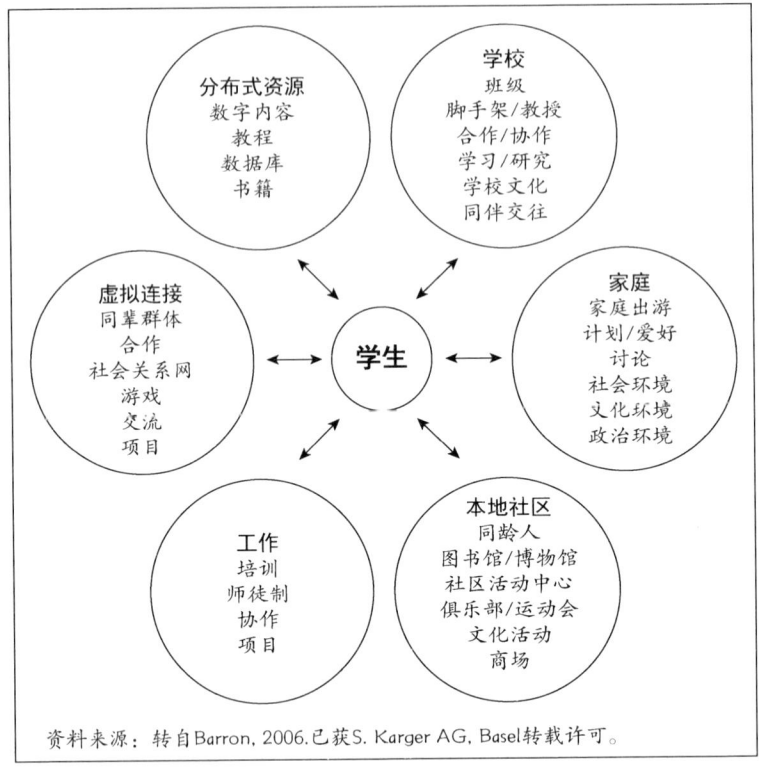

图11.9 21世纪的学习环境

网络浏览。谷歌在全球的使用情况完美地体现出这一点。借助智能的网络导航，信息可以触手可得。关键词在于"informed"（灵通）。尽管信息很容易获取，但学校要做到的很重要的一点是对学生搜索信息提出严格要求——在各种有形、无形的网络中浏览时，审视网络资源，抽取其中可信的部分，还要始终保证搜索的综合性和平衡性。

学习对象。学习对象是一种独立的资源，通常以数字或网络为基础，可以用于并重复用于支持学习。很多首选的学习对象以虚拟教具的形式出现，学生可以使用这种动态教具探索和加深知识内容（Utah State University，2007）。当下学习对象的形式有：油管视频、IPod声频、录像资料、交互网站、幻灯片放映等。这就意味着一天24小时，一周七天，这些学习对象都能为兴趣满满的学习者所获取。学习对象可以用来补充面对面的课堂教学，可以嵌入虚拟课堂，并且很容易被正在学习但是还没有掌握学习主题的学生所访问。举例来说，全国数学教师委员会网站上有很多虚拟教具，其中有一个模块能让学生进行操作，每一模块代表了方程式（a+b）^{2}=a^2+2ab+b^{2}中的每个组成成分（National Council of Teachers of Mathematics，2009；访问http://illuminations.nctm.org/ActivityDetail.aspx?ID=127）。第二个例子是一个计算工具，学生能用它确定自己家里的排放量，通过操作看到碳排放量的结果（U. S. Environmental Protection Agency，未标明时间；访问http：//www. epa. gov/CHP/basic/calculator. html to view this manipulative）。

模拟。当学生能设置视觉模拟实验的参数时，他们的学习会更深入。例如在新一代Yenka中，一家英国公司让学生通过开发和运行流程图控制舞者在屏幕上的动作，进而学习一些基础的编程步骤。学生在家里就能免费获取到这些资源，学校付费后也能使用（Crocodile Clips，2009；访问www. yenka. com/en/Yenka_Programming/）。SimCale MathWorlds是一个免费的模拟工具，它允许学生通过制图计算器和生成数学函数的计算机运行比率、线性函数和比例。例如，学生可以在观察同一网格上的函数图时，确定同一条直线上的两条鱼的速度和加速度（访问www. kaputcenter. umassd. edu/projects/simcalc/）。

向公众开放的大学课程。从2000年到2010年，美国很多大学的课程可以在线观看。现在，麻省理工大学课程软件（Massachusetts Institute of Technology，2009）和莱斯大学开放课件（Rice University，n. d. ）上有数以千计的课程。另一个能免费获得数以千计的大学课程、讲座和采访的数字访问途径就是ITunes大学。

面向K-12学生和教师的在线课程。根据美国教育部2009年5月发布的在线学习元分析报告，面向K-12学生和教师的在线学习在教育技术领域里增长趋势最为迅速（Means，Toyama，Murphy，Bakia，& Jones，2009）。报告显示，从2002~2003学年度到2004~2005学年度，参与技术化远程学习课程的K-12学生数量增长了65%。斯隆联盟教育协会近期的一项报告（Picciano & Seaman, 2009）称：美国有超过100万的K-12学生在2007~2008学年度参与了在线课程，比2005~2006学年增加了47个百分点。报告人列出了在线课程所满足的大量需求，包括修习大学预修课和其他大学课程、恢复信用等级等。对那些正寻求不同于本地学校的课程、课时和学习方式的学生来说，这样的在线课程为他们提供了巨大的机会。

佛罗里达虚拟高中（FVHS）是大型虚拟高中之一。2007~2008学年间，佛罗里达虚拟高中在全国招收了大约十万名学生（毕业文凭由学生所在地的社区高中颁发）。它宣称，在2009年夏季将完全运行Conspiracy Code课程，这在美国历史上前所未有，是一种以游戏为学习环境的全学分高中课程。

在线课程单元。很多学校和教师都利用在线学习对课堂教学进行补充。有些时候，教师使用在线单元作为课程必不可少的一部分。由联邦资助，加州大学伯克利分校承办的网上科学调查项目（http：//wise.berkeley.edu）里就有在线单元。网站上所提供的科学探究单元对参与学校免费开放，里面包含了四个独立单元，分别是：（1）安全气囊：速度太快，太疯狂？（11~12年级）；（2）全球气候变化：谁该担责？（6~9年级）；（3）科技促进科学学习：有丝分裂和减数分裂（9~12年级）；（4）狼生态学和种群管理（7~12年级）。这些学习单元一般四到五天（一个学习周期）就能学完，既符合标准，又内含课程计划，还能通过网络实现学生团体的高度互动。

知识民主化为个人终身学习和合作学习创造机会。对学生来说，想利用好这次机会还需要他们能够进行批判性思考，具备信息素养，能进行一定的自主学习，而这些能力的发展离不开学校系统的参与。知识民主化还为教育者提供大量的机会，可以将学校转变为21世纪学习的实体或虚拟场所。区别于传统教育的关键一点在于：以学生为中心、学习真实性才是探究学习的坚实基础。教育工作者正处于十字路口，他们除非真正建立起学生正式学习和非正式学习的联系，接受知识民主化，否则，一旦忽略知识民主化，就可能冒着被淘汰的风险，成为校外互动学习的资格认证工厂。

> 知识民主化为个人终身学习和合作学习创造机会。对学生来说，想利用好这次机会还需要他们能够进行批判性思考，具备信息素养，并能进行一定的自主学习，而这些能力的发展离不开学校系统的参与。

第三类创新：参与式学习

今日的学校强调的是学生个体对知识的掌握，然而事实却是，社会、社区、工作都逐渐重视团队学习、合作学习和参与式学习。

在20世纪90年代，网络让之前从未表达意见的群体能在公共场合发声，而现在21世纪的Web 2.0工具则助长了参与式文化。脸书、油管、Flickr、推特、RSS订阅、GPS跟踪、智能移动设备，以及强大的国际宽带网络，让数百万人得以实现全天候的实时互动。Web 2.0工具让每个人有丰富的网络渠道以视频、声音和文本的形式来发表想法、交换想法和做出评论；能让人们把带有自己标签的观点分享在像Delicious.com之类的网站上；能在社交网站上互动；能参与到现场聊天中；能在兴趣小组、活动小组内共享观点；能使用GPS追踪和短信马上联系到彼此；能参与到交互在线游戏和游戏团体中；能通过RSS订阅、Flicker和推特保持联系和信息畅通。

新型社交模式正以前所未有的速度不断产生。现在人们希望成为这些虚拟社区的活跃用户，而不是一个被动旁观者。这些社区的核心在于团体标准、内容、话语和生活圈的进化本质。必须承认的是，这些社区只开发了基础工具，而没有经过细致而战略性的规划。但是，通过对话、讨论、资源共享、对问题和评论以及批评的回应，还有基于价值共识的不同程度参与，它反而随着时间的推移不断进化。有一位教师创造性地使用脸书让学生学习元素周期表，就是个例证（访问go.solution-tree.com/21stcenturyskills获取本章图片的彩色版）。

在圣地亚哥高科技中学，学生利用社交网络来识别元素周期表里的元素（图11.10；http：//staff.hthcv.hightechhigh.org/ ~ jmorris/period%20table%20page.html）。学生要把个人性格列出来，区分元素性质，再挑选出跟自己性格最相近的元素性质。当他们在脸书主页上匹配了元素后，还得继续寻找跟自己的元素属性一致的其他元素"朋友"。

资料来源：高科技高中，未标明日期，已获转载许可。

图11.10　元素周期表：学生脸书主页所匹配的元素

通过点击网站，每一位学生的脸书页面就显示出他们分享的性格特征，还有他们认为的与自己最接近的元素（图11.11摘录了其中一部分）。

> 学生输入：我和氢的相似点在哪里。
>
> 人际和谐：我性格随和，喜欢顺其自然。和氢一样，我喜欢和别人待在一起，一有机会就和朋友出去玩。在这个快节奏的世界中，时常和朋友一起放松一会儿感觉很好。
>
> 低沸点（-252.87℃）：通常情况下，我是个沉稳冷静的人。和其他人一样，我也有压力大和没耐心的时候，但是大多数时候我都是平和体贴的。我的这种特点和氢一样。
>
> 和氢一样，我虽然小但却很有力量。我一直认为自己是个小而有力的人。我很坚强，可以照顾好自己和他人。你可以依靠我，因为我充满力量且可靠。氢与我一样，有力量和效用。

图11.11　学生关于氢的脸书主页

今日的经济全球化反映了这种参与式文化。跨国公司尤其体现了参与式文化，在这些跨国公司里，个体的成功与所属工作团队的成功直接挂钩。团队的作用经常依赖于成员的社交程度、情感程度，成员的不同专长，以及成员的领导力和承诺。这表明，在Web 2.0时代下，参与式文化的力量来自参与者的质量、参与频次、所具备的技能、背景和职业承诺。

从教育的眼光来看，重要的是认识到参与并不等同于合作。参与式文化可以是和谐的，也可以是对立的。凝聚一个团体的兴趣主题可以关于社会公平，也可以关于知识、政治、社会和经济，可以从集体视角出发，或者仅是出于消遣和个人意趣。团体的大小、目的、存在时间和团体规范可以有很大不同。

正如本章内容里介绍的三类创新（可视化、知识民主化、参与式学习）已经影响了社会，人们正智慧地使用这些创新为自己服务。如此一来，它们会继续影响和重新定义整个社会的生态，进而产生连锁反应。学习领域同样如此。学者凯哈·卡赖宁（Kai Hakkarainen）和他的同事讨论了教育工作者是如何从三种不同的方式来看待学习的（Hakkarainen, Palonen, Paavola, & Lehtinen, 2004）。第一种是习得模式，它着重于个体的所学和个体所能学。第二种是参与模式，这时教育工作者已经超越了习得模式，认识到学习的社会层面。处于这一模式的学生可能参与到合作中，但是衡量成功的标准很大程度上仍然在于个体能学到多少，以及很可能根据学生在小组、团体、网络和文化中的能力测量结果，确定学生是否成功。第三种模式是知识创造，在这一模式下，小组或团体的成果是一笔有价值的资产，通过评估个体对团队的贡献、个体的知识获得而完成。事实上，教育工作者应该将这三种模式都囊括于对学习的思考之中。

今天的学校已经脱离社会的步伐，它们仍然处在习得模式中。它们的确通过合作学习踏入了参与模式的门槛，但是它们既没有建立起常规的结构来测量、评定小组或团体的集体知识建构，也没有对学生所做的贡献有所考量。这就需要我们重新建构学习、教学和评价，在强调个体的知识获得之外，逐步加强对小组参与和小组知识创造的重视。学校如果想培养出能在新的参与文化下生存的毕业生，就有必要意识到这一点。

三类创新的启示

> 受可视化、知识民主化、参与式文化创新的影响，在校学习的学生需要掌握不同于前几代人的各项能力。

受可视化、知识民主化、参与式文化创新的影响，在校学习的学生需要掌握不同于前几代人的各项能力。对这些学生来说，非常重要的能力就是这本书所探讨的那些能力，包括批判性思考、创造性思维、自主能力、合作能力和多通道学习能力以及适应力。学习生态本身随着时间而演变，学生会在形成自己的学习路径中扮演着越来越重要、越来越主动的角色，正式学习和非正式学习常常会在面对面学习、虚拟学习和混合学习中融合，这在以前是不可能发生的。

学校促使学生沉浸于这样的学习中的最直接方式之一就是借助真实的学习。弗雷德·纽曼（Fred Newman）对这样的学习定义了三个关键要素：(1) 对学科问题的深度探究（不同于浅层学习）（Higher Education Academy, 2009）；(2) 校外活动的相关性（学生在校外和团队一起解决问题）；(3) 知识建构（学生在展现团队所得和个人所得的同时，生产和建构实实在在的、引发团体兴趣的产物）。

由此岸到彼岸

为了确保美国学生做好迎接今天的全球化知识型社会的准备，我们的学校学习需要接纳可视化、知识民主化和参与式学习文化这三种创新。领导者要营造开放的文化，要担当风险以及适应学校内部的变化，这样学习者、教师和他们所在的团体才可以了解这些创新如何改变、促进和适应学校内外的学习。第一步要做的是衡量学校是否做好了21世纪学习的准备。Metiri集团的"21世纪学习维度规划（D21）"提供了一个衡量框架（Metiri Group，2008）：

- **愿景**——你们的学校系统对21世纪学习是否有超前的、共识的愿景，是否认识到21世纪学习象征着社会创新是一种统一的、能激励改变的力量？
- **系统思维/领导力**——在以创新推进愿景实现的道路上，是不是所有的教育工作者和教职工对创新有系统的思考及行动呢？
- **21世纪技能/学习**——在基于研究的学习策略的背景下，你们的学校系统是否采用了21世纪技能？
- **21世纪学习环境**——21世纪学习愿景是否在你的学校有所体现？
- **专业竞争力**——学校的教师、管理者和其他职工是否做好准备促进、引领和评估学生、团体和家长开展21世纪学习？
- **方法和基本设施**——是否具备足够强大的科技设备和基础设施以支撑21世纪学习？
- **责任**——学习者、教育工作者和学校系统是否有责任去追求进步，并且为实现进步提供信息和支持？

对教育工作者来说，这一框架意味着需要如下领导力：（1）建立起一种接受教育领域内外的新理念的文化；（2）鼓励承担风险，计算风险；（3）有远见地认识到要促进强有力创造性理念的传播，认识到创造性理念的"引领和震动效应"。《哈佛商业评论》的作者建议，这样的领导者应该成为策略家，成为能在高度协作中推动组织变革的人，使当前的种种假设受到挑战和得以改变（Rooke & Torbert，2005）。

如今，我们已经到了挑战当下学前至中小学学校系统以及拥抱可视化、知识民主化和参与式学习这三类创新所带来的连锁反应的时刻。

参考文献

Associated Press.（2006，October 10）. Google buys YouTube for ＄1.65 billion. *MSNBC online*. Accessed at www.msnbc.msn.com/id/15196982 on July 1，2009.

Barron，B.（2006）. Interest and self-sustained learning as catalysts of development: A learning ecology perspective. *Human Development*，49（4），193–

224.

Chan, M. S., & Black, J. B. (2006, April). *Learning Newtonian mechanics with an animation game: The role of presentation format on mental model acquisition.* Paper presented at the American Education Research Association Annual Conference, San Francisco.

Corum, J., & Hossain, F. (2007, December 15). Naming names. *The New York Times.* Accessed at www.nytimes.com/interactive/2007/12/15/us/politics/DEBATE.html on October 10, 2008.

Csikszentmihalyi, M. (1990). *Flow: The psychology of optimal experience.* New York: Harper and Row.

Crocodile Clips. (2009). *Yenka programming.* Accessed at www.yenka.com/en/Yenka_Programming/on July 7, 2009.

Education Week and the Editorial Projects in Education (EPE) Research Center. (2009a, June 11). *Diplomas count 2009: Broader horizons: The challenge of college readiness for all students.* Bethesda, MD: Authors.

Education Week and the Editorial Projects in Education (EPE) Research Center. (2009b). *National technology report: Breaking away from tradition.* Bethesda, MD: Authors.

Drucker, P. F. (2002, August). The discipline of innovation. *Harvard Business Review, 80* (8), 95–103.

Foray, D., & Lundvall, B. D. (1998). *The knowledge-based economy: From the economics of knowledge to the learning economy.* In D. Need, G. Siesfeld, & J. Cefola, *The economic impact of knowledge* (pp. 115–122). New York: Butterworth-Heinemann.

Fredricks, J. A., Blumenfeld, P. C., & Paris, A. H. (2004). School engagement: Potential of the concept, state of the evidence. *Review of Educational Research, 74* (1), 59–109.

Gapminder Foundation. (2009). *Gapminder: Unveiling the beauty of statistics for a fact based world view.* Accessed at www.gapminder.org on June 5, 2009.

Ginns, P. (2005). Meta-analysis of the modality effect. *Learning and Instruction, 15* (4), 313–331.

Gladwell, M. (2000). *The tipping point: How little things can make a big difference*. Boston: Little, Brown.

Global System for Mobile Communication. (2009, February 11). *Mobile world celebrates four billion connections. GSM Association press release*. Accessed at www.gsmworld.com/newsroom/press-releases/2009/2521.htm on June 20, 2009.

Hakkarainen, K., Palonen, T., Paavola, S., & Lehtinen, E. (2004). *Communities of networked expertise: Professional and educational perspectives*. Amsterdam: Elsevier Science.

High Tech High. (n.d.). *We are the periodic table of elements*. Accessed at http://staff.hthcv.hightechhigh.org/~jmorris/period%20table%20page.html on January 28, 2010.

The Higher Education Academy. (2009). *Deep and surface approaches to learning*. Accessed at www.engsc.ac.uk/er/theory/learning.asp on October 1, 2008.

Jenkins, H. (2007, December 5). *Reconsidering digital immigrants. Confessions of an aca-fan: The official weblog of Henry Jenkins*. Accessed at www.henryjenkins.org/2007/12/reconsidering_digital_immigran.html on June 8, 2009.

Jeong-hyun, L. (n.d.). *In Wikipedia, the free encyclopedia*. Accessed at http://en.wikipedia.org/wiki/Jeong-Hyun_Lim on July 5, 2009.

KCTS Television. (2004). *Don't buy it: Get media smart*. Accessed at http://pbskids.org/dontbuyit/entertainment/covermodel_1.html on May 20, 2009.

Lemke, C. (2008). *Multimodal learning through media: What the research says*. Accessed at www.cisco.com/web/strategy/docs/education/Multimodal-Learning-Through-Media.pdf on June 6, 2008.

Lemke, C., & Coughlin, E. (2008). *Student engagement*. Culver City, CA: Metiri Group.

Lemke, C., Coughlin, E., Garcia, L., Reifsneider, D., & Baas, J. (2009, March). *Leadership for Web 2.0 in education: Promise and reality*. Culver City, CA: MetiriGroup.

Lenhart, A., Kahne, J., Middaugh, E., Macgill, A.R., Evans, C., & Vitak, J. (2008). *Teens, video games, and civics*. Washington, DC: Pew Internet & American Life Project.

Massachusetts Institute of Technology. (2009). *MIT OpenCourseWare*. Accessed at http: //ocw. mit. edu on June 9, 2009.

Mayer, R. (2001). *Multi-media learning*. Cambridge, UK: Cambridge University Press.

Mayer, R. E., & Moreno, R. (2003). Nine ways to reduce cognitive load in multimedia learning. In R. Bruning, C. A. Horn, & L. M. PytlikZillig (Eds.), *Web-based learning: What do we know? Where do we go?* (pp. 23–44). Greenwich, CT: Information Age Publishing.

Moreno, R., & Mayer, R. E. (2005). *A learner-centered approach to multimedia explanations: Deriving instructional design principles from cognitive theory*. Accessed at http: //imej. wfu. edu/articles/2000/2/05/index. asp on October 8, 2008.

Means, B., Toyama, Y., Murphy, R., Bakia, M., & Jones, K. (2009, May). *Evaluation of evidence-based practices in online learning: A meta-analysis and review of online learning studies* (Report No. ED-04-CO-0040 Task 0006). Washington, DC: U. S. Department of Education. Accessed at www. ed. gov/rschstat/eval/tech/evidence-based-practices/finalreport. doc on June 30, 2009.

Metiri Group. (2008). *Dimensions of 21st century learning*. Accessed at http: //D21. metiri. com on July 7, 2009.

Nagel, D. (2009, June 2). Virtual school begins rolling out game-based courses. *THE Journal*. Accessed at http: //thejournal. com/Articles/2009/06/02/Virtual-School-Begins-Rolling-Out-GameBased-Courses. aspx on June 8, 2009.

National Council of Teachers of Mathematics. (2009). *A geometric investigation of $(a+b)^2$*. Illuminations. Accessed at http: //illuminations. nctm. org/ActivityDetail. aspx? ID=127 on July 7, 2009.

National School Board Association. (2007). *Creating and connecting: Research and guidelines on online social—and educational—networking*. Alexandria, VA: Author.

Nielsen Company. (2009). *How teens use media: A Nielsen report on the myths and realities of teen media trends*. New York: Author. Accessed at http: //blog. nielsen. com/nielsenwire/reports/nielsen_howteensusemedia_june09. pdf on July 6,

2009.

Official Google Blog. (2008, July 25). *We knew the Web was big.* Accessed at http: //googleblog. blogspot. com/2008/07/we-knew-web-was-big. html on June 20, 2009.

Picciano, A. G., & Seaman, J. (2009). *K-12 online learning: A 2008 follow-up of the survey of U. S. school district administrators.* Newburyport, MA: The Sloan Consortium. Accessed at www. sloanconsortium. org/publications/survey/pdf/k-12_online_learning_2008. pdf on April 4, 2009.

Quealy, K., Roth, G., & Schneiderman, R. M. (2009, January 26). How the government dealt with past recessions. *The New York Times.* Accessed at www. nytimes. com/interactive/2009/01/26/business/economy/20090126-recessions-graphic. html on May 10, 2009.

Reed, N. (2008). *GigaTweet.* Accessed at http: //popacular. com/gigatweet on July 7, 2009.

Rice University. (n. d.). *Connexions.* Accessed at http: //cnx. org/on June 6, 2009.

Rooke, D., & Torbert, W. R. (2005, April). Seven transformations of leadership. *Harvard Business Review*, *83* (4), 67–76.

Schlechty, P. C. (2002). *Working on the work: An action plan for teachers, principals, and superintendents.* San Francisco: Jossey-Bass.

Schwartz, D. L., Bransford, J. D., & Sears, D. (2006). Innovation and efficiency in learning and transfer. In J. P. Mestre (Ed.), *Transfer of Learning from a Modern Multidisciplinary Perspective* (pp. 40–59).

Shah, J. A. (2005, December 20). *Guitar* [YouTube video]. Accessed at www. youtube. com/watch? v=QjA5faZF1A8 on July 5, 2009.

Singer, A. (2009, January 12). Social media, Web 2. 0 and Internet stats. *The Future Buzz.* Accessed at http: //thefuturebuzz. com/2009/01/12/social-media-web-20-internet-numbers-stats on July 2, 2009.

Technology Entertainment Design. (n. d.). *TED: Ideas worth spreading—Talks page.* Accessed at www. ted. com/talks/list on February 18, 2010.

U. S. Department of Education. (2009, June 8). *Robust data gives us the roadmap to reform*.［Speech Secretary Arne Duncan gave at the Fourth Annual IES Research Conference］. Accessed at www. ed. gov/news/speeches/2009/06/06082009. html on June 19，2009.

U. S. Department of Education.（2009，June 26）. *U. S. Department of Education study finds that good teaching can be enhanced with new technology*. U. S. Department of Education Press Release. Accessed at www. ed. gov/news/pressreleases/2009/06/06262009. html on May 10，2009.

U. S. Environmental Protection Agency.（n. d.）. *Household emissions calculator*. Accessed at http：//epa. gov/climatechange/emissions/ind_calculator2. html#c=transportation & p=reduceOnTheRoad & m=calc_WYCD on July 7，2009.

Utah State University.（2007）. *National Library of Virtual Manipulatives*. Accessed at http：//nlvm. usu. edu/en/nav/grade_g_2. html on May 20，2009.

Williams，R.（2003）. *The non-designers design book*. Berkeley，CA：Peachpit Press.

作者简介

谢丽尔·莱姆克　Cheryl Lemke

谢丽尔·莱姆克，教育学硕士，Metiri集团（Metiri Group）的总裁兼首席执行官。该集团致力于推进技术在学校的有效应用，并提供相关方面的咨询建议。在谢丽尔·莱姆克的领导下，北美各学区广泛使用了Metiri集团开发的Dimension21系统，来衡量学区在21世纪学习上的进步。谢丽尔·莱姆克任职于Metiri之前，曾是米尔肯家族基金会（Milken Family Foundation）下教育技术交流部门（Milken Exchange on Education Technology）的执行董事。她对中小学教育学习技术（learning technology）方面的公共政策颇为了解，与各层面的政府官员、议员、教育督察员、商业领袖和教师都有工作接触。在谢丽尔·莱姆克就任伊利诺伊州教育委员会联合督导期间，她管理着一个有100多名职员的学习技术中心，将5000万美元的年度预算用于新建全州的校园互联网和专业发展中心，并为伊利诺伊州的学校制定了基于社区的技术规划，开发旨在帮助学生学习的在线课程项目。此外，谢丽尔·莱姆克也指导开发了伊利诺伊州和华盛顿州的学习技术规划。她被公认为学习技术的积极领导者，同时也是一名咨询师、演说家和作家,她在州议会上提出的教育政策已经合理转化为学校层面的教育实践。

莱姆克在本章中介绍了21世纪学习方式的三大革新:可视化、知识民主化、参与式学习文化,深刻展示了技术是如何实现可视化手段和传统言语式交流的平衡优化的。

想阅览本章图表的彩色版,或者获得相关工具材料的实时链接,请进入go.solution-tree.com/21stcenturyskills。

第 12 章

技术之丰满，信息之贫乏

艾伦·诺文贝尔

昨日，我来到一所私立学校，那是我至今参观过的最具关怀、最为美丽的私立学校之一。它拥有令人惊叹的校园资源。在初高中综合班里，很多学生毕业后会升入顶尖大学。给他们演讲时，我说："如果在谷歌上搜索'诺文贝尔'这个词，会出现七亿多条结果，而我的网站排名第三位，你们知道这是为什么吗？"他们立马反应过来，自信满满地回答：

"你的网站上有最重要的内容。"

"你给谷歌付费了。"

"你的网站有最多的访问量。"

学生给出的答案都不正确，他们对自己的所知过度自信，但实际上他们并不了解——这是一件可怕的事情，连老师们也对此感到震惊。网络已经成为社会的主流媒介，但我们却没有教育置身其中的儿童如何进行批判性思考。一个人若是相信最重要的信息排在最靠前的搜索结果里，那么操控这样的人可以说是轻而易举。再想想，生活中有多少学生甚至是大人，在搜索时只看最前面的几页结果，又有多少人在做研究时只用一个搜索引擎进行搜索。我们先教会学生使用幻灯片、创建维基百科，再教他们精通由社会所创造的最强有力的信息媒体，这么做的原因在哪儿？

"休斯顿，我们有个疑问。"

大多数教育者都认同，我们需要建造21世纪的学校，并帮助学生为信息经济做好准备。然而，这到底意味着什

> 大多数教育者都认同，我们需要建造21世纪的学校，并帮助学生为信息经济做好准备。然而，这到底意味着什么？要想让学生具备全球职业道德，会面临哪些本质问题，要做哪些规划呢？

么？要想让学生具备全球职业道德，会面临哪些本质问题，要做哪些规划呢？

只是给学生一台笔记本电脑，而没有从根本上改变对课程、评价、师生角色的观念，这不是21世纪学校，也不是在为信息经济做准备。信息存储及检索技术由纸质媒介（静态技术）主导转变为数字技术（动态技术）主导，我们如何规划以应对这一转变，这正是本章的重点内容。

从静态技术到数字技术

到目前为止，传统的规划范式是成立一个技术规划委员会，很大一部分原因在于学校最初是缺乏数字技术的。如此一来，这种方式引发的问题就变成了：我们需要多少技术？哪里需要技术？教师和学生需要哪些技术能力？可是，技术仅仅是一种数字工具。我们确实要知道电脑、电子白板和掌上电脑的需求量以及如何摆放它们，也要给教师和学生做技能培训，但是仅仅用技术规划范式做好这些工作还不够。在教育系统中使用技术的意义体现在帮助学生养成全球职业道德，因此使用技术的技能是必要的，但却远远不够。

我的一位客户是一家高科技公司的总经理，他把学校所做的技术规划比作"广撒网"的规划模式（spray-and-pray model）。这种模式以技术为中心，导致技术只是作为传统工作的外衣，而不会促成我们的工作反思。换句话说，学生还是会常常分配到与技术应用前相同的任务和角色。举例来说，我去过很多配有笔记本电脑的学校，看到教室里的每个学生都用价值高达2000美元的"笔"做笔记。正如一句名言所说的，"讲课笔记从教师口中转移到学生的笔记本电脑上，期间却没有经过学生的大脑"，无论这一转移过程是用哪种工具完成的，都不是21世纪的学校教学所指。当我问学生笔记本电脑最有用的应用时，他们给出的标准答案是"做笔记"。

"广撒网"的规划模式带来的最令人唏嘘的结果是：我们拼命添加和融入技术，但有些时候的确降低了学生工作的质量。很明显的表现就是抄袭现象显著增加。许多学生在寻找完成任务的简便方法，但当他们匆匆完成作业和项目时，他们也丧失了对概念的深刻理解。学生借助Web 2.0（即使学校经常屏蔽网络信号）在社交网络上进行合作，"共享"家庭作业。随着智能手机和其他手持设备越来越多地进入校园，学生注意力更容易被分散。看看马克·鲍尔莱因（Mark Bauerlein）在2008年写的《最愚蠢的一代：数字时代是如何麻痹年轻的美国人并危及着我们的未来的》(The Dumbest Generation: How the Digital Age Stupefies Young Americans and Jeopardizes Our Future)，我们会有更多体会。

我们正处于一个持续变化与创新的时代，正不断接近"曲棍球变化规律"的棍柄曲线，这是一种垂直上升的变化。我们会看

> 我们有机会重新设计教学文化和学习文化，使之成为一种更为真实而强有力的学习模式。我们还能借此时机大胆设想，更加相信孩子们能取得更大的成就。

到新技术（例如智能笔）的爆炸式增长，也将见证大量新式软件的开发，硬件设备价格大幅下降，还有教科书的消失，在线学习量的激增。这一历史性变化时代的主角是我们，深度思考这些拥有巨大影响力的学习工具、教学工具以及全球联结工具的使用也取决于我们。我们有机会重新设计教学文化和学习文化，使之成为一种更为真实而强有力的学习模式。我们还能借此时机大胆设想，更加相信孩子们能取得更大的成就。

大胆的假设

创新大量涌现，时代日新月异，即使未来难以预测，教育者还是必须区分现今采用的哪些教学技能可能会在技术改革中存活下来。然而，当前学校的目标并非是适应社会变革。

让我们跟随整体趋势，让这一趋势引领我们思考如何让学生具备全球职业道德：

- 对于快速获取的大量信息，我们如何发挥其作用？油管每天有十亿的视频更新量。在2009年11月，推特推文的日发布量高达2730万条。
- 全球通信基本上免费使用。我们已经拥有很多诸如Skype的通信工具，它们基本上都具备免费的全球通信功能。教室里的每位成员都能借此成为全球通信中心。
- 就业市场更青睐兼有最高工作质量和最低工价的求职者，无论这些求职者来自哪里。在《世界是平的》(The World is Flat, 2005) 一书中，托马斯·弗里德曼（Thomas Friedman）指出：互联网给世界各地的人们创造了无需移民就能谋生的机会。不过，我们帮助我们的孩子形成全球职业道德了吗？

下面列出的具体技能可对上述趋势做出直接回应。我们的学生必须学习：

- 如何使纷繁复杂的信息有意义。
- 如何与来自世界各地的人一起工作（同理心）。
- 如何成为一个自主、互助、终身学习的学习者。

> 下面列出的具体技能可对上述趋势做出直接回应。我们的学生必须学习：
> - 如何使纷繁复杂的信息有意义。
> - 如何与来自世界各地的人一起工作（同理心）。
> - 如何成为一个自主、互助、终身学习的学习者。

如果要帮助学生为经济全球化做准备，我们需要将每一个教室快速改造为全球通信中心，将学生与世界各地的人联络在一起。我们为教师提供专业发展的机会，让他们重新设计出更严谨而真实的作业。我们要聚焦于素养，重新定义其内涵。从阅读中学习是必要的，但这完全不够。我们现在教的是纸质书本上的语法，我们也需要教网络中的语法。太多成年人的网上阅读就像是把纸质书本搬到网络上。网络上的语法、句法和信息体系自成一脉。令人惊讶的是，那么多人错误地以为自己了解网络媒体，但他们竟然是被操控的一方。

重中之重在于，我们要重新定义学习者的角色、教师的角色，甚至是家庭的角色。

我的工作让我有幸远渡重洋，去往中国、新加坡这样的发展中国家，我了解到那里的教育工作者明显急切地希望学生能建立起与世界各地人士的联系，

> 重建从技术到全球职业道德的规划过程要求我们追问这一投入的结果。

能更自主地掌握自己的学习。有个来自新加坡的例子，他们精心设计了名为"思考型学校，学习型国家"的教育愿景，其中的基本设计元素之一是"教得越少，学得越多"。从中我们发现，新加坡清楚了解到要让学生形成全球职业道德，教师和学习者的角色必须发生本质改变。学生如果被教导成依赖教师管理学习的人，就无法发展出经济全球化所要求的终身学习能力和问题解决能力。

重建从技术到全球职业道德的规划过程要求我们追问这一投入的结果。真正的革命不是笔记本电脑，也不是网络线路。我们现在买的电脑不久就会被取代，始终不变的是，我们要去获取不断增长变化的信息和全球通信。我们的规划重点必须转向对网络素养的清晰定义，要通过课程将学生同世界各地人士联

系在一起。

当前有多少学生毕业时具备了全球职业道德呢？有多少学生能做到学习自律呢？又有多少学生知道如何管理一个成员来自世界各地的团队，来解决愈发复杂的问题呢？诸如此类的问题应当成为我们规划的驱动力。

当我们具备了基础设施条件（互联网、硬件设施、软件设施），我们应当询问：需要了解哪些信息才能成为最有效的教师、学习者、管理者或者父母。举例来说，借助像Wolframalpha（www.wolframalpha.com）这样的计算知识引擎，学生能得到任何方程的图表和解集，据此订正自己的数学作业。让学生们订正自己的作业，虽然听起来可能是违背常理的，但是研究表明，学习过程中的即时反馈非常重要。米海伊·奇克森特米海伊（Mihaly Csikszentmihalyi）在《当下的幸福：我们并非不快乐》（*Flow: The Psychology of Optimal Experience*，1990）中提出即时反馈对于最优学习至关重要。再次强调，尽管技术很重要，但计算知识引擎本质上是给学生提供他们之前从未接触过的信息，也让学习者能更有力地管理个人的学习。

有了像Wolframalpha这样的动态工具，我们可以提高期望，不妨假设学生能自主设计作业。甚至，如果加上其他的免费工具，如Jing（www.jingprojec.com），学生能用录屏软件制作视频教程，并将解决方法分享给同学。我曾经在圣莫妮卡跟埃里克·马可（Eric Marcos）班上的学生交流，得知他们的班级网站（www.mathtrain.tv）有个教程库。埃里克班里一位年轻的教程设计者，只有12岁，她对我说，给班级同学设计教程是个挑战，她从中产生了强烈的责任感。她还说："这不是作业，而是真正的工作。"你可以以www.mathtrain.tv这个网站观看她做的"质数与因数分解"教程，已经有500多人看过这个视频。

在很多课堂上，教师不能及时、正确地得知自己的教学是否发挥良好。例如，我曾看过教室里的学生都用电脑记笔记，但是教师无法得知是否每个人的笔记都是准确的。通常的情况是，下课铃声一响，学生走出教室，他们中的许多人会从不准确或不完整的笔记（无论有没有笔记本电脑）中强化错误的概念。

在课堂上，我们能使用免费的协作记录工具，比如谷歌文档，使得一个团队可以共同合作写作。借用这一工具，教师就能上传全班的合作笔记，以便在课程结束前检查一遍，也就实现了笔记准确性和完整性的集体查阅。

这一过程还把课堂上学生的思考情况和内容组织情况迅速反馈给教师。我的工作经验告诉我：借助记录工具，我可以浏览听课人员做的课堂记录，了解班上学生的反应，由此对我的教学质量做出即时判断。日常的实时反馈对教学质量的提升有极大的促进作用。这是一次粗陋的课堂经历，但同时也让我感到非常兴奋。

> 合作能力可能是21世纪最重要的能力之一。我们需要帮助学生明白如何在团队工作中做好分内之事以及如何组织和管理全球通信。

合作能力可能是21世纪最重要的能力之一。我们需要帮助学生明白如何在团队工作中做好分内之事以及如何组织和管理全球通信。在这样一个彼此联系的世界里，学生需要学习如何理解不同观点及如何跟不同文化背景的人一起工作。如此一来，我们要实现课程的全球化。

打个比方，如果我回到高中教美国历史，我会让我的学生和英国学生就美国独立战争的起源问题展开现场辩论。我们很可能会用到Skype，它是一种免费的全球通信工具，而美国的很多学区都把它屏蔽了。我相信比起书面测验，很多学生会更有动力去为现场辩论做准备。我们知道不论是青少年还是年纪更小的孩子，他（她）们的社会性与生俱来。很多学生早晨一醒来或者下午从学校一回家，就立马登录脸书、聚友网，可见他们有与人交流的基本需求，我们应该利用这种天生的沟通交流需求，引导其在严谨的学业任务中发挥作用。

一场真实的辩论（但不是把班级划分为英国人和殖民者）会带来更为深刻的理解。学生会学习到为什么英国人不在七月四日庆祝，为什么要载着英国游客去马萨诸塞州的列克星敦参观巴克曼酒馆。在一个联系日益紧密的世界中，同理心可能是最重要的能力之一。

一种学习文化

我们可以创造一种学生更为自主的学习文化，在这种文化之中，学生开发出有益于同学乃至世界各地学生的学习内容。这就重新定义了学习者和教师的角色。虽然教师的知识仍然必不可少，但是知识传递已经由"教师到学生"的传统方式演进为班级作为团队进行协作学习。教师所扮演的角色是帮助学生拥有自我指导、彼此互助的能力。

如果为了让学生继续依靠学校结构来管理他们的学习而使用价格高昂的技术，那么我们就犯了重大的策略失误。我们要抓住重新设计学校文化的机会，让学生能够为自主学习管理承担起更多的责任，并能与同学乃至世界各地的人进行合作。相比于技术与工业教育模式的简单捆绑，正确探讨教学文化和学习文化的重建具有更为重要的意义。我们拥有难得一遇的机会，不妨大胆假设吧。我们能行！

参考文献

Bauerlein, M.(2008). *The dumbest generation: How the digital age stupefies young Americans and jeopardizes our future (or, don't trust anyone under 30)*. New York: Tarcher/Penguin.

Csikszentmihalyi, M.(1990). *Flow: The psychology of optimal experience*. New York: Harper and Row.

Friedman, T.(2005). *The world is flat*. New York: Farrar, Straus and Giroux.

作者简介

艾伦·诺文贝尔　Alan November

艾伦·诺文贝尔是全球公认的教育技术先导者。最初，他在波士顿海湾小岛上的一所男生教管学校担任海洋学教师和宿舍辅导员。之后，他还担任过一所非正式高中的主任，从事过计算机调配、技术顾问以及大学讲师等工作。作为一名实践家、设计者和作家，诺文贝尔指导过学校、政府组织、业界领袖如何利用技术提高质量。他撰写了数十篇文章及畅销书《用技术装备学生》(*Empowering Students With Technology*, 2001)。诺文贝尔还与他人共同创立了斯坦福大学技术与教育领导力机构，而他最引以为傲的是在首次克丽斯塔·麦考利芙教育家奖（Christa McAuliffe Educators）的评比中成为获奖的五位教育家之一。

在第12章中，诺文贝尔强调了皮尔曼（Pearlman）提出的学校重建原则，反对利用昂贵的技术手段维持学校对学生学习的管理。他认为：现在不仅需要重建学校的物理环境，还要重构学校的文化。技术可以减少学生对学校的依赖，同时使学生肩负起自我学习管理的责任。

第13章

引导社交网络作为学习工具

威尔·理查森

尼尔森·史密斯（Nelson Smith）不会生火，即使他在生活中必须依赖于火。事实上，他甚至连烟都没能弄一点儿出来。尼尔森有一块非常棒的黄松木，他从烘干机里拿出一块漂亮的绒布，一把结实的纺锤，和一把可以旋转的弓。但历经30分钟的来回推拉，也并没有产生多少热量，只是掉落了一堆木屑。尼尔森倒是热乎了起来，但木头却还是冷冰冰的。

然而这个来自加拿大不列颠哥伦比亚省维多利亚市的12岁少年尼尔森，对户外生存技能充满热忱，并制订了一个计划。他想要掌握丛林谋生中至关重要也是最基本的技能——生火，并且借助一个完美的工具来实现，那就是他妈妈的摄像机。

"大家好，"尼尔森在视频的开场中说到，观众看到他的一只脚裸露在草地上，踩着黄松木块，手里还抓着一套工具，"我将竭尽所能地在这里打钻……"

接下来的三分四十六秒视频记录了尼尔森的沮丧，视频给出这样一组特写：尼尔森在展示他的钻木技术，他的呼吸渐渐加重，一番努力之后，木头仍然没有发热。视频中还展示了装备组装的细节以及最终的失败结果。

但是视频中有一段非常棒，在尼尔森的演示过程中，他直接对观众说："我做得不对，我知道我这么做是错的。"他接着说："你们可以在下面的评论中告诉我应该怎么做。"

观众们真的给出了一些建议。

"当你的手完全张开时，将主轴缩短为你的小指和拇指之间的距离。"一位网名为HedgeHogLeatherworks的观众在尼尔森将视频传到油管的第二天如此回复（Smith, 2009）。

"首先，你的钻头需要在你的弓弦之外，而不是像你展示的在内部，"网名为BCNW1的观众补充道，"而且，缺口需要被切得像一小片馅饼一样，到离中间不远的地方就停下来（你的把旁边都切掉了）。"

最后，尼尔森收到一条来自他的评论，这是一位瑞典绅士，他在油管上有自己录制的关于户外生存技能的视频。hobbexp评论道："让钻头短一些，这样你就可以把它举得更高，这样落下时会更有力量，另外别忘了要吹气！"

你猜对了，尼尔森马上就学会了如何生火。

虚拟全球课堂的兴起

我们已经正式生活在这样一个虚拟世界里，在这里，即使是12岁的孩子也可以围绕他们最热衷的事情创建自己的全球课堂。更好的是，成年人也可以。这是一个学习的世界，它建立在个人彼此创造的联系之上，人们与志同道合的学生和教师建立起个人网络，随时随地分享自身实践。

> 我们已经正式生活在这样一个虚拟世界里，在这里，即使是12岁的孩子也可以围绕他们最热衷的事情创建自己的全球课堂。

但是这个世界也充满了复杂性和陷阱，给全体教育者带来巨大的挑战。可以肯定的是，儿童在线互动的安全性至关重要，但是直击教与学核心的更大挑战是：当我们能够与世界各地的其他教师和学习者交流时，课堂应该是什么样子？当知识在网络中广泛传播时，教师的最佳角色又是什么？最重要的是，作为教育工作者与个体的人，我们将如何基于这些变化来重构我们的个人学习经历？

我们作为社会中的个体，对这些问题的回答将引起对学校系统变革的长期讨论，即使我们现在是在21世纪，但其形式和结构看起来毫无疑问仍然是在20世纪（甚至19世纪）。或者，它可能不是。有一点是肯定的：虽然学校可能会继续运行着其百年来的传统模式，但个人的学习方式已经永远地改变了。我们不再是向那些在这个新的网络世界中拥有教学资格证书的人学习，而是与我们自己寻求的人（以及那些寻求我们的人）一起学习，还有一些人，我们与他们分享的仅仅是一种对知识的热情。在这个全球社区中，无论何时何地，我们都能够迅速成为教师和学习者，并根据需要改变角色——做出贡献和进行合作，甚至是共同努力重建世界。

这些学习事务需要我们改变对传统素养、技能的理解，以及对在网络和在线社区中学习所需的新素养和实践的理解。对于教育工作者来说，获得这些网络素养是开发新教学法关键的第一步，反过来，新的课堂、课程也为学生的未来做好了准备。

但是在这个时候，绝大多数与此相关联的孩子都已经把自己卷入了线上的社交网络。令人清醒的现实是，这些孩子大多缺乏教师或家长等成年人来帮助他们认识到并发挥既有的学习潜能。一般而言，孩子们独自在这些空间里行走，只有同伴来引导他们，或是偶尔从成人那里得到警告。他们没有看到这些学习关系正在被建模，也没有被教导如何以安全、有效和道德的方式创建、导航和发展这些强大的个人学习网络。

一些孩子开始自己解决问题，在这点上，尼尔森的故事在很多层面都具有启发意义。我们来想想关于这个新的全球课堂他需要了解些什么，以及有效驾驭它所需要的技能。第一，他知道Web不再是"只读"技术，我们现在与其他用户之间的读、写关系改变了一切；第二，他知道虽然他的现实生活中可能没有人能够提供关于户外谋生的答案，但网络空间中还有上百人（如果不能说上千人的话）能够回答那些即便是最深奥的问题；第三，他对多媒体和网络技术的基本知识非常了解，可以创建视频并上传到网上以供消费；第四，他以一种保护自己隐私和身份的方式做到了这一点——除了他的光脚和双手，以及他在油管上的名字，视频没有透露他的身份。在这部不到四分钟的电影中，我们所捕捉到的是网络世界的复杂性，大多数成年人（以及绝大多数尼尔森的同龄人）还没有开始接近和掌握。

尼尔森的大多数同侪擅长的是与他们经常看到的朋友和家人保持联系，或者与他们在现实生活中长期认识的人保持联系。2008年麦克阿瑟基金会报告发现，孩子们多以"基于友谊"的方式使用在线和移动技术，例如发短信或使用聚友网、脸书（Ito et al., 2008）。但是，一些年轻人也开始使用这些工具和大量的其他社会技术来发展与那些从未谋面的其他学生、甚至是成年人"基于兴趣"的联系，虽然不知道对方是谁，但是他们都追求真正的学习，并用他们的激情进行合作创作。实际上，这些年轻人正在创建他们自己的虚拟教室，这些教室看起来和他们在学校中座椅整齐排好的教室完全不同。

在这种情况下，这些技术对传统学校教育的挑战与商业、政治、音乐和媒体业所面临的挑战是相似的。政治运动中社交网络技术的使用，如贝拉克·奥巴马的政治竞选活动，改变了美国人在国家和地方运动中组织和筹款的想法。企业现在将重点放在了追踪并参与产品的网上交流上。在其他领域，这些网络的影响比媒体更为显著。读者现在也是作家（抑或是摄影师和录像师），人们可以轻松地与他人交流分享，在这样的世界中，传统的报纸模式已经无法继续存在下去。在生活的方方面面，通过网络进行连接和交流的能力正在改变着人们的信仰和习惯，教育终于也开始发生变化。

无限制学习的挑战

纽约大学教授兼作家克莱·希尔基（Clay Shirky）在《人人共享：无组织下组织的力量》（Here Comes Everybody: The Power of Organizing Without Organizations, 2008）一书中，将这种变化的时刻描述为一个"结构性转变"，这在人类历史上可能是前所未有的。教育不能逃避这一变化：

对于任何给定的组织，重要的问题是："什么时候会发生变化？"和"什么会发生改变？"我们唯一能排除的两个答案是"永不"和"没有"。任何一个给定的机构将发现它的情况会有所不同，但是不同的局部变化是单一的深层来源的表现：新的有能力的组织正在形成，他们的工作不再像以往那样，由出于结构之外的管理驱动而使效率受限。这些变化将改变世界，每个人都能聚集在一起完成某一件事，也就是说无处不在。

正如尼尔森所知，学习形式（正式的或非正式的）不再局限于某一特定的时间和地点。只要能够访问网络，个人可以随时随地学习，反过来对其他人来说，也可以与他人组成学习组群。学习是创造性的、协作的、跨文化的和引人注目的，学习成果可以被广泛地分享给其他人借鉴。不用再勉强自己闭门造车，网络上的学习成果资源丰富，一切都变得透明，一切都是为真实的用户服务，以达到真实的目的。网络学习就在这个过程中得以蓬勃发展的。

> 不用再勉强自己闭门造车，网络上学习成果的资源丰富，一切都变得透明，一切都是为真实的用户服务，以达真实的目的。网络学习就是在这个过程中得以蓬勃发展的。

根据霍华德·加德纳（Howard Gardner）及其同事们的说法，所有这些都创造了一个有趣的转折点：

未来，学习可能更个性化，更多地掌握在学习者的手中（和头脑中），而且比以往任何时候都更具有互动性。这就构成了一个悖论：随着数字时代的进步，学习可能会更加个性化（符合个人风格、倾向和兴趣），同时也会有更多的社会性（涉及网络、团队合作和集体智慧等）。如何解决这些看似矛盾的方向将对未来的学习方式产生影响（Weigel, James, & Gardner, 2009）。

这些矛盾是成为一个社交网络学习者所要关注的核心问题，这些网络学习者能够在不同的全球化背景下追寻他或她的个人爱好，分享他或她的兴趣。这些矛盾引发了一系列重要问题，教育工作者必须为自己和学生做出回答：我们怎样才能找到这些我们可以学习的人？我们如何让自己"被发现"？我们如何评估那些我们选择与之互动的人？我们在合作学习中扮演什么样的角色？我们如何最有效地分享我们创造的工作？我们如何保持线上和线下关系的健康平衡？我们如何在个人隐私和与我们相关联的他人隐私之间进行有效的选择？

这些问题都很难回答，与此同时他们提出了21世纪技能。创建和参与这些学习网络需要一种超越在脸书上找到高中朋友的复杂能力。教师和他们的学生必须精通于分享他们所知道的东西，找到与他们一起学习的人，了解网上大量的信息和知识，以及网络本身的运作。

共享的潜能与误区

这个新技能的基础是充分了解在网上共享工作与自我的潜能和误区。目前，美国约80%的高中学生参与到网络发表的行动中，其中大部分是通过脸书和聚友网这样的社交网站（Bernoff, 2009）。这些网站及其他类似网站易于发布需要在私人团体或整个公共网络中共享的文本、图片，乃至音频和视频。其核心是读、写网络（或者Web 2.0），便于个人即时发表信息。例如，在写书时，可能需要花费四年多的时间来不停查看在一天24小时内上传到油管的所有视频（Lardinois, 2009）。人们正在以一种令人难以想象的速度和规模分享着。从学习的立场来看，该新型网络的真正力量产生于个体发表内容后的下一个行为，即个人关系的创建。

在该数字化环境中，共享的一个关键特征就是内容相关联，意味着其他人可以通过超级文本的方式广泛地接受并发布它。每一个已发布的作品（例如一条博客，一段油管视频，或者一个维基条目）都有自己单独的网址。而正是这种链接性使得交互变得复杂化，并将其运用到参与中。链接性是基于学习网络建立的结缔组织。虽然共享过程很简单，但共享的目的和结果却更加微妙和复杂。我们在博客上写文章或者在油管上发布信息，不仅仅是为了交流，更是为了能实现与他人互动、讨论，甚至协作。在很多情况下，我们都是以实名公开写文章，因为我们想成为所认识和公认的学习者群体中的一员，并且希望他们也能认识并且认可我们。虽然我们共享的大部分内容与爱好有关，但同时我们也分享了个人生活中的趣事，在虚拟世界中创造出一个人类的模样，时时刻刻分享着自己和家人的隐私。在本质上，我们正在创造自己的数字足迹，用多种方式在网络上写了一份新型的专业简历，并且可以通过谷歌把它们一起搜索出来。而且我们这样做时完全知道，我们可能永远无法预见我们发布的内容会吸引哪些观众和读者。

毫无疑问，年轻人在生活中一遍遍地使用谷歌，这使他们将成为谷歌搜索的主体，并且那些搜索所带来的结果将在他们的成功中扮演不可或缺的角色。然而更重要的是，未来的搜索者，无论是高校招生人员、潜在的雇主，或未来的好朋友，他们将会期望能发现并获得创新的、协同的、周到的并且符合道德的结果。在谷歌搜索空白框提出这样一个问题："你正在如何经营你的人生？"准备充分的学生如何回答这个问题将在很大程度上取决于老师们如何教他们做好准备。

这样的共享方式强调信息发布的质量和一致性。这是网络信誉增长方式的一部分。如果发表的内容包含错误信息、假冒研究、谬论，或者如果交流缺乏同理心和尊重，那么作者的可信度就会受损。我们参与的学习者群体会设定期望值，并且那些存在于在线网络教育中的标准是很高的。为了能在这些空间里获得充分的学习效益，我们必须尽可能多地付出，而且必须让我们自己保持专业精神和个性的平衡。

拒绝共享意味着放弃形成网络信誉，这对学生的人生来说可能是毁灭性的。网络素养的一个方面是信誉管理，即在网络工作中监督谈话的能力。知道他人在写什么，或者链接到我们分享的作品有多种目的；当别人误解时，我们可以纠正或澄清，最重要的是，我们可以与那些对我们的工作感兴趣的人建立联系。通过分享变得"可被检索"是很容易的；认识到那些发现并确保他们是适当的和相关的人需要一种复杂的能力，这必须成为学前至中小学课程的一个组成部分。我们必须学会"读"人，不断寻找线索以知道他们是谁，他们的传统资质如何，他们与已经存在于我们网络中的其他人可能有什么样的联系，他们的偏见是什么，他们个人的分享和发布内容的质量如何，等等。最后，在这个过程里，我们在虚拟的感觉中寻找那些值得我们学习和信任的人，而不是我们习惯了的典型的物理空间里的线索和互动。

全国英语教师委员会（NCTE，2008）将这种共享过程描述为"能与他人建立关系，以跨文化的合作方式形成和解决问题"的重要组成部分，这是该组织为21世纪读者和作者明确规定的六项技能之一。考虑到目前在线存储的海量知识和形式，全国英语教师委员会也建议学生必须能够"管理、分析和综合多个即时信息流"。同样，这项工作目前也在网络背景下初步展开。

事实上，有太多的信息可供人们去了解。在过去几年，对于那些在某一特定主题怀有共同热情或智慧的群体，人们是很难接近他们的集体智慧和知识的。但是现在，通过在网上主动分享专业知识，这些人越来越容易被搜寻到。通过他们共享的博客、推特和视频，或者发布的播客，我们能够开始接触和理解他人的集体经验，并将他们与我们自己的经验进行比较。

管理所有的网络信息与管理伴随我们大多数人成长的纸质世界的信息流完全不一样。随着印刷世界被数字时代取代，信息的复杂性与日俱增。我们如何找到最新的可靠信息？在许多情况下，我们不是通过谷歌搜索，而是通过我们的网络来获取信息，也许当我们需要一种资源或者一个回答时，我们就会在推特上张贴问题，或者写一篇博客文章，或者像尼尔森一样，在他的社区里创建一个视频请求。因此，很多时候，利用社区的智慧会比使用典型的搜索引擎提供更相关和更有用的结果。网络最终为我们提供答案，类似一个强大的人工过滤器，提高我们访问和处理的信息的信噪比。

如上所述，该信息景观的新奇之处不仅仅在于占据它的人类，还有可用信息的各种形式。以尼尔森的帖子为例。此刻，在油管上有3000多条关于丛林生存技能的视频，在Flickr上有5000多张照片，在博客文章中有10000多次提到这个词。其中，有杰克丛林生存技能播客，在Ustream.tv上有少数关于这一话题的业余电视直播节目，以及丛林生存技能讨论小组、插图，更有关于该话题的学术论文。凭借敏锐的编辑技能，尼尔森以自己的热情获得足够多的素材来创造自己的学习文本。但这里的区别是：仅仅几年前，所有的那些材料还可以看作是内容的一部分,但在今天尼尔森可以把它们全部看作是潜在的联系,并作为新对话、新教师和新学习的切入点。

因而,当我们找到可以信任的某个人在线提供相关学习时,我们必须做出重要决定:我们是否应该与该内容的作者(或提供它的人)进行互动?如果是的话,我们采取哪种方法最合适?例如,我们可不可以在作者的博客上留下评论,或者在自己的博客上发表一篇有关我们所发现的文章?我们什么时候可以给某个人发电子邮件而不是评论?我们可以制作一个视频来回应吗?我们如何恰当地表达不同的看法?与过去纸质时代中读者对信息消费采取的比较被动的态度不同,这些交流要求读者必须扮演一个更加积极的角色,即一个能够以多种方式进行互动的角色。

即使是我们所找到的信息组织方式,也会根据其他学习者的参与起到双重作用。不久前,在笔记本、索引卡或文件夹中积累手写笔记似乎是一种组织思想的恰当方式,但与现在可用的数字工具相比就相形见绌了。在线笔记和截图是可搜索、可复制的,最重要的是可分享的,这是纸笔不能实现的方式。我们在线收集和保存我们的研究与作品不仅仅是为了我们自己,也是为了其他人——如果我找到某些帮助我更全面地了解世界的东西,我希望你也能找到它。所以我会把最好的那些关于丛林生存技能的作品保存到一个社会书签网站,例如Delicious.com,在那里我可以用任何允许我访问网站的设备来检索到它们,更为重要的是,你也可以检索到它们。当我保存它们的时候,我可以通过设定关键字或标签来组织这些笔记,使用那些能帮助我找到并检索到所需作品的词汇,并且使用我认为你也能找到它们的词汇。我们都是该过程的参与者,相互构建我们的个人和社会结构,用以更全面地组织我们的信息世界。

同样,由于目前知识被如此广泛地传播并触手可及,我们必须更加充分、全方位地参与并理解它。我们现在必须找到和接受不同的相关知识,并把它们整合成更为深入和广泛的理解。如此,我们就可以在世界上创造自己的文本。当我们可以为自己并同时为他人整合当前最相关的信息时,这项知识工作使我们所有人成为作者。维基百科就是最好的例子,其立志成为"在线人类知识总库"(Wikimedia Foundation,2006)。尽管任何人都可以在维基百科页面上发表和编辑内容这一理念的确会带来潜在问题,但它已变成惊人的资源,并在大规模地证明了这一共同创造过程的潜力。维基百科明确了这样一点:网络将有激情的灵魂相连,并由此改变知识世界。

网络素养的转变

然而，成为一个在线网络学习者不只是需要同时驾驭人和信息的能力。这个过程需要对网络本身有精确的了解，对于年轻人（及一些成年人）来说掌握它是比较困难的。这些我们所参与的在线交流必然不仅仅肯定了我们所了解的内容，或支持我们目前的世界观。我们必须寻求并接受联系中的多样性，不只是种族、性别或地点（的不同），甚至包括与我们不同的声音和观点，还有愿意挑战我们的意见和评估并愿意继续辩论或交流的人们（Downes，2009）。否则，我们很容易被置于一个在线回音室中，尽管它可能是一个宜人的地方，但却不是最富饶的学习环境。同样地，我们必须保证我们的网络对所有人开放，与此同时，我们必须能够辨别出那些跟我们一起学习却有其他动机的人们。换句话说，为了能充分利用网络所创造的优势，我们必须在不同层面上拥有网络素养。

对于教育工作者来说，目前的挑战是如何最好地把这种新型素养带给学生，以使他们每个人都能开始利用当下所提供的海量学习机会。毫无疑问，与其说该挑战是关于学校、课程或系统的，不如说是关于我们自己以及我们通过这些途径来联系和学习的能力的。在这个关键时刻，我们必须能够为学生树立起我们生存空间以外的联系的模范，同样必须在实践中清楚地展现我们对学习的热情。从根本上说，我们必须具有网络素养。

不幸的是，由于各种原因，许多教师认为培养网络素养需要承担一个巨大的转变。第一，通常对于许多成年人来说，上网是一种嗜好，而不单单是许多学生所认为的基本交流工具。许多教育工作者仍过着纸质的学习生活，而转向线上或线下的数字化技术标志着在实践中的一个巨大转变。第二，许多学校一般很少甚至无法使用技术，而且相当多的个体仍然无法使用宽带上网；第三，教师们抱怨时间不够用，因为他们不仅要学习这些工具，还要给学生们创造良好的教学方法。他们主要依赖工具取得专业发展机会，而不是基于联系或网络建设。第四，因担心缺乏关联性，现行评估体制很难将技术整合到课程中。最后，一般涉及社交网络时，无论是否合理，大多数学校出于恐惧都会除去或完全摒弃这些工具。

由于这些阻碍，大部分学校并没有以任何有效的方式重新考虑他们的学习模式，我们在校园里追求学习过程的方式与在线学习方式之间的明显差异，使学校和课堂偏离了方向。这些障碍致使传统教育模式呈现出混乱的局面。正如美国国家教育与未来委员会主席汤姆·卡洛尔（Tom Carroll）所言，在网络世界里，学校已不再是"过去的主要学习中心"。相反，他说道，"我们必须认识到，学校和课堂正在变成网络学习社区的节点"（Carroll，2000）。

接下来，我们如何开始这种转变呢？最简单的是，让我们自己变成节点。对于还没有经历过这种基于热情的学习联系的人来说，充分理解课程和课堂的教学启示是比较困难的。当然，此刻，世界各地有成千上万的教师和学生正在他们的教室里使用诸如博客和维基这样的社交网络工具。但是通过仔细观察那些实践可以发现，其中绝大多数都还只是采取多年来在课本上所呈现的内容，模拟课程并将它重新转化成数字格式。事实上，我们只是用博客代替了钢笔，教学过程中的教学方法却几乎并无改变。为什么呢？因为致力于教育的教师自身并没有成为网络学习者，他们并不知道这些工具的全部潜力不在于信息的发布，而在于关系的生成。

要改变这种不一致，我们必须首先把教室里的成年人看作是学习者，然后才是教师。我们必须找到方法来支持他们，而非阻碍他们进行全球和个人学习网络的创造和发展。这些改变需要在基础设施和技术上的投资，需要改变我们的学习世界观，而且其他种种无比复杂的转变将需要用很多年才能完成。然而，单独以一个教师或学生的立场来看，这项工作可以而且必须从现在展开。此刻，作为教育工作者，我们要有更多的责任来理解这些转变，并将它们付诸实践当中，如此一来我们可以更高效地使用它们，并让我们的学生为我们即将生活的充满科技和网络驱动的未来世界做好准备。对于我们大多数人来说，这将需要从根本上改变我们的做法，而不是简单地添加一项技术。

> 此刻，作为教育工作者，我们要有更多的责任来理解这些转变，并将它们付诸实践当中，如此一来我们可以更高效地使用它们，并让我们的学生为我们即将生活的充满科技和网络驱动的未来世界做好准备。

将技术融入到日常实践中

首先，在一般意义上，我们必须将技术融入到日常实践中。我们需要在数字环境中寻找舒适的环境，在可能的情况下避免使用纸张，流利地进行在线阅读和写作。我们必须接触更多的移动技术，熟悉编辑短信和即时消息，并尝试熟悉在线游戏环境。在本质上，我们需要经历一个陡峭的"学习遗忘曲线"，用更新的、更具互动性的和更加协作的习惯来取代旧的实践习惯。这可能意味着我们要取消日常的报纸订阅，转而阅读在线小说（并参与交流），或使用云计算服务，例如，我们可以安全地在谷歌文档上创建免费的在线文档、幻灯片和电子表格，并可以从任意互联网链接访问它们。或者，它可能意味着把手机当作一种创新设备，而不单单是一种通信设备，尝试捕获音频、视频和文本。无论我们选择何种方法，我们都必须接纳和熟悉互联网带来的持续变化。

然而，从网络学习的观点来看，改变我们的舒适区可能更加困难。首先，如果不能接纳，那我们必须乐意接受我们所生活的这样一个日益"超透明和超连通"的世界（Seidman，2007）。其次，我们和学生的生活将越来越多地被在线共享，我们将会越来越普遍地"被在线联系"，这已成为事实。因此，我们必须参与到共享过程中，而不是躲避它，这样才能最好地理解其中潜在的潜力和误区。此外，我们需要这样理解——分享，不仅仅是发布我们个人或职业生活中的片段进行交流，而是与那些对我们作品感兴趣或者觉得作品与他们的学习相关的人们相联系。教学长期以来被描述为一种孤立的职业，而当代教学已具有透明性：共享课程、反思或问题，能促使我们与现实空间相距很远的他者一起进入真正的学习者社区。并且我们是用我们的热情来完成这一切的，无论是丛林生存技巧，还是用独轮车在山地间骑行，或者讲解莎士比亚。围绕我们最想学习的事情，脚踏实地地做这项工作是充分理解它的基本要求。

该共享过程可以从小的方面开始，比如评论一篇博客文章或在维基百科上投稿。之后可能会发展成创建自己的博客，或者在网上发布照片和视频。然而，我们都知道所有这些一旦由我们发布，就不能收回。而且这种发布是实名的，因为如果我们真的希望促进网络发展，就必须乐于让其他在线的人找到我们；网络身份和个人隐私之间的平衡是通过权衡风险和回报来实现的。在本质上，我们希望能很好地被搜索到，这样我们就可以成为其他网络的一部分并能发展我们自己的网络，为我们的学生创建一个合适的在线角色模型。为此，我们也要时刻监督分享所带来的效果。由于对话在网络上的分布性质，网络素养的其中一方面就要求我们必须具备跟踪他人在互动时的反应、引用、参考和链接的能力。例如，我们可以使用RSS（Real Simple Syndication，简单信息聚合）对某些搜索结果进行数字订阅，这可以几乎在它们刚发生时，就给我们带来新的交流和相应信息。

此外，我们需要在与他人共同创作时找到舒适的环境。在线合作的机会几乎是无穷无尽的，我们还需要了解这些互动的复杂性，充分为我们的学生提供一个高度协作的工作环境。到底是与其他教师的单元计划进行互动，还是与其他专家的教学录像进行互动，互动是同步的还是时移的，以及确定安全合作者、谈判范围和速度、创建产品和广泛共享这些产品的过程比看上去要复杂得多。

就像我们在网络中寻找其他人帮助我们过滤信息，给我们反馈，给我们指出最好的、最有趣的和最相关的信息一样，我们必须把自己看作是在这个过程中做出贡献的编辑。这就意味着，正如康涅狄格大学的唐纳德·莱昂（Donald Leu）所说，我们必须重新思考阅读和写作的方式："在线阅读和写作是非常密切、不可分割的；我们可以以作者的身份进行在线阅读，也可以以读者的身份进行在线写作。"（Leu, O'Byrne, Zawilinski, McVerry, & Everett-Cacopardo, 2009）由于人们期望我们在在线网络中能进行积极的参与式阅读，因此我们必须体验到阅读的目的是为了分享和发表，而分享和发表并不意味着结束，这是一种持续的、分布式的对话。换句话说，在网络中，即使是最基本的读写能力，也会在重要的方面发生变化，我们必须帮助学生理解和利用这些东西。

实现平衡

我们还必须寻求并实现平衡。一切都等着我们去了解，通过各种各样的方式，围绕兴趣进行学习，无论对年轻人还是老年人来说，网络都具有强大的吸引力。不幸的是，对于许多学生而言，网络已经取代电视，成为一种看护孩子的工具，因为它的交互性具有潜在的诱惑力，容易使人上瘾。我们对于如何更好地平衡在线和离线关系的理解，将会为那些对这一切知之甚少的学生们提供很大的帮助。重要的是，我们要使自己的努力透明化，通过与学生讨论我们自己的奋斗和成功，鼓励他们反思自身的实践，来努力实现平衡。

学校需要支持教育工作者去了解在线、虚拟的社交环境是如何改变个人学习实践的，因为在教学中使用的良好技术依赖于此。我们不可能仅靠八年级下半学期信息素养这一个单元，就能把孩子培养成21世纪工作环境下所需要的人才；技术不掌握在孩子手中，也是无效的。这些新的网络素养需要对学前及中小学课程进行重新构想，在这个重构的课程中，我们甚至能够以适合年龄的方式教最小的学生更仔细地评估信息，与他人合作，并安全地分享他们的作品。这也要求教师自己必须首先做到这一点。然后，从最小的年级开始，他们可以做出合理的选择，包括创建播客、在维基上合作，甚至写博客，以提供可测量的、适当的方式让学生开始理解Web的参与性和连接性。

让社区参与提升网络素养

传统的专业发展模式在这种背景下是无效的,因为这不仅仅关乎工具。写博客,使用维基百科或者创建播客,都是可以迅速在工作坊中学到的技能;事实上,工具的易用性是导致在线出版激增的原因之一。斯坦福大学和国家工作发展委员会(National Staff Development Council)的研究表明:有效的专业发展现在"必须持续专注于重要内容,并嵌入合作性专业学习团队的工作中,以支持教师实践和学生成就的持续改进"(Wei, Darling-Hammond, Andree, Richardson, & Orphanos, 2009)。换句话说,要实现这一转变,教师和学习者必须长期沉浸在这些网络环境中,他们需要教育领导者与他们在一起,参与、出版和合作。

这些变化还要求学校让家长和社区成员深入参与对话,帮助他们理解我们的时代与近代历史的巨大差异,并向他们解释21世纪学生所面临的新挑战。学校要做的第一步是成为家长学习网络中的一个节点,建立透明度和共享性,要求输入,并充当一个过滤器,让家长阅读和查看那些可能具有启示意义或挑衅意味的信息。

一个新的学习蓝图

对于个人或学校来说,无论何时何地,网络学习蓝图的演变都是不容易的。舍基(Shirky, 2008)描述这种"构造性的转变"既是巨大的,也是快速的,我们只是身处动荡变革过程的起始阶段。然而,这种变化对我们学生的未来有着重大的影响。2009年的《地平线报告》(*Horizon Report*, New Media Consortium, 2009)介绍了新媒体联盟与EDUCAUSE学习计划之间的合作,清晰地阐明了这一点:

> 越来越多的人使用技术来扩大他们的全球联系,他们更有可能取得进步,而那些不这么做的人会发现自己处于局外。现在越来越多的工具将世界各地的学习者和学者连接到一起,如在线协作工作空间、社交网络工具、手机、IP电话等,教学和学术正越来越多地超越传统的边界。

最后，网络素养是我们自身能够掌握的能力，我们可以帮助他人，可以自己"生火"，可以满足我们自己的学习需求，也可以像尼尔森·史密斯一样沉着地开辟一片新空间。我们可以在这个新的网络空间中连接、创建和协作，这是一个充满惊人的学习潜力的空间，其中许多承诺重塑着我们学校内外的生活方式。我们如何快速地理解这些潜能，首先是对我们自己，然后是我们的课堂，毫无疑问，这将决定学生们如何在即将到来的激烈竞争中取得成功。

参考文献

Bernoff, J.（2009，August 25）. *Social technology growth marches on in 2009, ledby social network sites.* Accessed at http：//blogs. forrester. com/groundswell/2009/08/social-technology-growth-marches-on-in-2009-led-by-social-network-sites. html on December 17, 2009.

Carroll, T. G.（2000）. If we didn't have the schools we have today, would we createhe schools we have today? *Contemporary Issues in Technology and TeacherEducation, 1*（1）. Accessed at www. citejournal. org/vol1/iss1/currentissues/general/article1. htm on December 17, 2009.

Downes, S.（2009, February 24）. *Connectivist dynamics in communities.* Accessedat http：//halfanhour. blogspot. com/2009/02/connectivist-dynamics-in-communities. html on December 17, 2009.

Ito, M., Horst, H., Bittanti, M., Boyd, D., Herr-Stephenson, B., Lange, P.G., et al.（with Baumer, S., Cody, R., Mahendran, D., Martinez, K., Perkel, D., Sims, C., et al.）.（2008, November）. *Living and learning with new media：Summary offindings from the digital youth project.* Accessed at http：//digitalyouth. ischool. berkeley. edu/files/report/digitalyouth-WhitePaper. pdf on December 17, 2009.

Lardinois, F.（2009, December 9）. Chad Hurley：*YouTube needs to improve search—More live programming coming soon.* Accessed at www. readwriteweb. com/archives/chad_hurley_youtubes_revenue_is_up_-_operating_cost_down. php on December, 17, 2009.

Leu, D. J., O'Byrne, W. I., Zawilinski, L., McVerry, J. G., & Everett-Cacopardo, H.(2009).

Commentson Greenhow, Robelia, and Hughes: Expandingthe new literacies conversation. *Educational Researcher*, *38（4），264-269.* Accessed at www. aera. net/uploadedFiles/Publications/Journals/Educational_Researcher/3804/264-269_05EDR09. pdf on December 17, 2009.

National Council of Teachers of English.（2008, February 15）. *The definition of 21st century literacies*. Accessed at www. ncte. org/governance/literacies onDecember 17, 2009.

New Media Consortium.（2009）. *Horizon report*. Accessed at http: //wp. nmc. org/horizon2009/chapters/trends/#00 on December 17, 2009.

Seidman, D.（2007）. *How: Why how we do anything means everything—in business（and in life）*. Hoboken, NJ: John Wiley & Sons.

Shirky, C.（2008）. *Here comes everybody: The power of organizing without organizations*. New York: Penguin.

Smith, N.（2009, February 21）. *Help with bowdrill set* [YouTube video]. Accessed at www. youtube. com/watch? v=JuFsDN8dsJU on December 17, 2009.

Wei, R. C., Darling-Hammond, L., Andree, A., Richardson, N., & Orphanos, S.（2009, February）. *Professional learning in the learning profession: A statusreport on teacher development in the U. S. and abroad*. Dallas, TX: NationalStaff Development Council. Accessed at www. srnleads. org/resources/publications/pdf/nsdc_profdev_tech_report. pdf on December 17, 2009.

Weigel, M., James, C., & Gardner, H.（2009, March 3）. Learning: Peering backwardand looking forward in the digital era. *International Journal of Learning and Media*, 1（1）, 1-18. Accessed at www. mitpressjournals. org/doi/full/10. 1162/ijlm. 2009. 0005 on December 17, 2009.

Wikimedia Foundation.（2006, March 1）. *English Wikipedia publishes milliontharticle*. Accessed at http: //wikimediafoundation. org/wiki/Press_releases/English_Wikipedia_Publishes_Millionth_Articleon December 17, 2009.

作者简介

威尔·理查森　Will Richardson

威尔·理查森，文科硕士（MA），因其与其他教育工作者、学生共同在学校、课堂和学区开展的教学技术研究而闻名国际。理查森曾经在公立学校工作了22年，他的个人博客（Weblogg-ed.com）致力于Web 2.0技术的创新与应用，已成为学前至中小学教育（k-12）的领先资源。新技术给生活带来了翻天覆地的变化，在新技术背景下，理查森成为重构学习和教学的主要倡导者。他备受好评的畅销书《教室中的博客、维基百科、播客和其他强大的网络工具》（*Blogs，Wikis，Podcasts，and Other Powerful Web Tools for Classrooms，2010*）现已发行到第三版，销量超过五万册。

在这一章里，理查森呼吁人们关注社交网络技术的爆炸式发展。他说，这一强大的新工具有它面临的问题，但也存在着巨大的学习潜力。理查森描述了虚拟的全球性课堂的兴起，揭示了其随时随地学习、不受限制的属性，以及随之带来的挑战。书中还分析了虚拟全球课堂的潜力和缺陷，以及教育工作者该如何加强网络素养，以提高学生的学习体验的质量。

第14章

21世纪技能评估框架

道格拉斯·里夫斯

我们如何才能了解学生的学习状况？在20世纪，这个问题的答案常来自一个独特的组合——教师的课堂主观评分和标准常模参照测验的成绩。从1990年到2010年，中小学常模参照测验被标准参照考试取代，标准参照考试的使用从1990年代初的12个州激增到2010年的50个州。这种参照学术标准的测验后来逐步风行于加拿大、英国、澳大利亚和其他国家。今天，当有人问"我们如何才能了解学生的学习状况？"这个问题时，人们常常意图用按照学术标准来判断学生"掌握"知识的熟练程度的考试成绩来回答。而在以往实行常模参照测验的时代，只有不到一半的学生可以"高于平均水平"；而在标准参照测验的时代，所有学生都可以试图掌握一套综合能力，包括知识、技能和批判性思维能力，这些技能是对21世纪学习者所要求的基本技能。

许多很有思想的作家，如哈格里夫斯（Hargreaves）和雪莉（Shirley，2009）认为，对于"能证明学生学会的证据是什么？"这个问题，标准化测试并不能提供令人满意的答案。本章的观点是，这个问题本身就是有缺陷的。试图在21世纪开发出更好的学习测试方案，就如同试图在20世纪找到更快的马和马车一样，都是徒劳的。因为再多的训练也无法使马和汽车、飞机或航天飞机同场竞技。马的自然属性使得这样的竞技成为不可能。同样的道理，测试的本质——测试的标准化条件、保密性以及个体成绩——与理解、探索、创新及共享这些新的评估框架中的标志是相对立的。

因此，教师和学校领导需要一套不同的工具，来确定学生是否掌握了21世纪学习的基本技能。我们尤其需要用以下三种可操作的方式来评估学生：

1. 在可变的情境中而不是在标准化的情境下进行评估。

2. 针对团队而不是针对个人进行评估。

3. 评估需要公开而不能保密。

21世纪的评估有什么不同

对人类学习进行评估的科学研究颇为坎坷。在其经典著作《"人"不可测量》(*Mismeasure of Man*, 1981)中,斯蒂芬·杰·古尔德(Stephen Jay Gould)披露了19世纪的评估存在的欺骗行为,例如,颅相学家声称能够从头脑的形状推断出大脑的智力水平;大脑研究人员声称通过精确测量颅容量,就可以解释北欧男性在智力上比其他人种具有优势。而到了20世纪,经过了一个世纪的社会认知发展,理查德·赫恩斯坦(Richard Herrnstein)和查尔斯·默里(Charles Murray)恳请《正态曲线》(*The Bell Curve*)的读者轻责——他们只不过是在解释数据,但可悲的是,他们居然说种族间在智力方面存在着根本的差异,这种差异可以从长期的教育水平和经济表现上看出来。上述的统计学测量方法和《正态曲线》的结论,自然会遭到其他学者(Fraser, 1995; Gardner, 1995)的大加挞伐。

今天,"结果"和"学生成就"这两个词几乎总是被等同于学生在标准化测试中的平均成绩。有些测试宣称评估21世纪技能,只是因为它们所使用的评估工具包括主观题(即学生必须写一些东西,而不是从四、五个选项中做出选择)和"真实任务"(即提出应试者在日常生活中可能遇到的问题)。如果将我们对学生的期望和我们如何评估学生是否达到这种期望之间做一下对比,那么我们就可以知道,21世纪技能的评估和传统测试是不可调和的。21世纪技能伙伴关系提供了一个令人信服的基本原理和一个有用的21世纪技能评估框架。如果学生们希望更好地享受生活,从贫乏和恐惧中解脱出来——可以联想富兰克林·罗斯福(Franklin Roosevelt)在1941年国情咨文中所号召的那样,那么这些技能对他们来说就是必不可少的。该伙伴关系所代表的是包括教师、家长、雇主、政策制订者在内的许多利益相关者的广泛共识。

大家已经注意到,专业知识的学习在任何时候都是需要的,但还需要其他的技能,包括全球意识、创造力和创新意识、沟通和协作能力、主动精神和自我调控能力、领导力和责任感(见本书前言中的图F.1,伙伴关系在21世纪学习框架中列出了完整的技能清单)。虽然21世纪技能的需求是显而易见的,但是我们在评估方面的研究和实践却远远落后，因为它们受到标准化的条件、内容的保密性以及个体成绩这三个具有破坏性的传统因素的约束。表14.1对比了这些评估要素及其背后的评价目的。

表14.1 评估要素与目的

20世纪评估要素	20世纪的评价目的	21世纪评估要素	21世纪的评价目的
标准化的条件	评价的目的是对学生进行比较，所以唯一的变化是学生的个人表现，而评估条件不能变化。学生会因好记性和遵守所建立的规则得到奖励。	非标准化的条件	评价的目的是为了反映学生应对现实世界问题的能力，所以测试的问题难免有变化与波动。学生会因创新和创造性应对得到奖励。
内容的保密性	公平意味着没有学生能事先知道学习所期望的是什么。因此，学生获得和记住的知识越多，所获得的分数可能越高。	内容的公开性	公平意味着学生在评价过程中是合作伙伴。他们不仅知道在评估中可能遇到挑战，而且一些挑战是他们自己主动提出来的。
个体成绩	成功意味着击败其他学生。领导者是知道最多的人。团队合作听起来不错，但一旦参加考试，他（她）只能独自完成。	个人与团队成绩	成功是个体努力与团队合作的结果。只考虑个体努力而不考虑团队合作是不够好的。领导者是通过洞见和支持来影响其他人的，而不是通过权力。

用非标准化取代标准化条件

20世纪对标准化条件的要求是基于这样的目的，评价的目的是对学生进行比较。因此，考试的要求，包括考试时间、考场环境和铅笔芯（铅笔的型号也是统一的）都必须是相同的。当我们对外部环境进行了严格的控制后，只有学生的表现才可能发生变化。在这种情况下，那些记性好的和遵循既定规则的学生会得到较好的成绩。在规定的地方答题，在规定的时限内交卷，既不会为其他同学提供帮助，也不会接受来自其他同学的帮助。即使我们的评估带着21世纪技能的标签，比如使用主观题或回答现实生活中的问题，每位学生都必须对相同的题目作答，评阅将使用相同的评分标准，我们仍然没有摆脱过去的稳定性、常规性和可控性的思维。因此，即便学生做的是新的任务，他们还是会因遵循常规而受到奖励：同样的文章、同样的图表、同样的推理以及同样的词汇。因为只有这样对考生进行评价，阅卷人的打分才不会出现太大的偏差。也就是说，不同的阅卷人在这种情况下对同一试题的评分基本是一致的。考虑到创新性回答可能导致不同阅卷人所打分数不一致的风险，因而遵循旧的评估方式可能是更好的选择。

然而，真正的21世纪评估完全不同，这种评估不会创设一个标准化的外部环境，也就是说，变化和波动是这种评估的典型特征。在对21世纪技能进行评估时，变化既不好也不坏，只是反映了所涉及问题的真实性和复杂性。例如，就像一些个体需要更多的时间来分析任务一样，一些团队也需要更多的时间进行合作。一项任务越具挑战性，评估环境的变量越多，把时间当作测试的标准化条件就越不恰当。这些评估的评估者必须足够老练，才能够认可并鼓励学生的创新、批判性思维和问题解决能力的发展。因此，他们必须有权可以根据需要对评估的时间、问题情境和评估过程进行调整。

评价的内容不应是保密的，而应是开放的

20世纪对考试内容的保密要求是人们极力追求公平的结果。如果一位学生提前知道考试内容而另一位不知道，人们通常会认为前者是在作弊，这对后者是不公平的。保密的要求是考试程序之一，并受法律保护。在某些州，如果在考试中学生或老师胆敢违反这一原则，将被视为犯罪而受惩罚。在保密的考试环境中，学生会尽最大可能去死记硬背，以获得最大的回报。

与20世纪的评估相反，21世纪的评估则重视开放。学生不仅可以提前拿到测试题进行研究，而且学生自己也可以参与评估。在21世纪的评估中，在考试前知道题目不是作弊，反而是有思想和负责任的表现。举个例子，你每次所坐飞机的机长在参加联邦航空管理局的飞行员考试前已经知道他要考的题目了（Federal Aviation Administration，2009）。作为21世纪最具有风险的测试之一，强调的应是开放性而不是保密性。如果将这一原则运用到学生评价中，一个老师若是要在考试中出两个主观问答题，就应该提供20个以上的类似问题给学生进行全面学习和准备的机会。老师应该提前公开可能测试的题目，以便所有学生都有机会知晓。不仅如此，教师们在评估中还应该欢迎学生参与试题设计，这样一来，考试就不再是学生和老师之间进行的智力上的击剑比赛，而是借着合作，让每一位学生都有一个平等的机会获得学业上的成功。

关注个人和团队的成绩

20世纪评估的第三个特点,也是我们教育传统中的一个根深蒂固的特点,那就是关注个人分数。团队合作在原则上听起来不错,但是很不幸,许多人认为评价中最重要的不是团队合作,而是排序和选拔。在与世界各地的父母接触的过程中,我发现家庭是一个极度推崇这种个人主义的地方。当老师试图支持团队合作的时候,父母对老师强调的21世纪这一至关重要的技能并不总是表示理解和支持。家长们经常会埋怨:在团队合作中,孩子的优秀表现总是不能得到充分的认可。

当这些学生进入到21世纪的工作、社会和生活中,他们的高度竞争的思维习惯将可悲地与此格格不入。领导的威望不应来自等级,而应来自于自己的影响和服务。单位整体的业绩不是由个人而是由团队的成功来衡量,即使这个团队的成员来自世界各地。骄傲和个人主义虽然带来一时的成功,但最终会导致职业和个人生活上的不如意。大量的证据表明,基于个人表现的奖励会造就短视和自以为是的愚蠢行为,所以新的奖励机制将注重团队合作(Pfeffer & Sutton,2006)。

更好的方法——21世纪技能评估新框架

在20世纪,学习是最终目标。用研究人员的说法,它就是因变量。因变量是效应,如考试成绩;而教学、领导力、课程、人口统计因素以及其他因素等就是自变量,是影响这一效应的原因。对这些变量的分析可以为大家理解21世纪技能评估新框架提供有益的帮助。我们姑且可以把这个评估框架比作一个星群,单独来看,这些星星可能是明亮并具有巨大的能量,但即便如此,它也仅仅是照亮夜空的数十亿颗星星中的一颗。星群中每一颗星星的意义,来自于它与其他星星的关系以及观察者对这种关系进行解释的框架。同样,随着时间的推移,21世纪技能也会越来越复杂,数量也会越来越多,但是我们仍然可以用这个框架来全面审视技能间的相互关系。

图14.1囊括了21世纪技能评估中五种关键的技能:学习、理解、创新、探究和共享。当然,这不是一个全面的21世纪技能列表。在这本书的前言中,肯·克伊提供了一个更全面的21世纪技能列表。他指出,这些技能不能代替学

科知识，但与学生学习和掌握关键的学科知识有整体性的关联。而我的框架仅限于这五种关键技能，是因为它们适用于每种学术水平和每一门学科。此外，我们还必须面对教师需求不断增多和课时相对固定这一现实。这个框架能为课堂教学提供一个明确和一贯的目标，即它能帮助学生在学习、理解学科知识与进一步的创造、探究和分享的需要之间取得平衡。

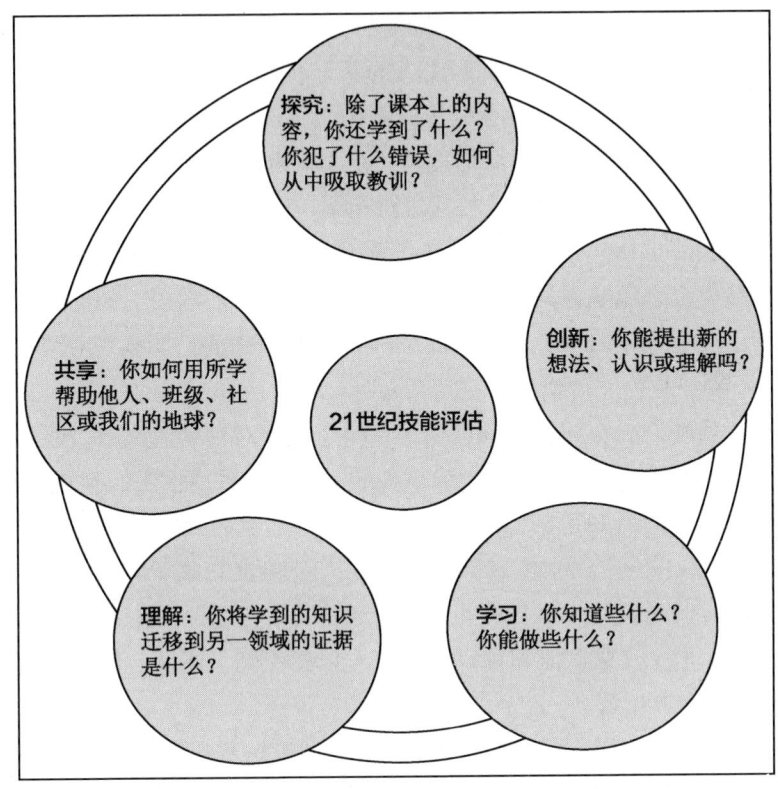

图14.1　21世纪技能评估新框架

围绕21世纪关键技能的圆圈表明，这一新框架是非线性的、不连续的。这种布局也提供了这样一个背景：不管某一个考试设计得多好，它也仅是星群中的一颗星星。教师和学校领导可以用这个框架来考虑传统评估与为身处新世纪环境中的学生创造新挑战的评估框架之间的差距。例如，大多数测验关注的重点都是该框架右下角的"学习"技能。它们通常考虑"你知道些什么？"和"你能做些什么？"这些问题。该框架中的其他要素及与之相关的问题可以来弥补和加强这种传统评估手段：

- 探究——除了课本上的内容，你还学到了什么？你犯了什么错误，如何从中吸取教训？
- 创新——你能提出新的想法、认识或理解吗？
- 理解——你将学到的知识迁移到另一领域的证据是什么？
- 共享——你如何用所学帮助他人、班级、社区或我们的地球？

现在举一个简单的例子来说明教师是如何运用该框架，将一个传统的基于考试的学习单元转换为一个更加吸引人的基于新评估框架的学习单元的。这个例子是这样的：一些中学的社会研究课教师，尝试使用这个框架来为美国国内战争前几年的历史课设计新的评估方案。在原本为期三周的单元学习里有阅读，并请学生陈述自己的学习情况，然后进行检测，学习内容包括"地下铁路"、约翰·布朗的叛乱与1860年总统竞选这三个历史事件。因为这些具体的史实是国家课程标准规定必须掌握的知识点，教师必须在课堂上教授。他们使用该框架提出超越了传统考试的评价方式，能激励学生学习21世纪技能并对这些技能进行评估。

首先，教师们决定先进行预评估，让学生先面对自学的挑战，再进行结对学习，最后分组讨论他们对三个历史事件的了解。然后请学生们制作一张图表，来展示哪些是他们所知道的"历史事实"，哪些是他们判定的"基于事实的结论"和"观点或信念"。例如，约翰·布朗在哈珀斯渡口杀了人，这是一个历史事实，但针对他到底是一个自由斗士还是恐怖分子这个问题的判断，必须进行严格的查证。学生在这次学习活动中应该可以感受到，团队合作可以迅速拓展他们的知识和个人见解。

在接下来的年级层面的教学研讨中，社会研究课教师请教了本年级的音乐、英语、艺术、科学、数学和技术课教师，询问他们各自领域中的哪些方面与这些历史事件有联系并展开讨论，来加深学生对这些事件的理解。接下来，音乐教师推荐了当时奴隶和奴隶主唱的歌曲，这些歌曲对种植园生活有着完全不同的描述；艺术教师提供了一幅如今悬挂在堪萨斯州议会大厦里的约翰·布朗的画像；技术教师分享了一个以"地下铁路"为背景的电子游戏，它是上一届学生出于兴趣开发的；英语教师提供了不少文学和诗歌作品，这类典故都提及了美国最高法院在那时做出的与本次学习活动相关的判决，诸如斯科特判决案确认奴隶是财产等判决。在讨论结束时，社会研究课的教师们编制了一个更丰富的学习"菜单",每位学生可以选择"菜单"上的一个项目来进行研究,以展现他或她对学习内容更深刻的理解。例如,一些学生对奴隶、废奴主义者、奴隶主的同情者创编的艺术、音乐和诗歌进行了对比分析。另外一些学生开始研究亚伯拉罕·林肯的演讲,并探究他对生活在北方的奴隶和黑人的态度的发展轨迹。还有一些学生想通过写一个微剧本来推测下面这个问题的答案:如果斯蒂芬·道格拉斯在1860年的总统竞选中战胜亚伯拉罕·林肯,对这个国家来说可能意味着什么?

最后,教师还计划尝试该框架提及的其他技能:创新、探究和共享。学生和老师一起来设立更具挑战性的新任务。例如,一些学生问:"如果林肯和道格拉斯之间的辩论在今天被播放出来,可能会发生什么事情?"针对这个问题,他们推测出可能的情形是:这两个人在激烈争辩的过程中,很可能会被模仿当代不同播音员腔调的学生打断。另一些学生可能用在团队研究中学到的小调、韵律和文字编写圣歌,并表演出来。还有一些学生在先前提到的一种互动游戏的基础上,开发更复杂的网络版,并吸引其他学校研究同一主题的学生加入进来。

只关注学生"学到些什么"和"能做些什么"的传统评价方式不仅仅是不完善的,由于省略了该框架中的其他重要因素,这样的评价模式因而会向教师发出21世纪技能不重要这样的信息。如果不对批判性思维、问题解决能力、团队合作和创新力予以综合运用,学习就会停滞不前,学习的用处更多只是为了通过考试,而不是解决现实问题。

最后我们来说说"共享"。"共享"要求我们应用学会的知识去帮助别人,这也是一种承诺,即我们不要有建立知识边界的冲动。在这一章节的后面部分,我将把这个框架应用到一个真正的、我认为设计得很好的评估方案中。即使是精心设计的评估方案,老师们也可以对此提出批评,这样一来,他们就可以更好地运用这种评价,并使他们对21世纪技能的教学更加着迷,从而愿意更多地关注它、接近它。

我们不要忽略这个框架中的每个元素在评估21世纪技能时的作用。我强调这些,不是因为21世纪的其他技能不重要,而是因为这几项特别的技能已被来自各方面的资料证明在提供经济机会和维护社会公正方面的重要作用(Csikszentmihalyi, 2003; Hamel, 2009; Quelch & Jocz, 2007)。当然,在具体介绍21世纪技能评估中的五种基本技能之前,我会首先重视这种评估方案——哪怕是设计得最好的评估方案——的不足之处。

对评估的评价

对21世纪技能这一运动比较多的批评之一，是说它降低了事实性知识的重要性（Matthews，2009）。但是假如仔细阅读一下21世纪技能框架，这种批评就可能被收回了。因为这个框架很清晰地表明，其特别重视学科知识和文化技能的学习和评价。学生必须不断学习知识，培养实践技能，并在专家级层面上应用这些技能。对于21世纪技能的评估，信息获得是一个必要但不充分的条件。评估学习过程能让我们不仅对学生的进步，而且对教学（Darling Hammond et al.，2008；Hattie，2009；Schmoker，2006）和领导力培养（Marzano，Waters，& McNulty，2005；Reeves，2008；White，2009）的重要作用有更进一步的了解。即使这些调查具有深度和广度，如哈蒂（Hattie）的研究，涉及了8300多万名学生，共有800多份元分析的数据，但即便这样，在本研究中也还是未能看到我们在这一章所强调的五种21世纪基本技能中的另外四种，说明她的技能列表中的内容与我们的框架并不完全一致。

给评估中有歧义的、过于简单的或者涉及某种特定文化的问题挑刺是很容易的。但对于精心设计的、与学习主题有关的、需要解决真实任务的评估又会怎样呢？如果要了解这种学习评估的局限性，最好能参阅我设计的一个案例。根据威金斯（Wiggins，1998）、威金斯和麦克泰格（McTighe，2005）、安斯沃思（Ainsworth）和维古特（Viegut，2006）、斯蒂金斯（Stiggins，2007）的建议和本人多年的实践经验，我设计了一个由多个部分组成的学业评估方案，这一方案将学生置于一项与学习主题相关的真实任务中，要求学生在解决问题的过程中综合运用多种技能。这远远超出了课程标准或选择题测试的要求。我本人已经将这个评估方案应用到了自己的中学数学课上，同时我也将这个方案发送给了世界各地五万多位教师。其中一些教师也已经在他们的课堂上使用过了。这个我称为"你心目中的理想学校"的评估方案，包括以下任务：

• 描述你心目中的理想学校。这项任务包括一份书面的描述和若干数字化效果图。

• 为理想中的学校绘制一份设计图。你可以根据建筑物和土地的周长、面积，运用计算机辅助设计软件（CAD），绘制精确的规划图。功能区划分和设施标准要与现实社会的要求一致，这里主要是指建筑物与户外休闲空间的规划要与建筑退缩尺度的要求一致。

- 评估这份规划。这项任务要求学生考虑师生的物理空间需求，并且将理想中的规划与实际需要进行比较。
- 估算建造成本。这项任务要求学生创建一个数学模型，利用社会上与学校建造有关的公开数据来估算成本。
- 修改和完善规划。这项任务要求学生根据同伴、教师、管理者和政策制订者的反馈意见修改他们的规划，对书面描述、微缩模型、财务模型进行优化（在这个阶段典型的挑战是：如何在保证建设质量的前提下最大程度地降低工程成本）。

每项任务都附有一个学生能看得懂的评分标准。在接下来的两周时间里，学生们展示了他们在不同的学科指标中，如数学、读写和社会科学所达到的熟练水平。事实上，该评估优于之前传统评价中的学习单、小试验和多项选择题测试，这是我感到非常满意的地方。我在州层面和其他各类评估中从未见过这样高要求、与学习主题相关的复杂任务。但它是否符合我的学生的需要呢？其实，这个学习评价方案，和之前其他精心设计的学习任务一样，也能判断学生在写作和数学课程学习中掌握学科基础知识的程度。只不过它对学习的评估更强调理解，而不是习得。例如，在平常的计算矩形面积的教学中，我们通常这样教学生：当大多数学生知道了产品的长度和宽度以后，矩形面积等于长乘以宽（$A = L \times W$）。一个更好的做法是：我们可以将许多不同的多边形混在一起（学校的房间和走廊）来计算教学区的总面积，或者把教学区跟实际可用于建造这些建筑的土地进行比较（要求学生将教学区拆解成若干多边形，通过这些多边形的周长来求得总面积），那么学生将能更好地理解这一概念。此外，寻找可用于建造教室的面积时，学生还需要考虑的一些相关因素，如学生还需要足够的休闲空间，而且这一空间必须远离周围的建筑物，等等。

什么是创新、探究和共享？虽然这个评估框架比我在中学数学课上看到的评估好多了，但它仍然是不完美的。这一评估仅仅把注意力放在数学、写作和社会研究课的课程标准上，因设计的不同，似乎只鼓励了学生"创新"。如果有一个学生说了这样一句话："等等！我不想建一所学校，我要建一个虚拟学习社区，在这里根本就没有任何建筑物。"那么我对这种创新举动很可能会不以为然：因为省略了建校所需的精确设计图的起草环节，我们将没有可依据的材料来判断学生对比例、面积、比值的掌握程度。"探究"又怎么样？这种评估不太鼓励学生在一些不太相关的领域，如功能区划分和财务预算上花太多的时间进行探究，因为探究也是有边界的。如果学生想建造一所不太奢华的新学校，而将研究的地点从临近地区改到孟加拉，或者想把一个废弃的仓库改建成一所学校，这样做可以吗？我没有想过这种事情，我也从来没有在智力上如此飞跃的方面为学生做出过榜样。"共享"又怎么样呢？当哈格里夫斯在2009年谈到"共享"这个话题时，他指出，"共享"是一种鼓舞人心的愿景和颇有鼓动力的道德追求。但是当学生们"共享"他们的评估结果时，目的通常只是为了炫耀。总之，这项评估还算是一个不坏的评估，比中学数学课上的那些很普通的学习更吸引人，与实际更贴近，更具挑战性，尤其是比那些标准化测试在教学方面更合理。然而，我不喜欢空泛的赞美。即使这种评估相比较而言确实要好点，但仍然远远低于21世纪技能评估的要求。我希望通过公开批评我自己的课堂教学和评估，能鼓励资深的教育工作者和领导们也用同样的眼光审视自己的教学与评估实践。

教育管理者不能在大谈特谈新世纪对团队合作、问题解决能力、批判性思考、创新需求的同时，仍然沿用过时的评估机制、评价政策和评价目标，把老师和学校管理人员的思维牢牢禁锢住。考虑到新框架的五个基本领域，是因为必须在评估的设计和管理中做出必要的转变。我下面将通过对每一种基本技能（学习、理解、探究、创新、共享）的阐述，来探索21世纪技能评估所要求的转变：从标准化条件走向非标准化条件，从内容的保密性走向内容的开放性，从个人评估走向团队合作评估。

学　习

我想再次强调的是：21世纪技能评估包括对内容知识的评估。学生应该继续学习单词，能够不依赖计算器进行计算，能够把句子说完整，做出的判断能找到依据。正如肯在这本书的前言中所说的，"学习内容知识与对21世纪技能的期待并不是相互排斥的"。但是，学习仅仅是第一步，而不是最终目标。如果我们把学习当作终点，那么我们培养出来的一代人不过是像《危险边缘》（*Jeopardy*）的冠军，能够比其他参赛选手更快地展现他的知识。我们的教育可以而且必须做得更好。在20世纪，学习的好坏往往通过标准化的评估环境、考场的保密性和个人成绩这几个方面来展示。超越"学习"需要一个如表14.2所示的方向上的重大变化。我们的评估需要从标准化条件转变为非标准化条件，从内容的保密性走向内容的开放性，从强调个人成绩到个人成绩与团队成绩并重。

表14.2　21世纪技能评估目标

21世纪技能	标准化→非标准化条件	内容的保密性→内容的开放性	个人成绩→团队成绩
学习	·适当运用标准化测试来考查知识点。 ·为了能在现实世界中应用而有意改变评估条件。	·只有法律规定（如精神疾病诊断个案中的患者名字）时，必须保密。 ·一般来说，评估开放的要求是强烈的，尤其是在学生参与设计的评估中。	·运用单项测试来考查像识字这样的"生存技能"；运用团队评估来考查应用能力。 ·个人评价记录包括个人和团体合作两方面的评价。
理解	·用灵活的评估菜单来帮助学生提升能力和加深理解。	·标准是完全透明的；学生可以从父母和老师那里轻易获取用于评估的问题和任务。	·个人理解程度的考查只是评估工作的一部分。 ·运用所学来帮助他人也是很重要的，因此合作非常必要。
探究	·老师帮助学生打开探究世界的大门，同时也打破了标准化条件下的舒适感。	·探究的目标是解开秘密，而不是保守秘密。	·探究需要其他探究者的协作、支持和反馈。
创新	·创设非标准化的条件，如并非在统一的地点、时间和条件下来考查学生。	·没有秘密。 ·学生是评估的合作者，而不是接受者。	·虽然有一些创新过程是孤独的，但是通过沟通、反馈、迁移、合作，反而更容易进行创新。
共享	·态度从"不要分享"转变为"你最近分享学习体会了吗"。	·学生不只是教育的消费者，而是可以在教室及全球范围内和同学、老师共享各自的新见解、学习经历与观点。	·从两两交流的师生互动转变为学生开始影响所在的社区。 ·评价的目的不只是学生向老师证明他（她）的价值，而是要让学生对学习型社区做出贡献。

理　解

在现实中，确实有一些评价有保密性要求，而且还可能受法律保护。例如，在精神疾病诊断中病人的隐私就是如此。但是大多数21世纪技能评估要求是开放的。学生不仅应该在评估之前知道任务，而且他们最好能一起来编制任务。学生参与设计相关任务和具有挑战性的题目的能力是教师评价学生理解水平的一种非常不错的方法。我们对学生的理解水平进行评估还有一种很好的方法，就是他们向别人解释个人所学的能力，这也是合作学习的内在要求。

探　究

科尔文（Colvin，2008）、哈蒂（Hattie，2009）、埃里克森（Ericsson）、蔡内斯（Charness）、弗尔妥维奇（Feltovich）及霍夫曼（Hoffman，2006）都认为学习中应"刻意训练"。学生不会因为又一个星期的拼写考试得满分，或者背诵"斜边的平方等于其他两边的平方的总和"就能实现学习上的突破，这是《绿野仙踪》中无脑稻草人在获得毕业证书后说的一段话。实践证明，学生只有在探究的时候收获最大。如果我们要从学习、理解突破到探究阶段，就需要提出这些更具挑战性的问题："毕达哥拉斯什么时候犯过错？""他为什么错了？""我能正确拼写上周教的词汇吗？这种学习是关于语言发展还是政治征服？"虽然我承认多年来我没有问过这些问题，但我从多年教导来自不同经济和教育背景的学生的观察中可以作证，学生们渴望探索这些问题。尼尔森（Nelson，2009）曾经明确指出，虽然社会推崇个人探险（如崇拜在月球表面上行走的人），但这种个人崇拜往往源自并不靠谱的神话传说。事实上，探究在本质上要求人们进行合作。

创　新

在1913年，伊戈尔·斯特拉文斯基（Igor Stravinsky）进行了《春之祭》（*La Sacre du Printemps*）的首演，现在这出管弦乐伴奏的芭蕾舞剧是各大管弦乐队的标准表演曲目之一。虽然它的出现现在被公认为是一次重大的革命，但在当时，却受到了恶意凌辱和无数的嘘声。斯特拉文斯基和施伯格（Schoenberg），几乎跟每一个反传统的继承者一样，使用了巴赫在16世纪所使用的同一个十二音音阶。虽然斯特拉文斯基非常富有创造性，但他受到早先接受的古典音乐基础训练的限制。同样受到过传统的古典十二音阶熏陶的20世纪和21世纪的作曲家有过这样的问题："为什么要这样用十二音阶呢？"一些南美和非洲音乐家曾尝试使用四分之一音调，这样做就如同给了他们一个比西方艺术家所使用的大四倍的调色板，给人带来了震撼。爵士乐作曲家玛利亚·施奈德更进一步，她把几乎无限范围的巴西热带雨林鸟的音域融入了她的音乐。

在传统评价方式中，尝试用标准化测试来评估创新思想的做法是荒谬的。但是，我认为教师应该鼓励学生在他们的探究过程中大胆突破，并且一旦学生有所突破就要马上予以正确回应。例如，我要求学生设计一所学校，目的在于检测他们对数学比例、面积、周长、测量、计算和其他课程标准所要求掌握的学科知识的掌握程度。但是在网络3.0时代，什么是学校的规模、面积、周长？学生能设计出符合这个时代特征的学校来吗？事实上，要回答这样一个问题，在数学方面有很多种方案（Barabási，2003），但我不会简单地在中学的课堂中照搬它们。创新是需要合作的，尽管我们会对创新存在固有印象，像是一个孤独的艺术家在另一个鼓手的伴奏下跳舞。比如，抽象派绘画的创始人之一瓦西里·康定斯基（Vasily Kandinsky），就受到过从19世纪的理查德·瓦格纳（Richard Wagner）到20世纪的阿诺尔德·勋伯格（Arnold Schoenberg）等这些开创型音乐家的影响（Messer，1997）。因此，创新并不意味着对学习和理解的疏离，而是建立在这些基本要素之上。瓦格纳就提醒我们，先不要急着对新的框架付出太多的热情，不然我们还是会忘记亚里士多德的提醒。他曾经很有先见之明地强调，观察是理解概念的五种手段之一。那教师如何在教学实践中进行创新呢？

首先，我们的评价要鼓励而不是惩罚错误。错误是学生敢于冒险和参与创新的证据，而不是失败的证据。其次，我们必须鼓励而不是惩罚合作。团队合作鼓励提出尽可能多的想法、可供选择的观点以及尽可能多的反馈，这对创新是至关重要的。最后，我们必须改变评估者和评估对象的关系，使学生不只是评估的接受者，而且还是评估和反思的合作者。

共　享

评估"星群"中的最后一颗"恒星"是"共享"，要做到"共享"，就需要学生转变视角。学生不是为了奖赏而学习的教育消费者。他们的学习不仅仅需要通过考试来衡量，还需要通过运用所学来帮助他人的方式来衡量。对他们自身价值的评价并不看他们是如何突出自己的，而是要通过评估他们对所在社区和世界的影响来衡量。当我第一次实施我的评估方案时，学生认为完成任务和取得好成绩就意味着成功。但是今天，有些学生前往马达加斯加，他们迫不及待地想要在那建造出理想中的学校。

面对机遇和挑战

21世纪评估所面临的挑战可能是巨大的，适应它需要我们付出时间、敢于冒险和充满政治勇气。政治领导人，包括学校董事会成员，往往是那些在20世纪的评估中表现突出的人。他们得益于强调标准化、注重保密和强调个人成绩的传统评估，自然，他们中的许多人希望自己的孩子也能够适应同样的评估框架。因此，我们如果真的想要抓住21世纪的机遇，迎接新世纪的挑战，就需要在评估政策和实践方面做出大胆的改变。

参考文献

Ainsworth, L., & Viegut, D. (2006). *Common formative assessments: How to connect standards-based instruction and assessment.* Thousand Oaks, CA: Corwin Press.

Barabá si, A. -L. (2003). *Linked: How everything is connected to everything else and what it means.* New York: Plume.

Colvin, G. (2008). *Talent is overrated: What really separates world-class performers from everybody else.* New York: Portfolio.

Csikszentmihalyi, M. (2003). *Good business: Leadership, flow, and the making of meaning.* New York: Viking.

Darling-Hammond, L., Barron, B., Pearson, P. D., Schoenfeld, A. H., Stage, E. K., Zimmerman, T. D., et al. (2008). *Powerful learning: What we know about teaching for understanding.* San Francisco: Jossey-Bass.

Ericsson, K. A., Charness, N., Feltovich, P. J., & Hoffman, R. R. (Eds.). (2006). *The Cambridge handbook of expertise and expert performance.* New York: Cambridge University Press.

Federal Aviation Administration. (2009). *Sample airmen knowledge test questions.* Accessed at www.faa.gov/training_testing/testing/airmen/test_questions/on December 11, 2009.

Fraser, S. (1995). *The bell curve wars: Race, intelligence, and the future of*

America. New York: Basic Books.

Gardner, H. (1995, Winter). Cracking open the IQ box. *The American Prospect*, 6 (20), 71-80.

Gould, S. J. (1981). *The mismeasure of man*. New York: Norton.

Hamel, G. (2009, February). Moon shots for management. *Harvard Business Review*, 87 (2), 91-98.

Hargreaves, A. (2009). The fourth way of change: Towards an age of inspiration and sustainability. In A. Hargreaves & M. Fullan (Eds.), *Change Wars* (pp. 11-43). Bloomington, IN: Solution Tree Press.

Hargreaves, A., & Shirley, D. (2009). *The fourth way: The inspiring future for educational change*. Thousand Oaks, CA: Corwin Press.

Hattie, J. (2009). *Visible learning: A synthesis of over 800 meta-analyses relating to achievement*. New York: Routledge.

Herrnstein, R. J., & Murray, C. (1994). *The bell curve: Intelligence and class structure in American life*. New York: Free Press.

Marzano, R. J., Waters, T., & McNulty, B. A. (2005). *School leadership that works: From research to results*. Alexandria, VA: Association for Supervision and Curriculum Development.

Matthews, J. (2009, January 5). The latest doomed pedagogical fad: 21st-century skills. *The Washington Post*, p. B2.

Messer, T. M. (1997). *Kandinsky*. New York: Harry N. Abrams.

Nelson, C. (2009). *Rocket men: The epic story of the first men on the moon*. New York: Viking Adult.

Pfeffer, J., & Sutton, R. I. (2006). *Hard facts, dangerous half-truths and total nonsense: Profiting from evidence-based management*. Boston: Harvard Business School Press.

Quelch, J. A., & Jocz, K. E. (2007). *Greater good: How good marketing makes for better democracy*. Boston: Harvard Business Press.

Reeves, D. B. (2008). *Reframing teacher leadership to improve your school*. Alexandria, VA: Association for Supervision and Curriculum Development.

Schmoker, M. (2006). *Results now: How we can achieve unprecedented *improvements in teaching and learning.* Alexandria, VA: Association for Supervision and Curriculum Development.

Stiggins, R. J. (2007). *Introduction to student-involved assessment for learning* (5th ed.). Upper Saddle River, NJ: Prentice Hall.

Wagner, T. (2008). *The global achievement gap: Why even our best schools don't teach the new survival skills our children need—and what we can do about it.* New York: Basic Books.

Wiggins, G. (1998). *Educative assessment: Designing assessments to inform and improve student performance.* San Francisco: Jossey-Bass.

Wiggins, G. P., & McTighe, J. (2005). *Understanding by design.* Alexandria, VA: Association for Supervision and Curriculum Development.

White, S. (2009). *Leadership maps.* Englewood, CO: Lead+Learn Press.

作者简介

道格拉斯·里夫斯　Douglas Reeves

道格拉斯·里夫斯，博士，是领导力和学习中心的创始人。他曾与世界各地的教育、商业、非营利组织和政府机构合作。里夫斯多次在美国及国外发表演讲，并且撰写了超过20本的著作和多篇关于领导力和组织有效性的文章，曾两次被选为哈佛杰出作家。鉴于他对教育的贡献，里夫斯被评为2006年布罗克国际奖得主。由于为广大儿童及家长写作，他还获得了国家中学校长协会颁发的杰出服务奖和家长选择奖。

里夫斯编辑并出版了Solution Tree选集《引领潮流》（*Ahead of the Curve*）和系列选集《改变战争的共同立场》（*On Common Ground and Change Wars*）。

在本章中，里夫斯处理了具有挑战性的评估问题。他认为，21世纪技能倡导者所设想的新成果必须放弃通过标准化测试来衡量。他提供了三个标准来确定教育者如何知道学生正在学习21世纪的内容和技能，并说明这些方法如何在实践中得以应用。

后记 Afterword

领导、变革和超越21世纪技能

不管是"男人来自火星"还是"女人来自金星",都是一个争论和假设的问题。但有一点是清楚的:面向21世纪的技能运动可能会把我们推向另一个星球。那到底是快速变化的水星还是具有可持续性的地球,或者是两者的结合体,这都是摆在我们眼前的挑战。

在21世纪,我们面临四大转变要求:

1. 全球经济的衰退造成在经济上我们需要发展面向21世纪的技能来支持一个创新型经济体。

2. 过度富裕和经济不平等的蔓延降低了大多数人的生活质量,使美国和英国在国际儿童福利指标方面远远落后于其他发达国家。这就产生了一种社会正义的必要性:为全世界的人民创造更好的生活,不仅仅限于培养有关经济方面的技能,以减少不平等现象。(United Nations Children's Fund, 2007; Wilkinson & Pickett, 2009)

3. 气候变化的影响威胁到人类物种的生存,并让我们认识到不仅需要发展创新技术来解决问题,同时需要在可持续发展教育方面进行改革,以突破当前面临的种种局限。

4. 劳动力的世代更新——婴儿潮的一代被千禧一代取代,后者的生活和领导方式是快节奏的、自信的、直接的,强调团队合作并且以任务为中心,但同时也面临极度表面化的危险——提出了培养新一代领导者的必要性，他们拥有技能，并肩负责任，是未来的管理者（Howe & Strauss, 2000）。

在我们讨论这些亟需要做的事情如何在教育领导和改革中得以实现之前，我们要明白过去的改革方向的优势及其局限性。在我们面对未来挑战的同时，这些过去的努力和所提出的解决办法也尚未实现。

两条传统的改革道路：金星第一道路和火星第二道路

自20世纪60年代以来，许多发达国家都经历了四个阶段或者说四条"改革道路"（Hargreaves & Shirley, 2009）。这四个阶段的特征就好像太阳系的四个星球（金星、火星、水星以及地球）的神秘特质。

金星第一道路

"金星第一道路"被称作社会改革的第一道路。当时的福利国家为二战后期到20世纪70年代中期的状况立下了模板。经济学家约翰·梅娜德·凯恩斯（John Maynard Keynes）和他的追随者们认为，政府在社会安全保障方面的投资不仅是社会公共品，而且还促进了宏观经济的发展，因为它有利于人力资源的发展，这对未来的经济繁荣起决定性作用。由于当时经济的迅猛发展和婴儿潮时期人口的飞速增长，人们对国家解决社会问题的能力充满了信心。

在这个时代的后几年，一种叛逆和创造性的精神伴随着以实验、创新和以儿童为中心或进步主义的教学方式进入了公立学校。在金星第一道路上，教师和其他专业人员有很大的自主权。他们从日益富裕的公众那里得到了高度的信任，并可以自由地开展工作。

现在的教师时常会怀念那时的自由——根据学生各种不同的需要自由地设计课程，以达到改变世界的目的。也有教师哀叹，职业自主权的失去，因为他们想要按自己的方法来教书，却并不关心学生受益多少（Goodson, Moore, & Hargreaves, 2006）。因此"金星第一道路"的缺陷就是在教学重点和质量上的不一致。教学效率是通过工作中的即兴创作得到直观且个性化的提高。

> "金星第一道路"带来了革新，但也带来了不一致性。

"金星第一道路"带来了革新，但也带来了不一致性。教师对这一时期的印象就是，他们的校长都是传奇式的英雄人物，给学校带来了很大的影响，但不一定都是好的。那时，没有领导力开发或者专业发展来创造广泛的和一致性的影响或努力。这个行业是不受管制的，承担很少的地方责任。图A.1描绘了"金星第一道路"。

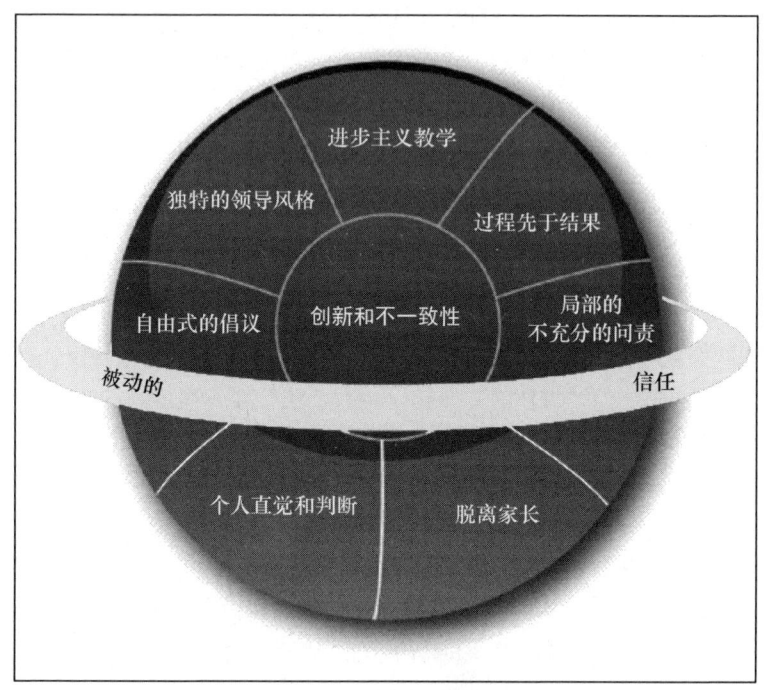

图A.1 金星第一道路

"金星第一道路"的优势在于其强调创新的重要性，而我们也需要重新找回这一优势。在学校内部以及学校间，创新只在局部发生过。这也是现今特许学校在概念上存在的一种危险。领导力对创新的成败起到了关键性作用，但在当时，人们没有把重点放在培养优秀的领导者上，所抱的是随便和碰运气的态度。但是现在，我们应该把培养好的领导者作为重点。我们也需要重新找回"金星第一道路"时代对于教育工作者的信任，但同时也要牢记，当时的那种信任大多是盲目的。在21世纪，我们不能随便给予信任——信任是通过行动和表现赢得的。"金星第一道路"也许表达了像金星一般的爱和激情，但是因为它最终所造成的不一致性，说明"爱"显然是不够的。

火星第二道路

继第一条道路后,一条更咄咄逼人、更激进、本质上更具竞争性、强调市场和标准化的道路出现了——"火星第二道路"。随着油价上升、远距离输油管道的建立,以及经济的不景气、教师劳动力市场的成熟和人力成本的上升,人们开始怀疑,是否仍然要依靠国家来解决问题。在这个时期,英、美、澳等国家将学校置于市场经济体制中,基于市场的供求关系,让学生和家长对学校进行选择。市场的货币开始成为越来越具体的标准,并与学校中的高风险测试紧密捆绑,这在表现排行榜中得到了广泛宣传,同时也经常结合低水平的资源和加速的时间表得以执行。教育改革上这样的政治策略后来被美国的《不让一个孩子掉队》法案采纳。

更清晰的焦点、更大的一致性和对所有学生的关注,再加上更强烈的紧迫感共同突出了"火星第二道路"的力量、竞争性和冲突性所带来的益处。虽然成通常会持续一到两年,但它很快就遇到了一个瓶颈。家长们有了更多的选择,但只有富裕的人才知道怎么来运作这个系统以达到他们的利益并保护他们的特权。"金星第一道路"中被动的信赖为"火星第二道路"中教师和公众间强烈的不信任取代。标准提高了,但是师资培养的短缺并没能帮助学生达到新标准。学生的学习质量、深度以及广度受到了严重损害。辍学率升高,创新减少,所能雇佣到的老师和领导者的水准也有所下降(New Commission on the Skills of the American Workforce, 2007; Nichols & Berliner, 2007; Oakes & Lipton, 2002)。

在"火星第二道路"中,教师哀叹"专业判断和自主权被夺走了"。他们觉得"过分地注重外界所设定的标准"意味着他们不能"花大量时间思考"课堂中的教学过程,并享受这一过程。虽然有老师"仍然对教学充满热忱",但他们也坦言,不能"忍受体制……并不想再与之抗争"(Hargreaves, 2003, p. 91)。专业判断被服从指令取代。"火星第二道路"造成了一场职业动力下沉、课堂创造力缺乏的危机。

在2007年早期,美国劳动力技能新委员会指出,美国的教育水平相较其他国家正在下滑。这是因为美国相对较弱的师资水平和过分严格的标准化测试限制了创造力和创新力的培养,而这些又是在一个快速变化的全球经济中高技能、高收入的劳动力所必备的能力。

在"火星第二道路"中,领导力被认为是超负荷、缺乏吸引力的,在问责体制里被过分曝光。领导形式变成了线性管理。教师们把他们的领导者看作是忘记了如何领导的管理者。学校的校长频繁替换,他们似乎更热衷于达到地区的考核要求或是发展自己的职业,而并非为自己的学校服务(Hargreaves, 2003)。图A.2描绘了"火星第二道路"。

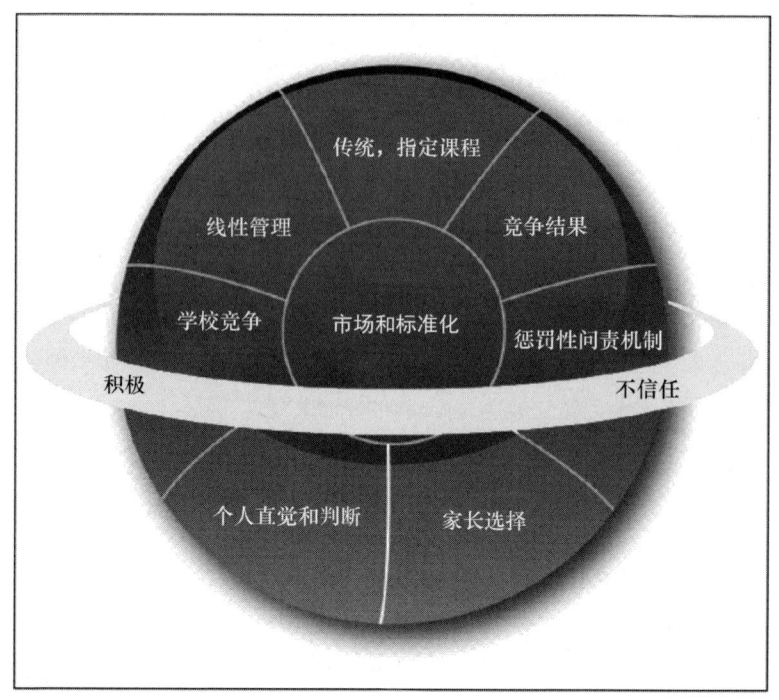

图A.2 火星第二道路

新的改变道路

我们需要一条新的道路,它会注重连贯性和一致性,并对全部学生的学习和成就保持一种危机感,但也会恢复专业活力和教师素养,还会发展竞争性经济和凝聚型社会所需的更高水平的创造性学习和技能培养。在"水星第三道路"里,21世纪技能很快得到重视。

水星第三道路

面向21世纪技能运动的起源要追溯到20世纪70年代后期。1976年,丹尼尔·贝尔(Daniel Bell)第一次用"知识社会"这个词来形容后工业时代的世界。这个世界需要受过教育的劳动力,能够通过服务、思想和交流开展工作。到了20世纪90年代早期,管理学大师彼德·德鲁克(Peter Drucker,1993)预测在后资本主义社会中,其基本的社会经济资源不再是资本或劳动力,而是知识,社会的领导团体将会是"知识工作者"。在教育领域，菲利浦·史克雷切蒂（Phillip Schlechty, 1990）最早提出，公共教育的目的应该转向培养从事知识工作的知识工作者。同时，前美国劳动局秘书长罗伯特·莱奇（Robert Reich, 2000）提出，在选择越来越多的情况下，有竞争力的公司需要的技能是加快速度、提高新鲜感、增长智慧、促进创新、不断沟通，从而了解消费者的喜好。

21世纪初，各主要国际组织开始着手知识经济事业。OECD将知识管理与加速变革所引起的挑战联系在一起。这就给未来的学校提出了"知识型学生必须具备和应该配备什么"的深刻问题。一个即时生产和即时交流的世界需要有创造力的人，他们能够迅速、高效地创新和解决未预料到的问题。

到了2003年，我发现过度竞争和标准化在美国和加拿大的学校中普遍存在负面影响，并将这些与知识社会的愿景进行比较，发现知识社会优先考虑以下问题：

- 学生的深层的认知学习、创造力和创新性。
- 作为教师，研究、调查、在网络和团队中工作，并继续进行专业学习。
- 作为组织，解决问题、敢于承担风险、信赖团队伙伴，有能力适应变化并持续致力于提高和改进。

换言之，知识社会的教学将促进创造力、灵活性、问题解决、独创性、集体（共享）智慧、专业信任、风险承担和持续改进（Hargreaves, 2003）。

> 换言之，知识社会的教学将促进创造力、灵活性、问题解决、独创性、集体（共享）智慧、专业信任、风险承担和持续改进。

美国劳动力技能新委员会（2007）指出，美国应该有一条"可以不断地进行自我更新的创新之脉"。这就需要"超越传统的、缺乏想象力的、只注重基本技能和事实记忆的课程"。相反，21世纪的学生不仅要在文学、数学和核心课程上学得好，还要能够自如应对抽象思维、善于分析和整合、富有创造力，能够自我约束、自我管理、快速学习，善于团队合作，并能对劳动力市场中的频繁变化做出快速应对。

托尼·瓦格纳（Tony Wagner, 2008）指出，和前面提到的知识经济技能非常类似，对于青少年和现代经济至关重要的七项技能是批判性思维和问题解决能力、合作和网络领导力、灵活性和适应能力、创新和创业精神、有效沟通能力、获取和分析信息的能力，以及好奇心和想象力。赵勇（2009）指出，许多亚洲国家已经在这些方面远远领先美国了。

具有战略影响力的21世纪技能伙伴关系通过强调这些应当贯穿于21世纪课程中的关键技能，从而支持其他组织的工作。这些技能包括：创新能力，批判性思维和问题解决能力，交流和合作能力，信息、媒体和技术素养，灵活性和适应性能力，自主导向能力，社交和跨文化交流能力，效率和负责任的精神，以及领导能力。

面向21世纪的技能是教育改革中"第三道路"的一部分。这种教育改革既不以儿童为中心、也不放任，也不是基本的、标准化的。相反，它们就像是水星的信使——以速度和交流为特征，适合世界贸易和商业。"水星第三道路"促进了经济上的跨学科学习技能，教师的专业化新模式、教师之间的专业互动和网络化，以及更快速灵活的管理组织变革方法。图A.3描绘了"水星第三道路"。

> 面向21世纪的技能是教育改革中"第三道路"的一部分。这种教育改革既不以儿童为中心、也不放任，也不是基本的、标准化的。

"水星第三道路"直接解决了前面阐述的21世纪亟需解决的四大问题中的三个：（1）它能够发展可以加快创新和知识再生循环的技能和流程，这对正在苦苦挣扎的经济来说是至关重要的；（2）在应对气候变化的环境挑战时，这种创新文化和智慧也是必不可少的；（3）与21世纪的技术现实相结合，也吸引了出生在这个数字世界的学生和他们的年轻教师。无论是从经济、环境还是人口学上看，面向21世纪的技能运动都是合理的。这些发展至关重要，也备受欢迎；但是，他们也存有风险。具体来看，这个运动面临的潜在风险如下：

1. 它可能夸大了新经济所需技能的先进性；
2. 它可能并没有真正解决社会公正问题以及越来越严重的不平等问题；
3. 从实践上看，它有时仍然会保持火星式的特质，用标准化考试来设定时间紧迫的表现目标，进而放弃21世纪理念；
4. 它强调速度和灵活性，可能会导致肤浅的活动和交流。

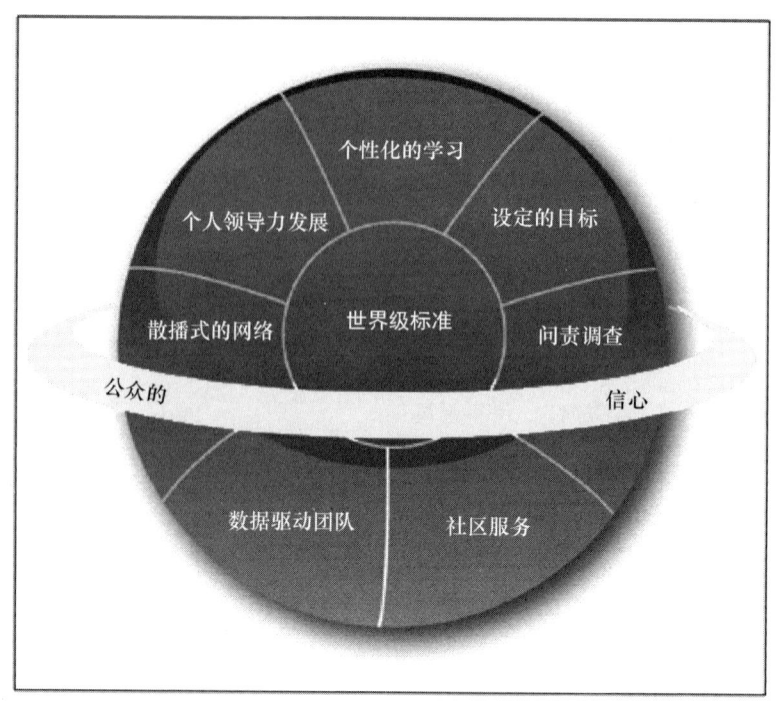

图A.3　水星第三道路

"水星第三道路"的危险。第一，不是所有21世纪的工作技能都是21世纪技能。马修·克拉福德（Matthew Crawford，2009）认为，今天很多中产阶级从事的工作并非是需要运用判断力和决策力的复杂工作。相反，很多白领的工作变成了标准化的操作或办公间里的常规性工作，而不是高级的知识型工作。换句话说，更多的工作是像我们在NBC电视台上播放的电视剧《办公室》（The Office）中看到的一样，而不是像网络剧《学徒》（The Apprentice）中那样。布朗（Brown）和劳德（Lauder，2001）指出，并不是所有的知识型经济都像芬兰那样有高技术、高收入的结构。培养办公间的工人进行批判性的思维和解决复杂问题的能力可能会埋下情绪不满的种子。改变21世纪的经济，不仅仅关乎人们及其技能的改变，工作的意义也需要被更新。

第二，21世纪技能常常（虽然不总是）忽略商业世界以外或者直接与之相反的知识、技能和品格。在面向21世纪的技能运动中，我们怎么确定未来的商业领袖会践行企业道德？我们怎么能确信我们的老师会教导学生，即使是以民主的名义，酷刑也总是错误的？考虑多元化会不会变成只是学习怎么在工作场所与不同的人相处，它是否会解决不同人种和宗教团体的权利问题？对生态和组织的可持续性的关注又在哪里——我们是否采取了适度、节约的生活方式，选择购买小一点的房子和车子，选择修理而非丢掉已经坏了的东西，与邻居分享资源而非贪婪地独自大肆享受，避免驱使人过劳死？我们如何才能确保21世纪技能将会帮助年轻人做好为环境的可持续发展、消除贫穷、提高生活质量和社会平等而奋斗的准备？

有趣的是，OECD（2008）对21世纪技能的国际宣传解决了将社会议题排除在外的第二个缺点。与英美国家相比，这一议程涉及"OECD教育系统面向21世纪学生发展的核心能力和知识"，其中包括那些有助于幸福生活和经济生产力的核心议题。摆在我们面前的问题是，我们是否会将21世纪技能仅仅定义为与"水星第三道路"关注的速度、沟通和商业相关的技能，或是否也将包括对生活质量、社会公正和可持续性的更广泛和更深入的关注。

例如，在1996年，美国民主党领导人签署了一份新的宣言，主张采取一种政治手段，以应对全球化经济、冷战的结束以及大型工业和国家机构的崩溃。他们把这种方法称为"第三道路"。虽然美国人没能成功地推进"第三道路"——相反，他们颁布了《不让一个孩子掉队》法案，并倒退回了"第二道路"——但英国新工党政府成功地将其基础扩展到了旧的工人阶级和工会以外，试图在国家和市场之间确立统治（Blair & Schroder, 1999; Giddens, 1999）。英国的"第三道路"既强调责任也强调权利；既严打犯罪，也对犯罪的根源严加处置；在维持社会凝聚力的同时，也刺激经济的活跃增长；对政府专业人员给予更好的支持，但同时也对他们的工作有更高的要求。"第三道路"关心经济的发展，但它同时也关心社区和社会结构的更新，尽管最后"第三道路"出了问题。面向21世纪技能运动的第三和第四种危险解释了失败的原因。

第三，在社会政策和教育方面，"水星第三道路"被"火星第二道路"上对太多消极方面的坚持破坏。在公共教育领域，大规模改革（LSR 2.0）以一个新的面貌出现，并在达到其目标方面比它之前的"第二道路"更为严格，但在实践过程的方式上却更加灵活。

在LSR 2.0中，政府制订了少量的具体目标，例如系统识字和数学目标等，在发布标准和实践步骤上给予更多监督。学校中的专业学习共同体关注考试成绩数据，学区亦是如此，然后找出差距和不一致之处，并据此设计快速的干预措施。师资培训和领导监督为教师提供技术支持，同时也保证他们对改革尽职尽责。老百姓在报纸和数字媒体上可以找到学校排行榜，帮助人们知道学生的成绩如何，也帮助那些孩子在薄弱学校的家长有机会将自己的孩子转到成绩更好的学校。鼓励教育工作者通过建立横向网络学习产生专业发展动力并促进改革，与此同时，公众可以访问关于教师质量和学生成就水平的信息。政府也资助半私人化的项目，比如特许学校或者是为后进生开办的补习项目。政治上施加的改进时间表与短期的竞选周期是有关联的，而学校未能达到这些时间表指定的标准又导致了更多的干预，因此，总体来说，这些干预与成功是成反比的。

LSR 2.0的拥护者宣称，改革增加了可衡量的改进标准，缩小了成绩差距，提高了职业素质和动机，达到了系统性影响，并增加了公共教育的信心和政治领导管理能力。而LSR 2.0的批评者的态度更加谨慎。他们认为继续过分强调基本技能的达标会边缘化对艺术、社会学习、创新的关注，而这些对21世纪知识型经济都是极为重要的。而且严格测试的成绩与儿童的整体发展和整体幸福感之间也存在着负相关（Honoré, 2008; United Nations Children's Fund, 2007）。坚持"第二道路"下的标准化，不仅会限制学校本可以培养的与经济相关的技能，也会忽视经济以外的其他有益于社会的成果。将21世纪技能纳入到课程中去的意图是值得赞扬的，但是如果只是把技能放进一成不变的、像"火星第二道路"的课程里，新运动的目标可能就难以达成。

这就提出了一个与第四个危险有关的挑战：速度。2005年，我和丹尼斯·雪莉（Dennis Shirley）对一个大型的学校网络改进行动进行探究和报告。该学校网络改进行动是基于英国中部地区实行的LSR 2.0策略——由英国专长学校联合会发起的提高成果转化学习项目（RATL）——所取得的成功。该网络由300多所中学组成，这些学校在一两年内都经历了学生成绩的下降。其方法是在同侪驱动的网络中形成侧向压力和支持，通过学校、与学校一同，以及为了学校来促进改善。其中，参与的学校相互联系，自主选择辅导学校，并受邀参加会议，在分析成就数据以及为改善教学、学习和成果制订短期、中期和长期战略菜单等方面提供灵感和技术支持。该网络结构强调参与和结果的透明度，其动力和凝聚力基本上是横向的，而非自上而下的（Hargreaves & Shirley, 2009）。

该网络具有惊人的创新性，就传统的成果指标来看，也是非常成功的。该网络里三分之二的学校在仅仅两年的时间里取得进步的速度是全国平均水平的两倍，教育工作者的积极性也同样得到提高。老师对于把大量的数据转化成为他们能用来提高学生成绩的实际知识方面的帮助表示非常感激。他们也对通过参与会议、采访辅导学校和搜集网络信息所得到的具体策略表示感激。这是一个变革的网络，受到激励的教育者可以在自己的环境中找到并应用解决方案,从而取得明显的成功。

但是,该网络仍然不得不保留英国式"第三道路"的问责制度,不断地对考试结果和标准化水平测试的分数施加压力。我们称这样的结果为"上瘾的现实主义"(Hargreaves & Shirley,2009)。这种情况就是教师之间非常兴奋的互动造成了一种超亢奋的职业特性——为了达到政府所指定的标准,他们急切地四处交流一些速成策略。老师采用的大部分策略是简单和短期的,甚至是"小把戏、大噱头"式的,比如,雇佣以前的学生来辅导现在的学生,帮助学生在网上获得来自其他学校的同龄人所使用的学习策略,在考试当天给学生提供香蕉和水来给大脑补水、补钾。在交流会议上,学校领导之间的沟通就好像是速配一样,彼此轮流做一两分钟简短的交谈,互相交换一下成功的策略,然后在离开时交换一下名片。这样带来的讽刺性结果是出现了一种新的保守主义,在这种保守主义中合作交流是愉快的,但却是匆忙的、盲目的、狭隘的。

这种对数据的热衷太容易把教师的注意力从教学和学习的深层投入中分离。过分注重短期效果会引发投机取巧的策略,只想保证短暂的成功。这里所缺乏的是一个教育工作者可以发展和实现自己的意愿,或者进行更为深入的教与学的专业对话的过程。这些结果是可以避免的。当我们继续与RATL及该网络合作时,他们也对我们的反馈做出了回应,将重心转移到教与学的长期改革,并制订了仍然能产生短期改进的具体策略——但这些策略是与长期的改革目标相匹配的,而非起阻碍作用。

"水星第三道路"的危险在于,即时信息时代可能与短期选举的政治压力纠缠在一起,会造成水星式教育系统的表面化和不可预测性。但这些风险又是可以避免的。世界上一些最具前瞻性的教育体系——如新加坡、阿尔伯塔和芬兰——具有高度的政治稳定性,这并不

> "水星第三道路"的危险在于,即时信息时代可能与短期选举的政治压力纠缠在一起,会造成水星式教育系统的表面化和不可预测性。

奇怪。此外,RATL也证明了将21世纪技能应用于学习、教学以及延伸更广泛变革领域的可能性。事实上,OECD对这类技能的定义不仅限于经济方面,还涉及个人发展和公共生活的更广阔领域。

我们需要一个教育改革和领导策略,它可以综合考虑长期性和短期性。该策略应该认识到,多数经济环境需要的不只是速度和灵活性,也需要像烹饪、木工,甚至是软件开发这样的技能,这些技能需要长时间的练习和持之以恒才能达到专家水平。它必须把个性化学习视为一种定制现有学习方式的途径(即如何更快或更慢;

在线或离线；在学校或在家中；通过一种方式或另一种方式），同时也是一种将学习与个人兴趣、家庭和文化知识以及未来生活项目相联系的学习方式。"水星第三道路"应该是快速、灵活的，使我们能够在问题和需求暴露时进行紧急干预，但是，它也应该避免被强加的目标和匆忙的会议驱使，为了保证成绩统计的持续发展而做出一些临时的调整。这一策略应该更容易放弃从标准化测试那里继承下来的有关控制方面的遗留问题。在2009年，阿尔伯塔投票废弃了一项关键的标准化测试；在不断创新的过程中，英国仅仅保留了一项标准化考试，并且终止了规定的识读策略。

"水星第三道路"只部分地解决了四个重要问题。相比于"火星第二道路"所代表的过分标准化的课程和对老师职业热情的消磨，它蕴含着更多的希望。相比较"金星式"的不一致性，它保持了创造性和专业性。面向21世纪技能的运动可以更多地被推动成为像RATL一样的长期变革，成为更广泛的社会运动；像OECD，涉及更广泛的社会议题；像是阿尔伯塔或是英国，超越标准化测试的限制，进入一个富有创造性和创新性的世界。其中有些可以在现有的"水星第三道路"中实现，有些就需要超越水星的"第四道路"——可持续的"地球第四道路"。

地球第四道路

是时候为我们的未来和现在考虑了，既关心我们的地球，也关心我们的工作；既追求可持续性，也追求成功；既让我们为别人的共同利益而奋斗，也为自己的生产和消费奋斗。让我们一起看看教育领导和变革的"第四道路"中的三个例子，这也是我和同事一起研究过的。

第一个例子是OECD关于芬兰的领导力与学校改善关系的报告（Hargreaves, Halász, & Pont, 2008）。1992年，芬兰的失业率反弹近19%，现在芬兰在经济竞争力和世界学生成绩的国际PISA测试中居世界首位。其惊人复苏的秘诀是在创造力和包容性方面鼓舞人心的使命。这吸引并保留了国家未来依赖的高素质和备受公众尊敬的教师。在信任、合作和负责任的文化中，这些教师在广泛的国家指导方针下，在每一个市镇共同设计课程，并且关心他们学校的所有儿童，而不仅仅是他们自己年级和班级的学生。学校也会为了他们所服务的城市和社区的利益而合作。

第二个例子是与伦敦地区陶尔—哈姆莱茨区（Tower Hamlets）的埃伦·波义尔（Alan Boyle）和阿尔玛·哈里斯（Alma Harris）共同开展的合作研究。不同于种族同质化的芬兰，陶尔—哈姆莱茨区的居民主要是从像孟加拉国这样世界上贫穷地方来的移民。在1997年，它是英国最差的学区。现在该区小学和中学的测试成绩均在全国平均水平之上。陶尔—哈姆莱茨区拒绝使用惩罚性干预措施或是使用类似英国"第三道路"式的市场化学校改革，鼓励地区领导人向区内学校校长表达高度的期望，并发展合作和信任的关系。地区的官员也常在学校出现。人们之间的合作互助关系比测验的成果更受重视。学校共同设定宏伟的表现性目标。如果一个学校落后了，其他学校会共同提供帮助。由于和当地师资培训者的积极合作，他们培养出、也留住了更为优秀的教师。大量的教学助手从当地社区雇佣来，与课堂里的老师一同合作，减轻了课堂老师的工作负担，并发展了积极的信任以及与家长、社区更为充分的互动（Hargreaves & Shirley，2009）。

第三个例子是阿尔伯塔学校改进倡议（AISI）的评论。AISI对阿尔伯塔省优异的教育水平起到了重大促进作用，其水平几乎与芬兰相当。AISI由教师工会和政府的其他合作伙伴创建，涉及90%的学校进行自发改革，例如创新性的教学策略、学习评估，以及鼓励原住民家长参与到孩子的学校教育中。学校选择并设计自己的评估标准，不只是用测试分数来检测学生的进步。学校与学校之间也日益形成网络关系，从而促进相互之间开展同伴学习、互助，并获得成功（Hargreaves et al.，2009）。

> 是时候为我们的未来和现在考虑了，既关心我们的地球，也关心我们的工作；既追求可持续性，也追求成功；既让我们为别人的共同利益而奋斗，也为自己的生产和消费奋斗。

从这些促使我们进一步推进教学改革的"第四道路"的案例中我们能学到什么呢？这对于21世纪技能意味着什么呢？

"地球第四道路"从一个鼓舞人心的、具有包容性的使命开始，并非含糊地接纳"国际标准"或是将我们的眼光仅仅局限在提高分数上。"第四道路"的教与学是有深度的，教师的专业学习也是如此。这样的学习通常是缓慢的，而非快速的；是需要反思琢磨的，而非速成的。事实上，心理学家盖伊·克拉克斯顿（Guy Claxton，1999）认为，这样的学习有利于发展创造性思维。反思，慢下来，停下来——这些是促成创新和突破的元素（Honoré，2004；MacDonald & Shirley，2010）。

为了保护和支持未来的发展，当下"第四道路"学校迅速采取行动。他们的短期目标与长期承诺是相结合的，并且学校共享并支持这些目标——它们并非来自于政治强加。和芬兰人一样，责任先于问责，问责制仍然存在，但不是通过对每个人的普查。有效率的工业会对他们的产品进行抽样质检，但不是每一样都检查。对于教育工作者也应该是这样的。虽然样本能够得到准确的质量控制，但高风险和大面积的人口普查会施加压力，过分关注那些被检验的方面，也常常导致机会主义和作弊的产生。

"地球第四道路"不仅通过改进结果建立了公众对教育的信任，也借着延长在校时间、有偿的社区服务，以及奥巴马所推行的稳健的社区组织，帮助家长和其他人建立积极的、投入的互信关系（Obama，2004）。

和"第三道路"一样，在"第四道路"上，教师和学校共同合作，但是教师置身于一个考虑周全、基于证据的环境里，既依赖实际数据也重视人的判断，用于解决专业实践和创新中深刻而引人注目的问题。他们不只是在匆匆地开了会后对考试分数做出即时的反应。学校也不是只和遥远的合作伙伴接成对子，就像是特许学校网络，尽管那也是一个非常宝贵的方向。为了社区里更广泛的共同利益，他们也在同一个社区或是跨社区与近邻学校合作，强的帮助弱的，而不是相互竞争。

这里的领导并非是个人的，而是系统的（Hopkins，2007）。好的领导人会为其他学校提供帮助。当他们以这样的方式帮助其他同伴时，系统就会为其提供资源。这样，领导力就在他们周围被发展起来，并为以后发现继承者。在"第四道路"上，领导力是可持续的，也是成功的。图A.4描绘了"地球第四道路"。

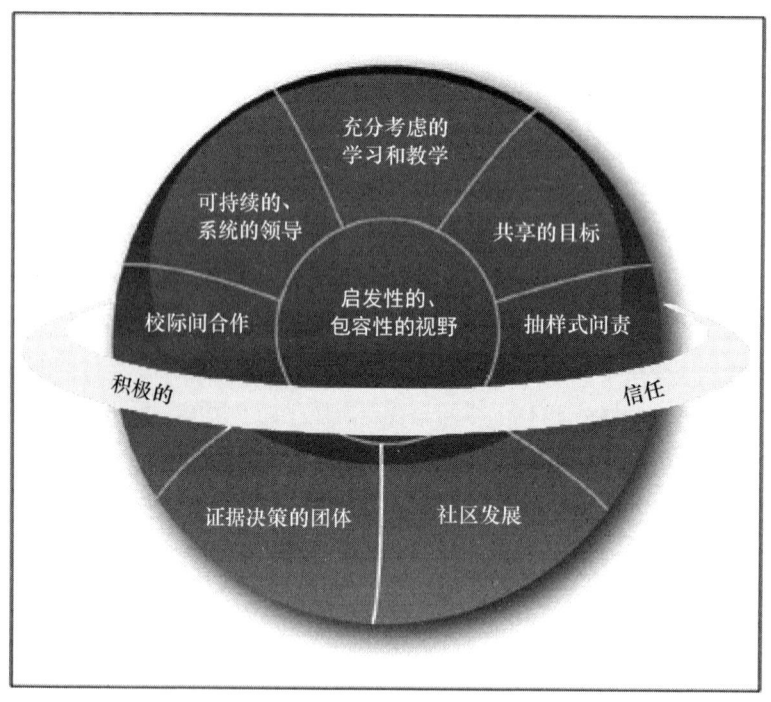

图A.4　地球第四道路

面向21世纪的技能会继续停留在水星上，还是会回到地球？"地球第四道路"满足了前面所列出的所有四个亟需解决的问题：经济的、社会的、生态的、世代交替的。像所有的改革一样，如果面向21世纪的技能运动能从先前的改革和世界其他地区的改革中吸取教训，那将是最好的。从"金星第一道路"，我们可以重新点燃对创新和专业的尊重，但要避免不一致性的产生。从"火星第二道路"，我们认识到，保持对所有学生的学习成就的迫切关注是如此的重要，但是要避免因过分的考试标准化所带来的知识的狭隘化和教学动力的丧失。

> "地球第四道路"满足了前面所列出的所有四个亟需解决的问题：经济的、社会的、生态的、世代交替的。

"水星第三道路"将重点放在了对21世纪技能的创新性、灵活性、终身学习、团队合作以及包容性的关注上。接受像OCED这样的国际性组织所提出的对面向21世纪技能的更为广泛的定义，而不是仅仅局限于对经济有益的定义，这将更有利于进一步扩大上述关注。转向"地球第四道路"及其对启发性和可持续性的关注，将有助于人们团结起来，共同领导学校之间的合作，强的帮助弱的，实现更高的、更具持续性的目标，并将短期目标和长期目标相联系。除美国以外，有很多国家已经尝试了"第三道路"，我们从他们所发现的优势和局限中可以学到很多。在其他国家，我们已经领略了面向21世纪技能运动更广泛的影响，它不仅增强了经济的竞争力（比如芬兰），同时也促进了社会公平和生活质量的提升。

面向21世纪的技能需要面向21世纪的学校。深思熟虑的教与学；增强创新性和课程灵活性；个性化的学习，同时也与学生的个人生活计划相联系；基于证据而非数据驱动的改革；共享的改进目标；对符合知识社会目标的措施进行谨慎的抽样问责；通过领导者帮助周围薄弱学校实现更高的公共利益，使得领导系统化——这些只是帮助我们发展最具挑战性的21世纪技能、创建最优质的21世纪学校的部分策略。

> 面向21世纪的技能需要面向21世纪的学校。

安迪·哈格里夫斯

参考文献

Barber，M.（2008）. *Instruction to deliver：Fighting to transform Britain's public services*. London：Methuen.

Bell, D. (1976). *The coming of post-industrial society: A venture in social forecasting*. New York: Basic Books.

Blair, T., & Schroder, G. (1999). *The third way/die neuemitte*. London: Labor Party and SPD.

Brown, P., & Lauder, H. (2001). *Capitalism and social progress: The future of society in a global economy*. New York: Palgrave.

Claxton, G. (1999). *Hare brain, tortoise mind: How intelligence increases when you think less*. Hopewell, NJ: Ecco Press.

Crawford, M. (2009). *Shop class as soulcraft: An inquiry into the value of work*. New York: Penguin.

Drucker, P. F. (1993). *Post-capitalist society*. New York: HarperBusiness.

Fullan, M. (2006). *Turnaround leadership*. San Francisco: Jossey-Bass.

Giddens, A. (1999). *The third way: The renewal of social democracy*. Malden, MA: Polity Press.

Giddens, A. (2009). *The politics of climate change*. Malden, MA: Polity Press.

Goodson, I., Moore, S., & Hargreaves, A. (2006, February). Teacher nostalgia and the sustainability of reform: The generation and degeneration of teachers' missions, memory and meaning. *Educational Administration Quarterly, 42* (1), 42–61.

Hargreaves, A. (2003). *Teaching in the knowledge society: Education in the age of insecurity*. New York: Teachers College Press.

Hargreaves, A., Crocker, R., Davies, B., McEwen, L., Shirley, D., & Sumara, D. (2009). *The learning mosaic: A multiple perspective review of the Alberta Initiative for School Improvement*. Alberta Education, Edmonton, Alberta, Canada.

Hargreaves, A., Halász, G., & Pont, B. (2008). The Finnish approach to system leadership. In B. Pont, D. Nusche, & D. Hopkins (Eds.), *Improving school leadership: Case studies on system leadership* (Vol. 2; pp. 69–109). Paris: Organisation for Co-operation and Development.

Hargreaves, A., & Shirley, D. (2009). *The fourth way: The inspiring future *for educational change*. Thousand Oaks, CA: Corwin Press.

Hartley, D. (2007, June). The emergence of distributed leadership in education: Why now? *British Journal of Educational Studies*, 55 (2), 202-214.

Homer-Dixon, T. (2000). *The ingenuity gap: Facing the economic, environmental, and other challenges of an increasingly complex and unpredictable future*. New York: Knopf.

Honoré, C. (2008). *Under pressure: Rescuing childhood from the culture of hyper-parenting*. Canada: Knopf.

Honoré, C. (2004). *In praise of slowness: How a worldwide movement is challenging the cult of speed*. San Francisco: HarperSanFrancisco.

Hopkins, D. (2007). *Every school a great school: Realizing the potential of system leadership*. Columbus, OH: McGraw-Hill.

Howe, N., & Strauss, B. (2000). *Millennials rising: the next great generation*. New York: Vintage Books.

MacDonald, E., & Shirley, D. (2010). *The mindful teacher*. New York: Teachers College Press.

New Commission on the Skills of the American Workforce. (2007). *Tough choices or tough times: The report of the New Commission on the Skills of the American Workforce*. Washington, DC: National Center on Education and the Economy.

Nichols, S. L., & Berliner, D. C. (2007). *Collateral damage: How high-stakes testing corrupts America's schools*. Cambridge, MA: Harvard Education Publishing Group.

Oakes, J., & Lipton, M. (2002, December). Struggling for educational equity in diverse communities: School reform as social movement. *Journal of Educational Change*, 3 (3-4), 383-406.

Obama, B. (2004). *Dreams from my father: A story of race and inheritance*. New York: Three Rivers Press.

Organisation for Co-operation and Development. (2001). *Schooling for tomorrow: What schools for the future?* Paris: Author.

Organisation for Co-operation and Development. (2008). *Innovating to learn, learning to innovate*. Paris: Author.

Partnership for 21st Century Skills. (2009). *Official website*. Accessed at www.21stcenturyskills.org/index.php on November 30, 2009.

Reich, R. B. (2000). *The future of success*. New York: Alfred A. Knopf.

Schlechty, P. C. (1990). *Schools for the 21st century: Leadership imperatives for educational reform*. San Francisco: Jossey-Bass.

Sennett, R. (2008). *The craftsman*. New Haven: Yale University Press.

Wagner, T. (2008). *The global achievement gap: Why even our best schools don't teach the new survival skills our children need—and what we can do about it*. New York: Basic Books.

United Nations Children's Fund. (2007). *Child poverty in perspective: An overview of child well-being in rich countries*. Florence, Italy: UNICEF Innocenti Research Centre.

Wilkinson, R., & Pickett, K. (2009). *The spirit level: Why more equal societies almost always do better*. London: Allen Lane.

Zhao, Y. (2009). *Catching up or leading the way: American education in the age of globalization*. Alexandria, VA: Association for Supervision and Curriculum Development.

作者简介

安迪·哈格里夫斯　Andy Hargreaves

安迪·哈格里夫斯，博士，是美国波士顿大学林奇教育学院托马斯·莫尔·布伦南中心的主席。他参与编辑、撰写了超过25本著作，这些著作已被翻译成十几种语言。他的著作《知识社会中的教学》(*Teaching in the Knowledge Society: Education in the Age of Insecurity*, 2003) 荣获了美国图书馆协会教学奖和美国教育研究协会B类优秀图书奖。哈格里夫斯目前的研究由英国专科学校信托基金和国家学校领导学院 (United Kingdom's Specialist Schools and Academies Trust and the National College for School Leadership) 资助，研究关注那些在教育、体育、商业和健康方面卓有建树的组织。在Solution Tree 出版社发行的"前沿"系列卷中，他与迈克尔·富兰 (Michael Fullan) 共同主编了《变革之战》(*Change Wars*, 2009) 一卷，荣获2009年国家工作发展委员会（NSDC）年度图书奖。他的最新著作《第四条道路》(*The Fourth Way*, 2009) 讨论了教育变革鼓舞人心的未来。

哈格里夫斯通过对21世纪技能运动提出尖锐问题的方式，对本书进行总结。他用隐喻来阐明教育领域发生变革的历史途径及未来趋势。他将对21世纪技能的强调归为第三道路，并列举了先前每一条道路的积极和消极结果，同时对一条更为可取的第四道路进行展望。

译者后记
Afterword

我国新一轮基础教育课程改革开启了以核心素养为导向的征程。这一变革方向的选择契合了 21 世纪世界公共教育领域的转折趋势。人类步入瞬息万变的智能信息时代,社会发展与个体生活的新格局期待教育新模型的构建,以帮助学生获得迎接和满足 21 世纪各种机遇和需求的能力。由此,重新思考教育的价值和学习的性质成为各国教育改革的共同课题。面对这一课题,美国将 21 世纪技能注入教育领域,通过开发 21 世纪学习框架重构了面向 21 世纪的学习愿景。正如 21 世纪技能伙伴关系的主席肯·凯(Ken Kay)在前言中所说的"本书集合了全美教育界思考最为缜密的教育学家们的作品"——霍华德·加德纳(Howard Gardner)、琳达·达令·哈蒙德(Linda Darling Hammond)、克里斯·戴德(Chris Dede)、大卫·W·约翰逊(David W. Johnson)、罗杰·T·约翰逊(Roger T. Johnson)、安迪·哈格里夫斯(Andy Hargreaves)……这些我们所熟知的著名学者为 21 世纪学习愿景的塑造贡献了他们的思考和智慧。期望读者能受其观点启发,形成自己对素养培育的真知灼见并予以践行。

能有机会翻译本书,首先要感谢华东师范大学教育心理学系主任杨向东教授的组织和策划。在加州大学洛杉矶分校(UCLA)访学时,受杨老师的委托开始主持翻译本书。本书的翻译是团队合作的结果。编者简介、序言、前言、绪论、第 8 章、第 14 章、后记由安桂清翻译,第 1、4 章由严丽翻译,第 2、3 章由柳静文翻译,第 5、13 章由许雪伟翻译,第 6、7 章由万明明翻译,第 9、10 章由葛邵飞翻译,第 11、12 章由任佳瑶翻译。初稿翻译完成后,我的硕士生、现于路易斯安那州立大学攻读博士学位的柳静文同学协助我对初稿进行了审阅,并做了部分修改。之后由我和研究生李媛媛、田张珊对全部译文进行了校对。本书能够得以出版,离不开华东师范大学出版社北京分社编辑的督促和鼓励,在此深表谢忱!

翻译是一门遗憾的艺术。尽管译者做了最大的努力使译文准确并富有可读性,但仍不免会有错漏之处。对本书可能存在的翻译问题,祈请读者不吝赐教!

安桂清

2020 年 8 月

图书在版编目（CIP）数据

21 世纪学习的愿景 /（美）詹姆斯·贝兰卡，（美）罗恩·勃兰特主编；安桂清译. —上海：华东师范大学出版社，2020
（"核心素养与 21 世纪技能"译丛）
ISBN 978-7-5760-0703-9

Ⅰ.①2... Ⅱ.①詹...②罗...③安... Ⅲ.①教学研究 Ⅳ.①G420

中国版本图书馆 CIP 数据核字（2020）第 159648 号

大夏书系·"核心素养与 21 世纪技能"译丛

21 世纪学习的愿景

丛书主编　杨向东
本书主编　[美] 詹姆斯·贝兰卡　罗恩·勃兰特
主　　译　安桂清
策划编辑　龚海燕　李永梅
责任编辑　杨　坤　韩贝多
责任校对　殷艳红
装帧设计　奇文云海·设计顾问

出版发行　华东师范大学出版社
社　　址　上海市中山北路 3663 号　邮编　200062
网　　址　www.ecnupress.com.cn
电　　话　021-60821666　行政传真　021-62572105
客服电话　021-62865537
邮购电话　021-62869887　地址　上海市中山北路 3663 号华东师范大学校内先锋路口
网　　店　http://hdsdcbs.tmall.com

印 刷 者　北京季蜂印刷有限公司
开　　本　700×1000　16 开
插　　页　1
印　　张　19
字　　数　330 千字
版　　次　2020 年 12 月第一版
印　　次　2021 年 12 月第二次
印　　数　4 001－7 000
书　　号　ISBN 978-7-5760-0703-9
定　　价　52.00 元

出 版 人　王　焰

（如发现本版图书有印订质量问题，请寄回本社市场部调换或电话 021-62865537 联系）